何建明文集

卷二十一

神秘的禁区

何建明 著

新世界出版社
NEW WORLD PRESS

图书在版编目（CIP）数据

神秘的禁区 / 何建明著. -- 北京 : 新世界出版社, 2018.3

（何建明文集 ; 21）

ISBN 978-7-5104-6366-2

Ⅰ. ①神… Ⅱ. ①何… Ⅲ. ①纪实文学－中国－当代 Ⅳ. ①I25

中国版本图书馆CIP数据核字(2017)第197480号

神秘的禁区

作　　者：何建明
特邀丛书编辑：韩小群
责任编辑：房　阳
责任校对：宣　慧
责任印制：王宝根　苏爱玲
出版发行：新世界出版社
社　　址：北京西城区百万庄大街 24 号（100037）
发 行 部：（010）6899 5968　（010）6899 8705（传真）
总 编 室：（010）6899 5424　（010）6832 6679（传真）
http://www.nwp.cn
http://www.nwp.com.cn
版 权 部：+8610 6899 6306
版权部电子信箱：nwpcd@sina.com
印　　刷：北京京华虎彩印刷有限公司
经　　销：新华书店
开　　本：710mm × 1000mm　1/16
字　　数：270 千字　　印　　张：21.25
版　　次：2018 年 3 月第 1 版　2018 年 3 月第 1 次印刷
书　　号：ISBN 978-7-5104-6366-2
定　　价：56.00 元

1978 年——中国改革开放启幕

1978 年——我的文学生涯开始

庆幸，我的命运与时代、与祖国同行。还有一份安慰：当我离开这个世界时，有人可以从我的文字里触摸到中国今天的脉搏是如何跳动的……

何建明

重要创作历程及个人成就

1978 年	创作第一篇中篇散文《湘西探险记》
1980 年	发表第一篇报告文学《腾飞吧，苍龙》
1982 年	创作第一部军事题材小说《第二道战壕》
1986 年	出版第一部报告文学作品集《缉私大王》
1988 年	出版第一部长篇小说《东方毒蛇》
1989 年	由同名作品改编的电影剧本《西行囚车》被搬上银幕，此片获珠江电影制片厂优秀故事片奖
1990 年	第一次获中华宝石文学奖
1993 年	任文学杂志《新生界》主编
1993 年	发表第一部长篇报告文学《野性的黑潮》
1994 年	第一次成为《青年文学》封面人物
1995 年	《共和国告急》出版，此后获第一届鲁迅文学奖
1995 年	《科学大师的名利场》发表
1998 年	《落泪是金》发表，此后获第二届鲁迅文学奖、第一届徐迟报告文学奖、中国改革开放优秀报告文学奖
2000 年	《中国高考报告》出版，此后获第一届正泰杯全国报告文学奖
2001 年	《中国高考报告》被日本、澳大利亚翻译出版
2002 年	《根本利益》发表，此后获第二届徐迟报告文学奖、人民文学奖特等奖、第六届国家图书奖提名奖、第二届正泰杯全国报告文学奖，入选中宣部推荐的党的十五大献礼书目
2002 年	《国家行动：三峡大移民》出版，此后获中宣部第九届“五个一工程”奖，入选中宣部推荐的党的十六大献礼书目

2003 年　《北京保卫战》发表，获《文汇报》优秀作品奖

2003 年　完成电影剧本《廊桥悠悠》创作（此为与谢晋导演合作项目）

2004 年　由《根本利益》改编的电影《信天游》上映

2004 年　《永远的红树林》发表，此后获第四届正泰杯全国报告文学奖

2005 年　《李琬若：从中国留学生到美国市长》出版，并被美国翻译出版

2005 年　获国务院授予的“全国劳动模范”称号

2005 年　任《中国作家》杂志主编

2006 年　《男人的美丽男人的梦》出版

2007 年　散文《父亲的体温》入选中学课本及教辅资料

2007 年　《部长与国家》获第四届鲁迅文学奖、第三届徐迟报告文学奖荣誉奖

2008 年　《生命第一——5·12 大地震现场纪实》出版，此后获第二届“中华优秀出版物”奖、第四届徐迟报告文学奖

2008 年　任作家出版社社长

2008 年　荣获“全国新闻出版行业领军人才”称号

2008 年　根据《国家行动》改编的同名电视连续剧在央视播出

2009 年　任中国作家协会党组成员、书记处书记，中国作家出版集团党委书记、管委会主任

2009 年　《国家行动》电视连续剧获中宣部第十一届“五个一工程”奖

2009 年　《我的天堂》出版，获中宣部第十一届“五个一工程”奖

2009 年　《永远的红树林》获新中国六十年优秀中短篇报告文学奖

2009 年　获中华全国总工会“时代领跑者——新中国成立以来最具影响的劳动模范”评选活动提名奖

2010 年　根据《部长与国家》改编的电视连续剧《奠基者》在央视黄金时段播出，此后获中宣部第十二届“五个一工程”奖

2010 年　《忠诚与背叛：告诉你一个真实的红岩》出版，此后获中宣部第十二届“五个一工程”奖、第三届中国出版政府奖，入选“2013 年全国青少年推荐阅读的优秀书目”

2010 年　任中国作家协会副主席至今

2011 年　《国家——2011 · 中国外交史上的空前行动》出版，后获人民文学奖特等奖，入选“2012 年中国报告文学优秀作品排行榜”、中宣部推荐的党的十八大献礼书目

2012 年　《三牛风波》出版，荣登北京图书大厦畅销书排行榜

2012 年　任中华文学基金会理事长至今

2012 年　当选中国报告文学学会理事长至今

2014 年　《南京大屠杀全纪实》出版，此后获第四届中国出版政府奖、人民文学奖特等奖

2015 年　获亚洲品牌协会“中国文化品牌新领军人物”荣誉

2015 年　《真假之间》发表

2016 年　《爆炸现场》出版，获中国出版集团优秀销售奖，入选“2016 年中国报告文学优秀作品排行榜”

2017 年　《死亡征战》出版，被英国、法国翻译出版

2017 年　《那山，那水》发表

（截至 2017 年 9 月）

目 录

神秘的禁区

我渴望了解中国以外的世界，而在这片“国中之国”我得到了满足。

——摘自采访手记

绿荫中，100 多面旗帜

界碑、军犬、铁丝网……哪儿去了？尽管事先有人告诉我这块神秘的地方很美，可我还是感到惊讶：不是说这儿是“第二国境线”吗？

首都。东郊。不知怎的，我总觉得一踏入这片领地，心头就有一种隐隐的恐惧感。我到过真正的国境线，那儿的草丛，那儿的鲜花，都是些伪装物，说不定里面会蹿出一条拖着血红色大舌头的敌犬朝你扑来，或者那黑洞洞的枪管正瞄准着你……看来在这儿这份担心是多余的，我脚下的马路，平坦而又整洁，片草不沾。那流光溢彩的牡丹、攀墙走壁的紫藤花，滴着露珠，散着芬芳；那街道两边盖天覆地的梧桐树上也没有电缆与铁丝网，一切如同我家前的那马路。于是，我放心地向前走着……

“同志，使馆区在哪儿？”对面，我见到一位戎装笔挺的武警战士，便上前问道。

他用威严的目光打量了我一番，反问道：“你问使馆区，有什么事吗？”说着，双手插在腰间的武装带上，武装带上别着一支手枪、一根警棍。也许对方是无意识的动作，而我心头却腾地一跳，忙掏出证件。

“哟，真对不起总部来的记者同志，”战士完全换了另一种口气，“你瞧，顺着这条街往前走，那一片都是使馆区。”

“谢谢，不过你刚才的反问真够厉害，假如我真是一个潜逃犯，准会吓出一身冷汗。”

这就是使馆区。

我首先看到的是100多面从绿荫中升起的星条旗、米字旗、红白旗、狮子旗、太阳旗、月亮旗……继而是一幢幢充满异国情调的精巧建筑，一辆辆车头上竖着各种微型彩旗的皇冠、奔驰、达达桑，以及白色、黑色、棕色的各种人。在这里，外国人多于中国人，而中国人反倒显得异常拘谨，他们大部分是到使馆办理出国签证的。

陪同我的外警支队的曾同志告诉我，从1949年第一个与我国建交的苏联使馆建立到现在，已有118个国家和联合国有关组织在此相继建馆。根据联合国国际法规定，各国驻外使馆在所驻国享有特殊权利，不得干涉。难怪，我看到P国的使馆大楼的窗户口，一挺装有激光夜瞄仪的机枪正对着马路，那情景如临大敌；而K国的使馆大厅内则不分日夜地播放着疯狂的舞曲，一群女郎毫无顾虑地面对近在咫尺的大街，跳起了脱衣舞……这就是使馆区，100多面旗帜，100多个国家与地区。于是，这里就有了一个个正义与邪恶、强者与弱者、人与人、国与国之间惊心动魄、光怪陆离、荒唐不堪而又令人深思的故事——

通向“自由世界”的曲径上，
一个个锈蚀的灵魂在爆炸——美国使馆前的见闻

自1972年美利坚合众国总统尼克松从大洋彼岸向毛泽东主席伸手一握后，中美关系发生了历史性的转折，一个封闭型的国家与一个开放型的国家都以各自的特色吸引着对方。成千上万的美国人为长城倾倒，而在10亿中国人中也有数以千计者不再满足于“美国之音”的刺激，他们在青天白日里也在做着“冲出亚洲，走向西方”的梦。想出去又有条件的都出去了，想出去而既

无条件又无门路的人，开始了不平与愤慨。他们把美国想象成遍地黄金、可以随心所欲的乐园。于是，不惜人格、国格，迈开耻辱与罪恶的步履，他们选择了“国中之国”的美国使馆……

在使馆签证处的大门口，长长的队伍突然骚乱起来，只见一个青年骑着自行车横冲直撞地在街头飞驶，临近大使馆门口时，突然一个急转弯，直向敞着的使馆大门冲去。“站住！”哨兵威严地大喝一声。那骑车人不仅不听，反而猛蹬两下直往里冲。说时迟，那时快，只见哨兵“啪”地一下抓住后车座，使劲向后一拉，那人顿时失去平衡，“扑通”一声摔倒在使馆门外。好险！一场涉外事件差点发生！

在场的中国人不觉一身冷汗。据审，此人是北方工业大学的学生，因为在校表现不好，受了处分，想到美国“避难”。不一会儿，警车来了。临上车时，一位满头银发的大娘不无惋惜地问那青年：“小伙子，你犯得着这样不要命吗？”谁知这位大学生竟然这样说道：“追求自由，是需要付出代价的。”

望着远去的警车，有人叹息，有人沉默，唯独有一人躲在远远的树丛间阴险地“哼”了一声，然后，像幽灵般转身消失在曲径尽头……

这个“幽灵”名叫孙树文，27岁，是辽宁大连市第二建筑公司工人。此人平时好吃懒做，在建筑队三天打鱼两天晒网，却是个狂热的“西洋派”。本是直溜溜的大分头，如今变成了卷曲的女人头。西装革履，外加一副变色镜。大连是个开放城市，望着一群群气度不凡，花钱似流水的高鼻子们，孙树文常坐在老虎滩边的岩石上发呆。那颗锈蚀的灵魂在黑暗中游荡，为什么外国有那么多富翁，生活又那么自在？中国则处处需要付出汗水去换饭吃？他想到当年自己因与几个哥们儿打了一架而被工厂开除，最后不得不到建筑公司卖苦力的“遭遇”，心头倍觉“酸苦”。孙树文凭着仅有的几滴墨水，写了一篇题为《深渊里的圣光》的自传体小说。在这篇反动小说里，用他自己的话赤裸裸地宣泄了他“精神上的自我启迪”。孙树文写啊写，没想到自己竟然一气呵成这洋洋十万余字的“小说”。他躲在被窝里一遍又一遍地念着，并且用塑料纸将小说稿包得严严实实，还发誓要“为寻找圣光而殊死奋斗到底”。他期待着这一天的到来，但是一想到自己既无海外关系，又无半点门道的社会背景时，孙树文着实沮丧了一阵。一天，他看到一群日本海员拎着大包小包地走向大连港，心头不由一阵惊喜：对，当年的牛虻为了摆脱神甫和琼玛，不就是偷乘外国轮船的吗？一个漆黑的夜晚，孙树文认准有艘晚间返回北海道的日本货轮，准备偷渡。那货轮是 10 点起航，孙树文计算了一下，决定提前半小时泅水靠近轮船，这样就可以神不知鬼不觉地待货轮离开大连港时攀上甲板而不被海关人员发现。哪知，这天货轮不知何故提前了 10 分钟起航，孙树文眼看着即将接近的巨轮渐渐离去，拼命地呼喊起来，但是，回答他的却是阵阵扑面而来的咸涩的海水，使他几乎无力回到岸边。失败并未使这名狂热的“假洋鬼子”头脑清醒，反而更加刺激了他的冒险欲。5 月的一天，孙树文携带了从父母那儿偷来的一笔钱，爬上一列南下的货车，混进深圳。在举目无亲，四处是警惕目光的边境线上，孙树文恨自己没长一双翅膀，要不，轻轻一跃，就飞到了香港。他恐惧海水，无奈又作了一次偷渡的冒险，遗憾的是连“圣光”的影子都没见，就被我公安机关从海水里生擒归岸，并且遣回原籍。一个多月的冷板凳，按理当使孙树文有所省悟，然而，他却毫无反悔之心，“信念”越来越“坚定”。这天下班，父亲提着两瓶“人参酒”，兴冲冲地推开紧闭着的家门。“树文，树文！咱爷俩有年头没一起干一杯了，来，今天跟爸做上几个菜，喝它几杯！”

屋里没有回音。

老爸里屋外院寻了个遍，依然不见儿子，回头见桌子上放着一张纸条，拿起一看，不觉大吃一惊：

爸妈：原谅我不辞而别。这个国家我实在待不下去了。我到北京，投美国使馆，万不可告他人。

7月的北京，已经开始炎热，孙树文带着《深渊里的圣光》，于4日夜间蹿到首都。他并不知道使馆区在哪儿，只好当夜在车站前的广场上和衣露宿了一夜。早晨，他到天安门广场，看到四周的建筑物上插满了彩旗。“今天有外宾！”孙树文心头一喜，因为有外宾就会有使馆的车，看到他们到哪儿咱就跟到哪儿，准没错。他的第一步计划就这样得逞了。但是要进使馆可不是那么容易的。当他踏进使馆区见全副武装的武警战士一个接着一个地守卫着使馆时，不免胆怯起来。但孙树文并不是个胆小鬼，他琢磨着，使馆与街道仅一步之隔，哨兵固然戒备森严，但那儿绿树成荫，又是行人众多的曲径之处，只要精心准备……为了万无一失，孙树文装扮成行人或拉粪的农民，用了4天时间进行实地侦察，确定行动方案。7月8日12时27分，孙树文头戴小黄布帽、佯装匆匆上中班的工人，直奔美国使馆。他沿着围墙，一边走一边密切注视着执勤的哨兵，那东墙的哨兵刚刚转身，孙树文一见时机已到，一个纵身跃起，扳住围墙上端，翻身而进，双脚一着地就直向美国使馆的办公大楼猛跑。就在这时，哨兵于克安和使馆的华籍职工程平见此情况，迅速从正门追赶过去，一把抓住孙树文。穷途末路的孙树文绝望地使出凶恶的一招，向着使馆内大声喊道：“我要政治避难！我要政治避难！”美使馆发现有人在喊，有两人赶忙从楼里出来，从哨兵手中抢过孙树文。孙树文见使馆有人接应，高兴得又哭又嚷：“哈哈，我胜利啦！我找到

'圣光'啦！"

孙树文被领进了美国使馆内，又是测谎，又是录像，足足折腾了两个小时，然后，使馆的两名工作人员又领着他从办公楼出来。孙树文好不高兴，以为使馆准备将他引渡到美利坚合众国本土。哪知，两名使馆人员却跑到大门的警卫室，将他连同那本《深渊里的圣光》一起交给了执勤的哨兵和刚刚赶来的北京市公安局警察。

"警官阁下，这位孙先生是否患有精神病？他擅自闯进了我国使馆，我们表示非常遗憾，并且向贵国外交部提出抗议！"美国使馆人员这样对中国警察说。

"不，不不！我不是精神病——"此时的孙树文如遭雷击，他本以为美国使馆会接受他的"政治避难"，万没料到对方会来这一手。他顿时像只癞皮狗，趴在地上怎么也不肯起来，一边捶胸顿足，一边咬牙切齿地骂"美国佬"！

"反修路"早已改名，
但S国的使馆大门始终紧闭着……

在京城东直门外，有条名叫北中街的小街，那街连住在首都的人也不熟悉它。然而，过去它曾名噪一时。只要有人一说"反修路"，恐怕无人不晓那儿是什么地方了。不足一公里的北中街，像只温度表，敏感地记载着中S两国关系那风风雨雨的不平常经历。在一排翠绿的白杨下，一位退休老工人给我讲了这条街的一些往事。他说，这条街解放前是段坑坑洼洼的泥路，但解放第二年就成了柏油马路，因为那时S国作为友好国家第一个与我国建交了。老人告诉我，20世纪50年代，小小北中街，几乎每天挤满了来来往往的人，那中间有我国党政军要人，也有怀着对革命导师列宁和苏维埃政权崇敬之心，万里迢迢前来瞻仰的普通民众。这座使馆占地面积达一千余亩，比一般国家的驻华使馆大几倍甚至几十倍。它像一个庞大的公园，里面有河流，有绿树，有高楼，有球场，有商店，有学校，可谓是一个包罗万象的小世界。它与其他使馆遥遥相隔，独自孤立于百巷万民之中。据说，S国使馆的馆址是周总理亲自选定的。不管是什么时期，人们都说这座使馆的馆址选得非常好。

一位戴着眼镜的中年男子，抚摸着“北中街”的街牌给我讲起了一个可笑又可气的故事。由于这块当年改为“反修路”的街牌，他在中学里入不了红卫兵组织。原来，有人告发说：“他妈每天早晨扫S国使馆门前的马路。”他解释说，那段街是街道上分配给他妈扫的，全家仗着她的这份扫街工资过日子呢！“那不行，这是严重的政治立场问题，为S国使馆扫街，就是为修正主义涂粉抹金，咱们革命群众绝不能这样做。”他因此一直没有资格加入红卫兵。

生活中总有那么一些人视民族、视国家为敌，想方设法往这“反修路”上靠，企图捞取一棵政治稻草，或者是在中S关系处于严重对峙、一触即发的时刻，有意在S国使馆前制造事端，挑起两国之间更大更可怕的冲突。这些别有用心的人嗅觉也是极为灵敏的，他们知道S国使馆也非常想在它的门前找些“事实材料”，好在其他场合为其某种政治目的进行资本积聚。不是吗，那正门口隐藏在墙柱内的录像机、时刻盯着那条是非之街，倘若出现半点风吹草动，他们就如获至宝，就连日夜为使馆安全警卫的中国哨兵也不放过。一次，S国国家通讯社的一名记者路过时，从口袋里掉出一张钞票，我哨兵见后赶快上前捡起来，正准备还给对方，哪知这记者竟别有用心地大嚷起来：“中国士兵见钱眼开！”不几天，又将此话配合当时拍下的现场照片一起刊登在一家世界性报纸上。这种无赖而又卑鄙的行为，自然遭到了我国政府的严正抗议。过去，每逢节假日，使馆总要硬拉软拖地邀请卫兵进馆赴宴。如今，只要稍稍向门内迈进一步就是“武装侵入”，就连专为使馆剪花、清理垃圾的工人，也被视为“危险分子”而受到特殊检查。无形的战场就是这样拉开的。1976年，就在我方尽可能采取措施，以免同S国使馆发生冲突，达到稳定国家局势之时，一个自称“三K”的黑组织决定于4月29日这一天，在北京三个重要地点制造几起反革命事件，爆炸S国使馆是他们“三K”行动的一个重点。暴徒们对天发誓：“不成功便成仁。”中午一时刚过，暴徒夏达立带着一个装有25公斤梯恩梯炸药的皮包来到S国使馆前的街上。他先是躲在远远的地方窥测了一下周围的动静，只见使馆前仅有两位哨兵一动不动地站在门口，夏达立心头一阵轻松：“只要冲过哨兵的阻拦，就可以轻而易举地冲进去炸掉S国使馆办公大楼，而哨兵这一关是不用费劲的，何况，我只要将导火线先拉着，不信有哪个不怕死！”此时“反修路”显得格外宁静，几乎不见一个行人。夏达立见是好时机，就在距离使馆大门25米处，悄悄打开皮包，用打火机点燃导火线，当包里开始“嗤嗤”冒起火星时，夏达立突然抬起双腿，不顾一切地朝S国使馆的大门口直冲过去……

就在这时，哨兵李登贵大声喝道：“站住！干什么的？”夏达立此刻脑子里算着时间，根本不理会这一套，反而加快了步子。哨兵李登贵见情况有异，忙一个箭步上前将来者拦腰抱住。夏达立不防这一手，拼命挣扎，因为他知道必须在25秒钟内冲进使馆，否则就“完不成任务”。他回头一看，见是个个子矮矮的四川兵，便气急败坏地用手肘狠命朝后一撑，妄想夺路而走。可这一撑却未见效，夏达立眼珠一下凸了出来：“混蛋，还不快放我，我的炸药快爆炸啦！”他指指皮包，并把“嗤嗤”发响的导火线放到李登贵的眼前晃了晃，企图以此吓退哨兵的阻拦。哪知我英雄卫士李登贵早已将生死置之度外，不足一米六五的李登贵使尽全力，竟一下将膀大腰圆的夏达立从大门口往后拖了好几米，再也用不着挣扎了。绝望的暴徒夏达立刚刚想喊声“妈呀”时，一声惊天动地的爆炸声，震得百米之内的窗子玻璃纷纷坠落。罪犯夏达立被炸得四分五裂。我英雄哨兵李登贵用自己的生命保卫了S国使馆的安全。避免了中S国之间的一场特大冲突。那时他才24岁。人民不会忘记这位“英勇无畏的警卫战士”，至今，还可以看到一队队共青团员、红领巾来到他战斗过的连队，缅怀烈士的功绩。

有人说，在使馆区，可谓“一步之隔，两个世界”，在这里可以衡量一个人的民族心、中国心。

S国使馆门前。这一阵不知又有什么事，大门口出出进进的各种肤色的人异常多。晚饭刚过，又一位非洲特使进入了哨兵的警戒区。

“先生请出示证件。”哨兵上前做了个手势示意让他站住。

特使张着一双疑惑不解、莫名其妙的眼睛，像在说：我听不懂你的话，你说什么呀？

哨兵从左边的上衣口袋里掏出一个证件样本，在他眼前晃了晃，用英语重复了一遍。只见特使豁然明白似的点点头，赶忙将手伸进身上的口袋，从上身摸到下身，渐渐地脸上露出了诧异的神色，用手比画着，叽里咕噜地说了一阵外语。像是说：警官先生，我的证件忘记在办公室了，而现在正有一个紧急会晤在等待着我，你看怎么办呢？

哨兵见状，略一思索，说：“既然这样，就请进去吧！不过，以后请先生不要再忘了带上证件，没有证件是不让进使馆的，这是我的职责！”

特使闻言，如释重负，惊喜地抱拳向哨兵致谢，然后转身快步向里走去。

“站住！”那哨兵又突然大喝一声，迅速上前拦住特使，十分轻蔑地说道：“请你收起这一套吧，先生！既然你听不懂中国话，那么我也没有打手势示意你，你怎么知道我叫你进去呢？想乔装打扮成外国人混进使馆，你不觉得这是给中国丢脸吗？”

在机警的哨兵面前，这名用鞋油涂脸，想冒充非洲人，企图投靠S国使馆的中国人，顿时两腿发软，一下瘫倒在地上。

这神奇的故事，真让人叫绝。我找来哨兵，问他怎么一下子就识破了冒牌的“非洲特使”。

“不是一下子，是三下子。”哨兵诙谐地解释道：“他刚进入我的警戒区，我就觉得此人走路的姿势不大对头，因为非洲人的臀部都比较发达，走起路来给人感觉是一挺一挺的，而这人不挺。来到哨位的时候，他表面上很镇静，其实内心虚得很，因为他的眼睛一直不敢正视我。这时我正好借着灯光看清了此人的脸颊部位，发现他虽是个黑人，但与其他黑人不一样。一般非洲人的脸色黑里透光，而他不亮。另外非洲人在夜间说话时，牙齿总白得像一道光似的一闪一闪。后来，他是彻底露馅了，非洲人哪有拱手谢人的！”

能不佩服这样有胆有识的战士吗？据说，这儿的哨兵可以辨别一百多个国家人的相貌。S国使馆有一百二十多辆各种车辆，只要哪个喇叭一响，哨兵就会知道谁的车要出动了。有这样的祖国卫士站岗放哨，人民自然放心。S国使馆的警卫中队队长告诉我，这几年想“投靠”或者意在S使馆前面制造事端的人少了。随着国际形势的变化，倒有不少人前来办理到S国探亲访友的手续。这些人大部分是东三省的，他们中间有不少人的亲人或亲戚在S国。我国的新政策，使得人们不再怕“修”了。我眼前的这条

“反修路”也早已在四五年前就更名“北中街”了，但是，当我站在这庞大的俄罗斯建筑前，我内心总有一种说不出的忧郁，因为几天之内，那扇有自动装置的大铁门，始终是紧闭着的，即使是外交部的要员来，也要通过严格的检查后，大门才缓缓开启。可据说，S 国使馆的先生们却在紧靠我居民区的使馆四侧高墙上装着许多“耳朵”。

“这是真的。哪一天我们开班务会，他们都知道得一清二楚，关于我的档案，大概他们有一大口袋。”中队长无奈地摇头笑笑。

“这么说，今天我们的采访对话他们也听得一清二楚了？！要是这样，我倒要借此多说一句：作为新一代的中国青年。我愿早日像父辈一样，能看到犹如 50 年代中 S 两国间那种亲如兄弟的友好关系。这是不带任何政治色彩的真诚祝愿！”

总理向里根总统许诺：“只要一踏进中国的领空领土，我们绝对保证您的安全。”而蓄谋已久的 Y 国杀手此时已经潜入北京，爆炸物就在 31–2718 号车上……

每逢金秋十月，使馆区总是显得异常热闹和忙碌，地理和自然条件的组合，构成了北京一年四季中的最佳月份。风和日丽，秋高气爽，据称，我国每年最重要的外交活动一般都安排在十月。异国的总统和首相们也乐意在文明古国的首都度过十月。责无旁贷，只要本土的最高领导人到达出访国，那么这个国家的驻外使馆就得处于紧张的忙碌之中。人们自然记得，1984 年的 10 月，是美利坚合众国总统里根访华的日子。据说在他当参议员时，就梦寐以求当一个登长城的“好汉”，遗憾的是由于自己一贯亲台的政治立场，终使他这一夙愿没能实现。迫于全球战略形势的需要，作为美国总统的他，再不能随意轻视中国共产党了。当邓小平向他发出访华邀请时，他欣然接受了。但是，一直到 1984 年年初中国总理访美时，里根的访华日期还迟迟未定。

“尊敬的总理先生，就我内心的本意而言，希望明天就能飞到您美丽的国家。可我……不，这个问题不仅仅是我感到有点……坦率地说，我和我的助手们唯一有所顾虑的是我们的安全问题。”半天，里根终于转弯抹角地说出了早已想说的话。

“总统先生难道对我们共产党国家还有什么不放心的地方吗？”中国总理微笑地反问道。

“不不，尽管我是一个共和党人，但我对马克思主义国家的治安工作，尤其是您的国家怀有百倍的钦佩之意。”里根赶忙解释道：“我是说，最近不少国家对我们的政策非常敌视，针对我和我那亲爱的美国公民所进行的绑架暗杀事件时有发生，所以我担心……”

“总统先生尽管放心，”中国总理摘下宽边变色镜，露出那双充满自信和坚毅的目光，“只要一踏进中国的领空领土，我们绝对保证您的安全！”

数月后，里根总统偕同夫人及数百名随员，在严密的保护下，登上了飞向中华人民共和国的旅程。尽管行动是在与外界隔绝的情况下进行的，但是 Y 国的情报部门已经详尽知道了所要知道的一切。笔者有必要在此交代一下 Y 国为何如此关注里根的访华。大家或许记得，在此不久前美 Y 两国由于人质问题，闹得不可开交。美国政府采取了强硬的对 Y 制裁措施，直至断绝外交关系，这使 Y 国上下恨透了里根和美国。在数月前，他们就下令世界各国的各种“圣战”组织立即行动起来，给予美国和美国人以“最严厉的惩罚”。在里根访华期间，谋害里根是 Y 国恐怖部门蓄谋已久的行动计划。这些，对拥有世界超级手段和网络的美国中央情报局来说，自然是了如指掌的事。所以，里根在中国总理面前表露出了担忧。然而，Y 国政府对中国总理向里根的许诺是清楚的，但他们发誓决不放弃这次难得的有利机会。说有利，是因为一则中国在美 Y 争端中倾向中立，一则 Y 国是中国近邻，“特别行动队”可以通过阿富汗、巴基斯坦、印度等许多条路直接进入中国境内。因此，就在里根登上访华的专机时，Y 国暗杀里根的“特别行动队”就已经先期潜入中国，并到达北京。杀手的聚集点就是矗立在东郊的 Y 国使馆。

说来也巧，Y 国使馆的馆址就在通向首都机场的公路旁，也是里根总统的必经之路。“OK，我们就要在美国人尚未来得及尝一口中国菜的时候，送他见上帝去！”深夜，“圣战”组织的电台在杀气腾腾地叫嚷着。

一道惊心动魄的无形战幕正在使馆区悄悄拉开……

——Y 国使馆的大门口，出出进进的人一个接着一个，他们中有外交官、留学生、驻华工作人员……

——“站住！你是干什么的？”一位哨兵拦住两名行踪可疑的中国人。

“我们到 Y 国使馆签办出国手续。”这俩人虎气压人。

“对不起，跟我们走一趟。”又有两名中国人从使馆的对面马路上走过来。说着，他们亮出“派司”：中华人民共和国安全部工作证。

“你们想干什么，我们要找大使向你们提出抗议！”

“晚了，可耻的败类。他们收买你们的 5 万美元全是伪造的，连半斤酸杨梅都换不到。”

——“把这些衣服换上！”“是。我在中国待了三年，不会有差错的，武官先生！”两名 Y 国留学生换上中山装，推上自行车，混进喧嚷的中国人群。

他们各自提着一个大包，出现在首都机场公路岔口，像是在等人，又像在等车。

“两位先生，如果没有看错的话，你们是北大的学生。是等人，还是等车？”一位身着蓝制服的“空中小姐”走过来，瞅了瞅两位Y国人胸前的校徽，说道。

“小姐您猜错了，我们既非等人，又非等车。”

“那是……”

“观赏观赏贵国的机场。瞧，这机场像您一样美丽。”

“啊，谢谢二位的夸奖，”空中小姐笑容可掬，“我愿意做你们的临时导游，如果不反对的话。”

“妙极了！请问第一个节目是什么呢？”

“嗯——贵国不是有个传统，漂亮的姑娘是不表露美丽的首饰的。假如我先说第一个节目的名，那将多么枯燥无味。”

正当两名Y国留学生春心骚动时，他们被带进了一间写着“中国北京机场派出所”字样的房子……

“都是些无用的蠢货！”Y国使馆内一个粗暴的声音在高嚷。

“武官先生，现在该是亮王牌的时候了！”

“立即行动，不得耽误！”

在一个又一个计划破灭后，Y国使馆使出了最后的也是最毒的一招……

这是午前的最后一班岗，在Y国使馆门前值班的哨兵突然见使馆内多了一辆车子。这种头小尾大的轿车，以前使馆从来没有过呀！哨兵赶忙向上面汇报。几乎是同时，国家安全部来电：“据悉，Y国为了实现图谋暗害里根的计划，特意从尼日尔使馆买了一辆特型轿车，那车上装的全是爆炸品，请你们密切注意红字头的31－2718号车。一旦有动静，立即采取措施，不惜任何代价！”

“31－2718号，就是这辆车！”哨兵往使馆内一瞅，不由得倒抽一口冷气。

就在这时，人们发现：一队队中方便衣警察向使馆区密集而来；一辆又一辆重型卡车不知何故地停靠在各条交通要道口。

“啊，今天是咋啦？”“准是出什么事了！”人们议论纷纷。

“这还不清楚，是里根总统来了呗！瞧，那车队已经进入使馆区了！”是的，这些不明真相的人哪里知道，在彩旗挥舞的后面，正在孕育着一场可怕的血腥战斗。他们仅仅看到一行浩浩荡荡的国宾车队宛如长龙般地从首都机场飞驰而来。

“不好！”突然，拥挤在公路两旁的人群中有人大叫起来，“你们快看，Y 国使馆的窗口有人在举枪朝公路瞄准！”

火急！十万火急！！数以千计的迎宾群众骚乱起来，一时不知所措，因为他们同时看到了里根的车队已经进入了使馆区的公路。

“镇静！镇静！”一位身着制服的公安干部走过来，郑重地大声宣告道：“这儿一切正常。你们看到的是一支气枪，它微不足道！”

“是气枪？！”是的，这确实是一支小口径双管气枪。Y 国使馆的武官先生愤愤地瞅着里根的车队在鼻子底下开过，扣动扳机，朝天两枪，然后将枪摔在楼下的水泥地上——在中国公安干警的严密防范下，他们谋杀里根总统的计划全部失败。不几天，这位武官先生被他的国家召回，据说就是为了这次暗杀里根行动失败的原因。如今，事情虽已过去，但那辆装有烈性爆炸物的 31–2718 号车一直停在原地，不知是 Y 国使馆不愿去揭这块隐痛的伤疤，还是准备着下一个行动？这一直是个谜……

激荡的风，多变的风

采访的日子一天接一天，我的记录本如同一部电视机，播放着一件又一件尚未公开的“国际新闻”：

——E国使馆。宴会大厅，灯火通明，一曲又一曲迷人的圆舞曲伴着一对对衣冠楚楚的绅士与华丽妩媚的太太、小姐们在夜幕中回荡，他们中间有W国的大使和夫人，H国的参赞与小姐，还有J国、S国、O国……使馆的外交官们。东道主Y国大使劳尔先生显得异常得意，因为此刻他的颇为迷人的太太正用缠绵的舞步使A国的武官神魂颠倒。让这条鳗鱼上钩，他掌握着A国远东谍报组织的全部名单！劳尔先生举着酒杯，嘴角露出一丝阴笑。这时，一位女秘书走来，神色异常地在劳尔先生的耳边咕哝着。“停！停！给我停——！”突然，大使冲向舞厅中央，像头发怒的公牛嚎叫起来。音乐戛然而止，一张张惊恐的脸面面相觑。“大使先生，这是为什么？您知道此刻我们兴致勃勃地沉醉在贵国古老而悠扬的畅想曲中，您这……”A国武官挽着劳尔夫人有礼貌地走过来问道。“滚！给我滚！”大使听此话，神经质地吼叫着。大厅内骤然喧哗起来。“约翰牛（英国的绰号）这是怎么啦！”劳尔大使心头如同灌了铅似的沉重：他的政府刚刚通知他，又有两名政府要员在香港被害。还有谁，准又是这个长着鹰眼的A国武官干的！劳尔恨透了这个家伙。可那家伙却若无其事地微笑着反问大使：“先生让我们滚，也包括您的夫人？”大使怒不可遏地一把将自己的夫人从武官手中拉过来：“畜生，我总有一天让你也不得安宁！”

——约旦使馆。“嘀、嘀、嘀……”一串电讯密码从地中海东岸传到中国北京哈穆德大使手里：

> 我国驻印度、意大利使节在两日内均遭恐怖分子残害，望您速告中华人民共和国政府对我驻华使馆的安全做出绝对的保证措施，同时请使馆全体成员务必注视制造恐怖活动的I国的一切人员……

哈穆德那高高凸起的额际，一下渗出无数汗珠。他呆呆地望着宴桌上那只刻有红白黑三色微型国旗的高脚酒杯。就是方才！酒菜尚热的方才，I国使馆的先生们不是还在此频频唱着“友谊”“健康”的高调吗？难道他们也想……哈穆德想起本国驻印度、意大利大使的惨遇，不觉“蹭”地从沙发上跃起：“卫兵！卫兵！快把馆区的大门关紧，还有这个办公室的所有门窗。对，还有您——翻译先生，请您马上转告中国外交部，我要求中国有关方面加强我使馆的保卫工作，因为这次残害我驻印、驻意大使的恐怖分子可能就是I国雇佣的，而您看，我们使馆与I国使馆仅一墙之隔，这不等于说我时时刻刻在I国恐怖分子的靶子上吗？也许哪一秒钟，那些利令智昏的家伙对我的脑袋扣动扳机，那将是多么的可怕！这是谁盖的房，您瞧，我使馆的一层楼窗全是大玻璃，那是防不胜防的，我请求现在就采取保护措施，我请求——！”

——埃及使馆。首席新闻官D先生拿着一份刚刚收到的新华社电讯稿，三步并作两步地找到穆罕默德大使。

“大使，我们的国家大概是昏了！您瞧，尊敬的萨达特总统竟然与以色列签订了和约！”

“什么什么？这是不可能的！”

“快让我看看！”

“这是怎么搞的！……”

整个埃及使馆被这突如其来的消息震骇了！人们不可思议。

“或许总统有他的道理，多少年的中东战争该结束了。”穆罕默德大使虽然从感情上说也是转不过弯的，他的父亲和一个弟弟就是被以色列军队枪杀的。可现在必须考虑全中东的利益，应该克制自己的情绪，尤其是在部下面前。

“结束？哈哈……那是不可能的！”肩佩上校军衔的武官显然对大使的话不满意，说：“众所周知，中东战争是由于两个超级大国在其中插手，而仅靠我们一个埃及想来实现和平，可以断定，那是不可能的！”

“不管怎样，我们能同犹太人达成和议，这应该说是为实现中东和平迈出了第一步！”一位秘书说。

“恰恰相反，秘书先生！”武官反驳道：“我们这一行动，在几百万阿拉伯兄弟中将会造成什么影响？他们会认为是我们出卖了他们！朋友间的背叛常常会引起同胞们更大的愤慨。等着瞧吧！”

“武官后面的话是有道理的，诸位，从现在起，大家必须随时准备应付突变。”大使的手在空中一挥，随后通知发报员。

“坚决反对埃以和约！”

“埃及是叛徒！”

“打倒萨达特！……”

穆罕默德刚刚拿起与开罗通话的电话，突然，使馆外一阵高过一阵的口号声已此起彼伏。

“大使，不得了啦！阿拉伯国家的几百名留学生举着标语，呼着口号冲到使馆来啦！”秘书浑身哆嗦着前来向大使报告。

“天，预料中的事终于发生了！”大使掀了掀窗帘，只见使馆门口黑压压的一片，那些留学生的手里拿着木棍、酒瓶……

“让大使出来说话！埃及为什么要背叛我们？”

“快出来，不然我们要砸烂这使馆！”

外面，愤怒的留学生举起了木棍与酒瓶。

“怎么样？把机枪架上？”武官请示道。

“不不，这无论如何也不能用！那样只能是火上浇油。”大使神色严峻地摇着头。看得出，他是在压制着自己的情绪。

“这、这……只能被他们看作是软弱，可能他们就会真动起手来。”武官急躁地在办公室踱步。“瞧，他们动手啦！”

“乒——乓！”“叮——哐！”顿时，使馆被雨点般的木棍、砖块所包围，那楼窗上的玻璃碎了，花盆翻了个……

“暴行！暴行！”大使痛苦地闭上眼睛，又突然对手下暴跳如雷地说：“还不快通知中国外交部，请求援助！”

——中国外交部。“明白了，我们马上增派警卫部队！”

武官和秘书夹着公文，来到大使的卧室，“大使阁下，由于中国政府及时采取措施，使馆前的暴乱已经平息，萨达特总统非常关心这里的情况，特意打来电报慰问，并向中国政府转达他的谢意。”

献给卫士的歌之一
——军人的战斗不仅仅是流血……

如果说，使馆区那一波未平一波又起的奇特而又神秘的一桩桩、一件件惊心动魄的故事使我久久不能平静的话，那么，采访这些日夜战斗在使馆区的警卫战士的非凡经历，则使我这段难忘的采访生活进入了高潮……

在我眼前的这些年轻的兵，他们大部分来自乡村，许多人是穿着粗布和带着油水不多的肚子来到部队的，然而现在，他们只需轻轻向前跨进一步，那就是令多少人梦寐以求的异域。难道金钱、美女和富有刺激的情景对这些年轻人没有诱惑力？有位 W 国的外交官就是许多驻华使馆人员中对此持怀疑态度的一个突出代表。他是一名武官，走过许多国家，也带过一个团的兵力，那些前方是英雄，后方是狗熊的军人的例子举不胜举。他要在中国兵的身上观察和验证。

——不是说，古老的民族已经开放，青年们对邓丽君的歌声如痴如醉，如此说来，伦敦“迷魂角”的靡靡之音不更能销魂吗？

好吧，对着使馆的大门给我彻夜地放！“喂，你们是H国的留学生小姐吗？今晚有特别节目，请来吧！”于是，这一夜就在W国使馆的四面是大玻璃的舞厅内，一个个袒胸露腿的性感女郎随着迷魂曲翩翩起舞，时而贴面舞，时而脱衣舞……那个武官站在楼上，得意地瞅着距离舞厅十几步的使馆门口——那里站着中国的哨兵。

一小时，两小时；拥抱、脱衣、大腿……奇怪，这些哨兵竟如没有视觉和听觉的雕像，面对这般中国不可能有的公开场面，他们连头也不侧一侧地站在自己的哨位上！第二夜，武官说，来，再给我放！再给我跳！于是，又一个疯狂的夜！然而哨兵依然如故，尽管换了一岗又一岗。

不信，人非草木！何况，这些都是情窦初开的热血小伙子。

——一个夏日的傍晚，哨兵郭占福正在执勤，突然从使馆内飞出一样东西落在他的脚前。是个糖块！他拣起扒开一看：里面装着一张纸条，上面写着：“我爱您。今晚使馆除我无他人，我在二楼的卧室等您。切记。P.U”小郭眉头一皱。他认识这位名叫P.U的大使馆的小姐，并且就在此刻，小郭知道她有意伫立在楼上那个亮着灯的卧室窗口。他装作没有看见，顺手将糖块与纸条一起扔掉。

二楼的灯突然熄灭。她穿着一袭暴露的晚礼服，带着浓香，从楼上来到哨位，挑逗着：

“今晚的月色多美啊！警官先生，您一个人不觉得寂寞吗？”

小郭没有搭理，把头扭向一边。

P.U小姐又拿出一沓裸体照片，递到小郭面前：“喜欢吗，怎么样，送给您玩玩！”

小郭拨开她的手，说道：

“小姐，告诉您，我正在执勤，请您不要在此妨碍我的公务！”

P.U 小姐狡黠地一笑，慢慢地收起照片。突然，她做了个超乎异常的动作——双手紧紧搂住哨兵，急促地说着："警官先生，夜那么漫长，我一个人睡觉害怕，您陪陪我，啊?！难道我是那样被人厌?"

小郭心头一阵恶心。他强压着自己的情绪，推开女人，威严地斥道："请您自重，尊敬的小姐。我是哨兵，对使馆以及使馆所有人员的安全，包括您的安全在内，我将尽自己的职责。如果您继续影响我的公务，那么我不得不向您提出抗议！"

小姐惊愕地脱开双手，长叹一声后悻悻地进了使馆。

——或许是东方人具有特殊的内秀和传统美德的缘故，使女人与色情失去了作用。那么，对物质的欲望则是人类所有种族的共同需求吧?武官先生崇拜弗洛伊德的这句名言。何况，他不止一次见过和在王府井大街上亲自碰到有几位中国青年向他索取外汇。他自信地掏出一只金表，然后对一位使馆人员说了几句。

"明白。"这位使馆外交官笑着点点头。他转眼出现在哨兵面前，有礼貌地问道："警官先生，该下班了吧?"

"是的，我的同事马上会来接班。"哨兵说。

"真够辛苦的。"外交官显得异常热情而又诚挚地说着，一边又从口袋里掏出那块金表："警官先生，这是我的一点心意，它同你们长年累月的工作精神是不能相比的，可你们无论如何要收下，看在我们友谊的份上。"

哨兵见此情景，赶忙推辞，并且抬了一下手腕，以示不缺表。

外交官以为对方不识货，又忙解释说："金的，这是金表！"

哨兵笑笑："谢谢先生的好意，不过，我们不能随便收您的礼物。"

准是旁边有人他们不好意思接受。武官先生思忖着——

这是又一个中午时分，使馆外的街道上不见一个行人。这时，一位西方记者从使馆内走出，在过门口时装作掏手绢，故意将一叠钱带出，掉落在哨兵跟前。正在值班的哨兵王晓依见到后，忙示意他掉了钱，然而这位记者竟装作没听见似的没有理睬……两天以后，一直躲在使馆楼内握着长镜头照相机的武官先生终于疲乏地倒在长软椅上——他等待着哨兵捡钱又悄悄装进口袋的好镜头，遗憾的是他的相机始终没有机会“咔嚓”。他终于忍不住从楼上走到哨位，一双眼睛顿时惊愕地睁得大大的。那记者掉落的钞票依旧原封不动地放在那里，只是上面多了一颗光洁美丽的石子。

“OK！ OK！我周游世界，见过许多国家的兵，可从没有像你们这样在金钱与女色面前不动摇的军队。我现在才明白，东方为什么有长城这样坚固的防线，那是因为有你们这样几百万英雄战士筑起的民族之魂！”

这样的故事，在我采访头一天里就听到过足有一串。作为国家的门面，外使战士的装备待遇比普通部队高些，穿的是团干的制服，在旁人的眼里，似乎他们很富有。当我踏进营房，与战士们一起同吃同住时，才知道这些农家子弟吃的、睡的或许比野战部队还差。十几个人挤在一张五、六米长的通铺上，一只小布包便是他们的全部“家产”。战士家有的是“万元户”，但大多数人的家庭仅是收支平衡户。可你能想到就是李风彬这样一个家中欠债、个人问题成了“困难户”的战士，在美国使馆门口执勤时捡到价值2000多元人民币的外汇而毫不犹豫地还给了失主吗，我思考着是什么精神支配着他们的行动。这个中队的指导员对我这样说：战士们心里都知道，自己代表的是一个国家和整个军队的形象。因此，无论遇上什么事，大家都会高度自觉地检点自己的行为。在我们这儿是“一步之间，两个世界”。金钱、美女的诱惑和腐蚀事件几乎天天发生，而且有时遇到比这更严重的挑衅。有一个东南亚国的驻华使馆的一名秘书，他原是北大留学生，在校期间因上街惹是生非被我解放军战士处罚过，此人留任使馆工作后，对我哨兵总怀敌视态度，经常有意找茬。六月的一天，这个三等秘书见我哨兵侯德军和周永亮在执勤，就插到俩人中间，抬起双手，猛力地做了一个扩胸动作，左右臂肘正好重重地撞在侯、周俩人胸部。“你为什么打人？”哨兵责问道。那三秘嘿嘿一笑，说：“今天我就要打人！”说着，左右开弓，拳头像雨点般地打在了侯、周的脸颊和胸部。面对这种暴行挑衅，我哨兵始终冷静对待，不还一手，因为他们明白，如果只要一还手，正中对方下怀，于是，有可能引起一场外交纠纷！

“不像话，光天化日之下打人！”捷克等使馆的外交官见此情景，纷纷上前指责这名三秘的无礼行为，才使这多事的家伙无地自容，最后，经我外交部门的交涉，这个名叫“约克”的秘书受到了应有的处罚，被宣布为“不受欢迎的人”而驱逐出境。目睹这场事件的诸国外交使节无不交口称赞：“骂不还嘴，打不还手，只有中国军队才能做到！”

献给卫士的歌之二——英国大使卜西柯里达说：“即使仅仅是为了这些哨兵的缘故，我也不愿离开中国。”

英国首相撒切尔夫人，在国际政界中从来是位说一不二的“铁娘子”。在国内她的实际权力是至高无上的。她下令军队撤回马岛，那么，无论有多少国人冲击唐人街也不会将远洋军舰拉回伦敦湾。她拒绝给南非以经济制裁，那么参众两院就不敢有人说三道四。她手下的部长先生们对她唯唯诺诺，可是，竟有这样一位远东的驻外使节却拒不服从她的调遣，而她竟然也破天荒地容忍了这个人。

此人就是英国驻华大使卜西柯里达先生，随着中英香港问题的圆满解决，英政府决定派出一位精明强干的要员去管理好移交前的香港。撒切尔选中了卡西柯里达，并且在短短三个月中一连三次敦促大使前往。谁知这位卜西柯里达先生竟然这样给首相回禀道：“我认为本人在中国大陆任职最佳，若以为不行，则请求辞职！”后来有位内阁大臣访华时不解地问卜西柯里达何故不去高职厚薪的香港。这位大使万分感慨地说：“大臣先生假如像我一样在中国待上几年，我可以断定您也不愿离开这美丽而友善的文明古国。问我，那么我可以这样坦率地说，我对中国有感情。您看，就说门口站岗的那些中国军人，即使是仅仅为了他们，我也不愿离开中国。”

没有亲身经历者是不会发出如此强烈的肺腑之言的。卜西柯里达大使自然不会忘记在他任职的第一天所发生的事：那天，他刚从外面回来，在行至使馆门前时，一匹农民赶着的拖着满满货物的枣红色的辕马因受汽车鸣笛的惊扰，忽然间四蹄腾空，仰天长啸，骤然拉着轱辘车飞快地向卜西柯里达的汽车迎面闯来。大使的司机惊慌失色，方向盘也一下失灵，眼看就要相撞了！就在这千钧一发之际，正在执勤的哨兵飞身迎着惊马而上，一把抓住辕马的笼头。那烈马猛一摇头，将哨兵重重摔倒在地。不容丝毫犹豫和彷徨，只见哨兵一个鲤鱼打挺，箭步上前用双手死死抓住连接两匹梢马的皮带，用力地往下坠着，想拖住狂奔的马车，不料皮带断裂，他再次被甩在地上。发怒的辕马变本加厉，扬起前蹄而猛击哨兵。哨兵手脚很快，一闪身儿，又奋然跃起，双手抓住缰绳，并用泰山般的身子紧紧地将马头别在大门的墙垛上……惊马终于被制服了！

卜西柯里达大使犹如从噩梦中醒来，他忙不迭地从轿车内走出，蹲下身子，抚摸着伤痕斑斑的中国哨兵，热泪如雨……

在使馆区，这动人的故事知多少？在一中队，副指导员给我讲起了一个更富有戏剧性的事来：

美国领事处的罗伯逊夫人有只视若“掌上明珠”的鹦鹉，这鸟聪明绝顶，能说一口流利的英语，它伴夫人度过了近五个年头。可哪知这只“神鸟”有一天竟然趁着主人不注意的时候，从笼里飞了出来。“神鸟”跑了，罗伯逊夫人像比丢了心肝还伤心，一连三天，四处寻找终不见影踪。庞大的北京城，到哪儿去找一只小鸟！无奈，罗伯逊伤心地向使馆哨兵诉说了这不幸，并希望能够帮助试着找找。正是无巧不成书。这天，哨兵孟召云在执勤时，忽儿有只鸟儿落到他的肩头，那清脆的小嘴还在不停地叫着“先生辛苦了！先生辛苦了！”怪事，小鸟还会说话，孟召云顺手轻轻将它抓住，并送到中队值班室。

“上帝，就是它，我的宝贝！”当这个中队的战士将这只会说话的鸟儿送到美国领事处时，罗伯逊夫人一眼就认出了。她双手捧起鹦鹉，泪水扑簌簌地淌满两颊。“谢谢警卫！谢谢警卫！”夫人突然想起什么似的，将全身上下的口袋翻腾起来：“对，这是美元，这是戒指，还有这金表，全送给你们，作个纪念！”

“夫人不要客气，这是我们的职责。”哨兵谦逊地婉言谢绝。

“不，这不是职责，是友谊，是善良。”站在一旁的罗伯逊先生也激动得情不自禁地揉着潮湿的两眼，然后拉过夫人，两人毕恭毕敬地朝我哨兵连鞠三躬。

献给卫士的歌之三——“方尺哨位，我拥抱的是整个世界，奔涌的是全部的爱……”——一位战士的话

或许在中国的境内还没有哪个地方比得上使馆区更富有现代生活色彩，消费的高档，衣着的华丽，在此尽可寻找世界之最。然而有谁能想到，在这里竟有这样一些人，他们付出的是全部，而得到和享受的却比别人的少百倍。

在一间灯火通明、桌上放着彩电和收录机的卫兵宿舍里，我见一位战士背着旁人在缝补着一双七孔八洞的袜子。我有些惊诧：如今的兵是很富有的呀！手表、黑皮鞋几乎都有，只是平时有规定而被放在箱子底下，他怎么……？

“我家里日子不富裕。”补袜的战士轻轻说了一句，低头继续干他的事。

“他是我们的班长。”另一位小伙子轻轻将我拉到一旁，说：“李广谦班长的母亲长年有病卧床，去年他父亲又不幸被车轧断了腿。班长的二弟又有智力问题，家里全靠一个 17 岁的三弟干活，下面还有一个小弟和一个妹妹。不久前，班长的姑姑、奶奶和伯伯又相继去世，一家真够不顺的！”

我心头一下沉重起来：“小李，你家生活那么困难，你想家吧？”

“咋不想？”李广谦放下袜子，双手扒弄着警服扣子说道：“讲句心里话，我是真想回家助亲人一把，可我不能走呀！我是班长，得把新同志都带好才行。再说，父母也来信对我说，既然出来了，就要干好，不要给他们丢脸！”

多好的人民，多好的战士！就是这位平时连几块钱津贴费也要寄回家的李广谦，他练就一身过硬的擒敌技术，带领全班给德国、罗马尼亚等几十个国家的使团作过出色的表演，在总队、总

部的军事训练比赛中多次名列前茅。

我认识的一位副大队长，名叫徐德全，父母、家属和岳父母都不在一地。去年，好心的岳父和在某市当人事科长的哥哥好不容易为他找了个既能照顾家属，又能顾得到父母的好单位，劝他四月份回家商定，然后向部队要求转业。谁知他家属盼了一年都没见丈夫影子。家属忍不住怒气冲冲地带着小孩千里迢迢赶到部队。

“你说，要部队还是要家！咱们今朝一锤子定音，甭废话！”面对妻子的一腔怒气，徐德全没有说话，只是轻轻地为她擦去眼角的泪水。此时此刻，这双被冻裂的双手在微微地颤抖，妻子的含辛茹苦，亲友的一片好心，他怎能不知！可是，他也希望她和他们能够理解自己的工作，为了国家舍得小家，这就是军人的奉献！

第二天，徐德全带着妻子来到使馆区的哨位。当他的妻子看到自己的丈夫代表着中华人民共和国威武无比地站在大门口，迎候出出进进的外国使节、中国高级领导人时，她笑了，笑得那样甜：“站吧，就是站一辈子，我也不拖你的后腿！”

——啊，同志，请你别小看这区区三尺见方的哨位，你可知道它的分量？它，是祖国人民交给我们的万里长城，这里有着母亲的叮咛，有着亲人的眼睛，有着国家的尊严。也许，民族的气节在我这里得到添光增彩；也许，时代的节拍从我这里奏起；也许，历史的长河从我这里延伸！

卫士们这样理解自己的哨位！

有一位得了癌症的战士，临去世时，当部队首长和医生问他还有什么要求时，他说：“让我再站一班岗，这是我唯一的希望……”他就是这样拖着早已被癌细胞侵蚀的身子在哨位上走完了 19 个短短的春秋。何国利，人们不会忘记这个名字！

东半球的夏日异常的炎热，电扇下的西太平洋使节怎么也静不下心来办公。当美国商务参赞杜里德博士无意间瞥了一眼楼下门岗上的哨兵时，这位外交官震撼了：四十几摄氏度的高温下，中国哨兵身穿制服，脚穿大皮鞋，竟然一动不动地站在那儿，唯有两鬓的汗水在流淌……杜里德一把提起办公桌上的电扇，从楼口快步走到楼下的大门哨位，然后趴在地上接通电源，对着哨兵说："吹，快吹！"那台 DEMC 电扇从 1978 年起一直留在哨位上……

就是这普通的哨位，18 年前的一个夜晚，一个伟大而平凡的身影来到这里。他操着亲切的江苏口音，握住哨兵刘乃东的手问寒问暖，那剑一般的浓眉下，送来一道充满期望的目光：

"小同志，可不要小看了这哨位。你们能处理好使馆前的事情，就是在为祖国争光！"

敬爱的周总理，您放心吧！我们的外使警卫战士们就是用你们的教导支撑起了心中的理想大厦，用青春的热血捍卫了祖国的尊严，筑起了这坚不可摧的东方防线……

"砰！砰砰！"一阵清脆的枪声划破幽静的绿荫，瞬间，一队警车飞快地来到使馆区。

"又出什么事了？"我问一位哨兵。

"难说，或许是哪个使馆又出现了恐怖分子，或许根本没有什么事，可能是哪个大使馆工作人员弄枪走火了！"哨兵很自然地回答说。

望着身后的这片在月光下"沙沙"作响的披着朦胧夜色的使馆区，我觉得它是那样的神秘……

天安门前风和月

人们太熟悉这里了！

人们太向往这里了！

用旅游家的眼光看，这里是“世界奇观的最集中点”。它被列入世界广场之最。

用政治家的话来说，这里是“神经的敏感中枢”。中国历史的潮流，在这里最先看到势头。

到过广场的人似乎都有一种感受，这里充满着神圣，充满着阳光，充满着宁静。然而，你可曾知道，在这每日人流量高达二十余万的地方，它像一个历史大舞台，有多少惊心动魄、耐人寻味的事件。本文将以广场目击者的身份，向读者叙述一件件未曾披露过的事件。是美的？是丑的？是令人向往的？还是值得沉思的……

一　金水桥下，那复活的“死亡灵”一个接着一个……

一条玉带河，环绕在紫禁城的四周，在它的正面，5座汉白玉石垒成的金水桥，曾使多少统治东方帝国的帝王将相们沉浮神州，传世千秋！也曾使多少衣不蔽体的平民百姓翘首颤心，举步畏足。“一声春雷响”。从此，这金水桥成了人民与党、领袖与百姓的连心桥。

多少神圣的激情，在这里迸发；多少高尚的理想与信仰，在这里升华。幸福的人们自然把这里当作幸福的渊源，而那些生活中不幸的人们却也令人难以置信地把这里当作归天的最后一站。

可是，奇迹就这样发生了：

——早晨，微微发白的东方刚刚现出朝霞，一个早已准备好了三把菜刀的人，突然跪在金水桥上，断然将“遗书”撕了个粉碎。他说：“我不死！我不死！混浊的血怎能玷污洁白的玉石？”

这个过了半辈子吊儿郎当生活的汉子从此回到农场，痛改前非，成了一名先进生产者。

——沉静的夜晚，一个长途前行千里，曾三次越狱，准备到北京“大干一场”的越狱犯，在金水桥边双脚突然剧烈地颤抖起来……他的视线模糊了，天安门城楼上，当将军的父亲正威风凛凛地站立在那里……“爸爸——我对不住您呀！”落水的越狱犯，被人从河里救起。他拎着三包自制的炸药，自个儿走向公安局……

还是让我们来说个完整的故事吧。

卓冬娜，一个长得楚楚动人的姑娘。可惜，落后、愚昧的贵州山村使这只多情的“凤凰”陷入了不幸的深渊。11岁时，母亲一逝不回。17岁，她靠自己绣花纺线挣来的钱，赢得了到县城上中学的机会。卓冬娜勤奋好学，是学校里公认上大学的料，然而，临高中毕业时，背了大半辈子犁头的父亲，硬将她从城里拉回家。

“小娜，你年纪也不小了，爹给你物色了个对象，邻村老贵的二儿子，在镇上建筑队。人家是半截子工人，愿意过门做女婿，是看得起咱，咱也不能亏待了人家。明儿跟爹去相亲，看一眼，成，今年冬收后就办喜事。啊？！”老父双腿盘坐在床头，至高无上地说着。

冬娜犹如听到晴天霹雳。他讨厌老贵家那个“二癞痢头”，更主要的是她已有了两情相悦的情人，是她的同班同学。他这样对她说：“你就是我的星星，黑夜里照亮着我的行路，温暖着我的心。”——这好像是裴多菲的诗句。她去找他，在省府的一所大学里，昔日“山盟海誓”的他突然变得冷若冰霜。卓冬娜绝望了。回家？不。她不愿向愚昧无知而又固执的父亲屈服。宁可一死，对，她从小就爱唱《我爱北京天安门》，首都在她心目中是圣地。“我是红旗下长大的，要死就死在那里。”好一个荒诞的夙愿（有多少个在金水桥上徘徊的“死亡灵”是怀着这样的荒诞夙愿)。她偷偷爬上北去的货车，淌着伤心的泪水，走向金水桥，向玉带河纵身一跳……

“怎么，我碰到的不是死神而是火神？”卓冬娜感到浑身火烧火燎，口渴嗓塞。她抬起沉重的眼皮，模糊的视线中突然亮出一颗闪耀的国徽。“你已经两天一夜没醒了，可把我们急坏了。”床榻边，坐着一个男人，一个满脸稚气的穿着橄榄绿警服的小战士。他是谁？

“啊，我忘了告诉你，我是小李。那天你掉进玉带河，我正好在天安门前执勤。”原来是他救了我！卓冬娜怨恨地瞪了小战士一眼，声音却那样温存：“你为什么要救我？我不想活……”

“哈哈哈，大小姐你可真会开玩笑。远的不说，就北京的名胜古迹就足够你游览半辈子的，为什么非走绝路呢？”卓冬娜无奈地侧过脸，泪水淌湿了半床被子。

当天晚上，正是“五一”国际劳动节的喜庆时分，小李和全班战士领着卓冬娜来到天安门前观看节日的焰火，并且你一句我一句地劝导这位不幸的异性同龄人。

“冬娜同志，我给你父亲写信，让他不再用愚昧和封建意识来残害自己的亲生骨肉了！”

“对，认识一个生活的教训远比嫁个薄情的丈夫价值高得多。”

“你是高中生，我们一起帮你复习，争取7月份考大学。”

……

青春的火焰燃烧着姑娘的心，首都的热浪温暖着冰冷的心。卓冬娜突然“扑腾”一下双膝跪在金水桥上，张开双臂，面对五彩缤纷的星夜高喊着：“北京，我要活；活，像正常人、有出息的人一样活！”

三年后的今天，当我前往广场警卫中队采访时，指导员拿出一封刚从邮递员手中取来的信。我拆开一看，嗬，卓冬娜即将大学毕业，正准备考某名牌大学研究生院。

好一个春天里的童话！

在金水桥下，据说不下百个在人生旅途的冰窖中挥泪去拥抱死神的人，又从死神的怀抱中回到幸福的人间，做了有用的人……

二 大广场上的罗曼史——一位女大学生的奇遇

“抓流氓！——”

喧闹了一天的天安门广场此时已经进入了宁静的夜晚。突然，广场东侧的阴暗处传来一阵尖叫声。流动哨兵李连军急步直奔过去……

“同志，你、你救救我！”迎面，一位身穿连衣裙的姑娘猛地紧紧抓住哨兵的胳膊，优美的曲线在颤抖中变了形。

“别紧张，慢慢说，怎么回事？”李连军问。

“我到火车站送人，回来路上就有两个人一直盯着我，临近广场的一片树荫下，他们像狼一般地扑来扯起我的衣服来。呜呜……”

“你先等着！”激怒的哨兵安顿好姑娘，转身消失在夜幕之中。不一会儿，李连军押着两个低首呻吟的男人来到姑娘面前。

“跪下！”哨兵命令道。

“啊啊！请大姐高抬贵手，饶了我们吧！”两名色狼一下成了啃屎的粪郎。

第二天，一群穿着时髦的年轻姑娘来到广场，在哨兵面前跳起奔放的新疆舞，唱起《吐鲁番的葡萄熟了》。她们是中央民族学院的舞蹈学员，带头的就是昨晚受惊的那位姑娘，她长得可真像

“阿依古丽”。“嘻嘻嘻，我们的‘阿依古丽’说，她要嫁给你！”姑娘们围着英俊又腼腆的哨兵嬉闹着……

命运就是这般奇妙，一次奇遇，改变了一位女大学生的观念。那天，一位在中国人民大学学习的姑娘从女友家返回途中，到前门没赶上末班车。她瞅着昏暗的大街，猛然害怕起来——那边，有几个遛遛晃晃的男性吹着口哨正朝她走来。

“同志，我回不去了，你，你能送送我吗？”她无可奈何地走到哨兵前。

哨兵默默地注视了她好一阵，然后不吭一声地转身朝劳动人民文化宫走去——那里是他们的营部。

“假的！假的！”女大学生想起报纸上对这里士兵的报道，愤怒地一跺脚，她发誓即使跑断了腿也要回学校。

“丁零零——”正在她愤愤编织着明日的“讲演词”时，突然，身后飞来两辆自行车。“同志，我和小魏送你回校。”原来是方才那位哨兵带着他的战友赶来了。“请原谅，刚才我是回中队请假的。”

他歉意一笑，她无地自容。“这这……‘人大’远呢，你们……”

“不要紧。”一旁的快嘴小魏说：“他是咱们中队有名的‘北京通’‘月下小’，别说‘人大’，就是颐和园，他也送过好几回人。”

夜风习习，四轮飞驰地越过新华门、西单……女大学生看着小伙子那城墙般的脊背，仿佛闯进了另一个世界。“小魏同志，我能理解‘北京通’的含义，可没听说有‘月下小’这个名词。”

“这有段美妙的故事。”小魏很会说话。“那年，有位年过三十的大姐，每当夜深人静时，总独自来到广场，为自己日益消逝的青春而怅惘，一待就是三四个小时，而且天天如此。这反常的现象引起了一位19岁的战友的注意。他从她那里了解到了内情，并且默默地为这位大姐物色如意郎君。这一天终于来了，我的战友带着一位中医院的男大夫来到广场。大姐与大夫一见钟情，结为伉俪。这事传出，从那以后的日子里，每当夜幕降临，成群结队的姑娘、小伙来到广场寻找他们的‘月下小’。自然，成功率不亚于婚姻介绍所。于是，‘月下小’的名字传开了！”

“妙！”姑娘热烈地鼓起掌。“能告诉我你的这位战友叫什么名字，小魏？”

“就是他！”小魏调皮地指着女大学生的带车人，“执勤文明标兵李连军。”

“是你？冤家路窄，以前我不相信报纸宣传，当然也怀疑你们的事迹。”姑娘感慨地说。

“怀疑是一种包含着探索的智慧。大学生同志，你是聪明的。”

一直默默蹬车的李连军出语不凡，更使姑娘惊讶不已。

不几天，人民大学校园内，有一首“情诗”在女生中广为传诵：

现在，我渴望着爱情，
你使我成熟的春心无时不在骚动；
假如明天我恋爱，
我就选择你——一个祖国心脏的哨兵。

三　白云下，几只苍蝇“嗡嗡”叫

这几天是战士白振伟的班。同以前一样，小白一边威严地站在哨位上，一边警惕地注视着过往的人流。突然，有个神态异常的面容引起了小白的注意：这是个二十三四岁的男青年，只见那人一面佯装参观纪念碑，一面不时转头偷偷窥视着哨兵。小白一眼判断出这不是个普通的“游客”。他装作没有看见对方，依然一边守岗，一边不时回答行人的各种询问。一眨眼，小白回过头，却不见了那男青年。怎么，是我判断错了？不。白振伟冷静地思索着。凭着多年执勤的经验，他总感觉那男青年的眼里有一种预谋和企图。广场上无数血的教训证明，敌人是狡猾的，他们常常混在普通的人群里，或许悄悄地在某一灯杆和华表上留下一个罪证；或许突然出现在某一重要目标前进行血腥暴行；或许在喧嚷的人群中进行反动宣传。所有这一切，都必须在极短时间内采取紧急措施。英雄的卫士们，曾多少次机智地侦破敌人的这类阴谋和卑鄙行为。

不能放过这一疑点！白振伟狠下决心，定要将此弄个水落石出。他在哨位上一小时一小时地坚守着。该到吃饭换岗了，他依然留在哨位。寒冷，漫长的夜晚是那样的难熬。这一夜，可疑的“目标”还是没有出现。

第二天清晨，白振伟早早吃过饭，重新回到自己的哨位，他严密而又冷静地注视着周围不息的人流……突然，“目标”出现了！尽管昨天的那个男青年此时头戴狐皮帽，身穿呢大衣，鼻梁上架着副变色镜，但那张猴型小脸和额上的一颗黑痣却无法掩饰其真面目。只见那“猴脸”手提5个鼓鼓囊囊的破皮包，挤在人群中向纪念碑前走去。孰不知，他那身气派的打扮与那5只破皮包是何等的不相称。白振伟上前一下截住那“猴脸”。

“同志，你是干什么的？”

“我？”“猴脸”见是位腰别手枪的武警战士，吓了一跳，但随即又装出一副笑脸：“我，我是开封中原贸易公司的。”说着，拿出一张烫金的名片。有名有姓，还是个大经理呢！

“带这么多东西遛街，你不觉得累赘，总经理？”小白颇为关切地问。

“是啊，是啊。”“猴脸”一听，赶忙接茬：“都是给北京的朋友、亲戚们带的烟酒。同志，您品尝过咱们河南的杜康酒吗？嘻嘻，那可真是好酒，获得巴拿马国际奖呢！下次来京，我一定给您也带上几瓶，怎么样？”

“谢谢您的好意。”小白说着，上前一手从“猴脸”肩上拎起两只皮包。“您亲戚在哪儿？我送送您。”

“哎哟哟，这可不敢当。”“猴脸”脸色倏然一变，想抱回皮包，但见小白坚持要送，只好跟在后头，连声说道：“北京就是好，到处有雷锋哪！”未等他反应过来，白振伟已把他领到天安门派出所的门口。

“你，你……为什么领我到这儿？”“猴脸”惊恐万状。

“不要紧张嘛，”小白胸有成竹地掂了掂手中的皮包，“你说皮包里带的是烟酒，可为什么这么轻，所以请你到此检查一下。”

“猴脸”一听，顿时瘫倒在地。你猜他的皮包中放的什么东西？公安人员打开一看，里面是塞得满满的几百张恶毒攻击党的十一届三中全会路线与党和国家领导人的反动标语。事实面前，“猴脸”不得不交代，他是一名越狱犯。一个月之前，他同另外三名逃犯在郑州密谋到北京制造反革命事件，其活动地址分别选在流动人群较多和政治影响大的天安门广场及北京火车站。“猴脸”在郑州偷了“开封中原贸易公司”总经理的东西，冒名混进北京。头天，他到广场是为作案进行实地侦察，第二天带了5个装满反动传单的皮包，企图在广场张贴和散发。反革命分子哪知他的尾巴刚露，就被我机警的广场卫士截获。

战斗是无止境的。

北京的十月，是迎接五洲贵宾高朋的佳期。这一天，又是个秋高气爽的日子，广场挂满了五星红旗和米字旗。这气氛表明，欢迎英国首相撒切尔夫人的仪式即将在此举行。三军仪仗队在雄壮的军乐声中已经列队来到了人民大会堂东侧的广场，在此观光的游人们，都自觉地退到远远的一角，却有一名男青年突然蛮横地分开人群，手中提着一只塑料桶，疯狂地向前冲去，边走边拧开桶盖，那桶中顿时溢出一股股汽油……啊，这家伙是想焚身自尽！瞧，打火机已经冒出火花！眼前的一切来得这么突然，又多少刻不容缓——在这之后的几分钟里，英国贵宾和各国使馆人员将抵达此地！

就在那家伙发出鬼哭狼嚎般的狂笑时，惊呆了的人们的眼前突然闪过一片橄榄绿。值班战士康春明飞步上前猛地将那家伙撞倒在地，然后抱住对方。终于，油桶被甩出丈外，着了火的衣服熄灭了……

“霉气，有几次了，可我没有成功过。完啦！完啦！”亡命之徒趴在地上，哀鸣着。

几分钟后，广场上响起隆隆礼炮声。在雄壮的义勇军进行曲中，丰姿绰约的英国女首相微笑地握着中国总理的手说道：“每来此地，我总有一种感觉，北京的广场就像海一般坦荡，火一样炽热……”

四　无声的行动

我早闻他的大名，却几次在队部和值班哨位上没见到他。指导员告诉我这个月他又创了新纪录：抓获“鲨鱼”18条！

他是谁？他就是被人们誉为“广场啄木鸟”、福尔摩斯式的传奇人物——反扒明星李卫。年纪轻轻，却是反扒战线上的一名老将。四年之中，抓获大大小小的“鲨鱼”“泥鳅”“螃蟹”二百多。看，这个月又是超水平了！

与想象中的他差距甚大。他，仅仅是千万个普通战士中的一名，小平头，一米七的个子，微黑的脸，只是那双眼睛炯炯有神，仿佛能透视人的衣饰和肉体。

我握了下他的手，那腕力大得惊人！

“据说你是个业余反扒手，怎么想起干上这一行了？”

他不好意思地搓起手来，后来神情严肃地说：“还得从我穿警服不久的那件事说起。那天我正在哨位值班，一位白发苍苍的老大娘突然一边号啕大哭，一边丢魂失神地冲向行车道，你知道天安门前的行车道上汽车有多少！一辆轿车来不及刹车，一下将老大娘的腿压在了车轮底下……老大娘虽说没死，但却从此没有了那条腿。她哭着告诉我，她的儿子在北疆当兵，不久前因公牺牲，部队来通知让家属去处理后事，儿子的爱人因临产不能前去，大娘就独自赶到部队安葬了儿子。回来时部队给了她一笔抚恤金，是给她儿媳妇和未出世的孩子的。路经北京，老大娘想看看向往了半辈子的天安门。结果，她身上的钱全被小偷扒走了。‘我还有啥子活的，儿子没了，连给儿媳妇的一点宽心钱也丢了，我——我怎么回去交代呢！’那老人痛不欲生的悲哀声强烈地震慑了我的灵魂。可憎的小偷，打那起，我发誓要在天安门广场上扫除所有窃贼！”

“于是，你就开始学反扒！”

“是这样，刚开始不摸门，转一天也见不着半个小偷影子，倒是被那些丢了钱的人纠缠得我又气又恼。望着一张张愤怒、痛苦与失望的脸，我常常几天吃不下饭，内心感到无比惭愧。你知道，到广场来的人，大多是怀着无比幸福的心情来此观光的，有的人一辈子也许才有可能到这儿看一眼。好不容易来一趟，钱丢了，让人多扫兴！后来我利用节假日、星期天，到市公安局的几位反扒专家那儿登门求教，终于摸到了一些规律，就说这广场吧，每天人流量达 20 万之多，90% 的人是第一次来，而到这儿的人，一踏进广场，注意力就全集中到那些神圣、庄严的建筑物上，对自己、对自己带的东西根本很少顾及。那些小偷很会抓住游人的心理特征，于是每天总有那么几个人不是丢了钱包，就是丢了随身带的其他物品。走，还是到广场上看看真格的！”

李卫的提议，正合我心思。百闻不如一见。这一天春意融融，广场上人山人海，人们的脸上无不挂着幸福而又激动的神情。我难以想象在这幸福的人海中，会有这样那样的阴险狡诈的社会渣滓在暗地里兴风作浪！或许弗洛伊德说得对，“越圣洁的地方越潜藏着肮脏的基因”。正当我走神的时候，李卫捅了捅我的胳膊。现在他穿的是一身便服，不那么引人注目。

“看到那个大鬓角了吗，穿皮夹克的，在照相那儿！”他轻轻说道。

看到了！在对着天安门正中央、国旗西侧、纪念碑正北的那块是广场唯一允许摆摊照相的地方，人称“广场金三角”。这里能取下天安门城楼的最佳镜头，因此，初来乍到者很少不在那儿留个影、拍个照的。可是，在十来个连成一片的照相摊附近，总是挤满了无数等待“咔嚓”的游人。

“这个地方是‘鲨鱼’‘泥鳅’下水的好地方之一。”李卫指点着，又压着声说，“瞧，大鬓角开始行动了！”

真玄乎。果真，在你挤我、我挤你的照相队伍中，有个留着大鬓角的年轻人，左肩挎个旅行包，双手插在夹克兜里。一会儿凑到 A 摊头问问价，一会儿挤到 B 摊边打听冲一卷胶片得几天，瞅那份儿，还倒真像个头回到此的外地人。但是他的伪装并没有迷惑猎人的锐利判断。大鬓角不断说话的当儿，两眼却不停地朝四周的游人身上“杀”上几眼。有了，他“杀”见一个 50 岁模样的老农正在拿着两张“大团结”准备给摄影师交款。“肥水”，大鬓角瞥见老汉的上衣兜鼓鼓的，而且开了“天窗”，准是个刚下山的万元户，大鬓角的脸是平静的，但内心却激动得恨不得即刻变他物为己有。他擦亮一根火柴，将烟叼在嘴上，然后晃晃悠悠地溜达着，而眼睛始终盯着“肥水”。不一会儿，他突然向前大步走去——

“哎哟哟，哪个龟儿子把烟蒂烫在老子的脖子上！”四川老汉猛地大叫一声，侧身怒目。

“真对不起，大伯。是我没小心，您老息怒息怒！”

老汉见面前的年轻人一个劲儿地赔礼道歉，怒气一下消了：“算了算了，啥子了不起的，人哪有不失手的！”他根本没有注意到此时他的上衣兜早被一只罪恶的手荡涤了一遍。

“是包旱烟叶！”在E照相摊旁，大鬓角乘人不注意时把刚刚得手的一个小包扔在了垃圾箱内。

不远处，李卫朝我一笑，然后又摇摇头，意思是说：大鬓角碰了霉气，但他绝不会就此罢休的。

说也巧，这时C照相摊上来了几位装束别样的广东姑娘。她们急不可待地卸下肩上的旅行包，掏出小镜子！照照脸蛋，正准备合影呢！突然，人海中出现了一阵波动，毫无防备的广东姑娘被挤倒了一边。“包，我们的旅行包！”

“姑娘，是这几个包吗？”

“是的是的，劳您大驾，谢谢！”姑娘们感激地对送还她们包的男青年连声说道。

“应该的，不用客气！”男青年说着，就急转身想走。

“对不起先生，应该做的你还没做！”啊，是李卫！李卫把他逮住了！

这时，照相摊周围“哗”的一下涌过来二三百人。“你想干什么？我、我学雷锋有什么错！”此时大鬓角气壮如山，但声音却并不怎么有力，相反，李卫的目光倒是格外严厉，透着寒光。只见他亮了一下印有国徽的工作证，义正辞严道：

“老实些，把钱包还给她们！”

大鬓角一下像泄了气的皮球，乖乖地将一只绿色钱包交了出来。

“没错，1620元，还有200元外汇券，”广东姑娘激动得胸脯直起伏，“我还当他是好人呢！这家伙真可恶！”

在一片呵斥声中，大鬓角脸如猪肝似地跟着李卫进了附近的派出所。

“小李，有你的！”出了预审室，我情不自禁地拍了拍他的肩膀。

李卫微微一笑：“没什么，等一会儿咱们再去抓‘鲨鱼’，不过我得换身衣服。”

下午二时许，我和小李又来到广场。这时正值人流高峰，又遇人民大会堂东南广场即将举行迎宾仪式，广场上的各个景点四周涌起成千成万瞻仰和观光的游人。

“见到国旗前人群中那个披长发的姑娘吗？”

顺着他指向的地方，我翘首望去。“嗯，是穿健美裤的那个？好漂亮！”

“可惜是个漂亮的外壳！”李卫这样说。

尽管我早已听说李卫在抓女扒方面有一绝，可面对眼前那位相貌出众、美丽无比的姑娘，我的感情怎么也不赞同他那一针见血的判断，至少是否过早了一点？

“走着瞧吧！”他没有与我争执，倒是扔下我独自去追踪“目标”了。

好奇心使我也进入了福尔摩斯的角色。选择了相应的距离，我开始盯住那个年轻美貌的……女人，我真不情愿把“贼”字放在她身上。可惜我的多情与善良被眼前这一幕活生生的事实奸污了，在纪念碑前，摩登女动手了！只见她将身子贴向一名四十来岁的中年妇女，霎时，一个不大不小的黑色钱包落在她的手里。这一切我看得清清楚楚，正义感正驱使我上前想逮住女贼时，一只有力的手按住了我的肩膀，是李卫！

“得抓她动手的那一刻，否则鲨鱼会反咬你？”他提醒我。

“难道就让她这样溜走了？”

“不急，她会再下水的！”李卫不动声色。

果然不出他的所料。这女贼大概刚才得手太顺利，待了一会儿，又蹿到一个卖冰棍的小摊前，靠紧一个同龄姑娘，“嚓”地一下，那姑娘的帆布书包被划开一条缝，不出两秒钟，又一个粉红色的钱包落在摩登女手中。好一个高手！我和李卫正要上前逮住女贼时，只见那摩登女“唰”地一闪，混进了瞻仰毛主席遗容的队伍之中，好狡诈的“鲨鱼”，不，是一条可憎的泥鳅！

李卫当机立断示意我一起插进了瞻仰队伍，跟踪女贼。这是庄严肃穆的队伍，人们难以想象这里正在展开着一场无声的战斗！

哀乐渐起，人们迈着缓慢的步履，默默地进入纪念堂，每一个人的脸上充满了对领袖的崇敬之情，偶尔听到几声痛心的抽泣声。在行至瞻仰大厅时，人群中突然有人大声恸哭起来，原来是那摩登女！我惊愕不已，头脑一下变得空白。瞧其悲痛欲绝的样子，与广场上那凶狠奸诈的窃行是何等的不同！这时，两位干部模样的中年妇女过来挽起这位哭得泪人似的美人儿，硬是一起出了瞻仰厅。可是谁也没有想到，这位姑娘一出纪念堂大门，就一改哀容，撇下两位中年妇女疾步前走。

“慢着！”突然，她的身后响起一个严厉的断喝。李卫，又是他！他一身正气地站在摩登女面前，那女子顿时嗦嗦发抖……

善良的人们还未明白怎么回事，一场惊心动魄的无声行动宣告结束。女贼在众目睽睽下交出了在广场窃来的两个钱包和刚刚从两名中年妇女手上偷来的两块表。

美丽的外表下掩饰的丑恶灵魂终于在正义的阳光下彻底败露。

广场上又重新恢复了和谐的气氛……

五　国格、人格、最起码的尊严——

一位外国著名人士曾这样评价天安门广场：它是中国人的大舞台，这里会看到占人类四分之一的人在今天是如何表现的。

毫无疑问，在每日高达20万的游人中，绝大多数是怀着崇高的信仰来到这块神圣地方的。但是，也确有那么一部分人喜欢在“大舞台”上扮演不体面的角色。

那年3月27日下午2点，一年一度的全国人民代表大会照例在人民大会堂召开，鱼贯而入的车辆汇集此地，数千名代表纷纷步入会场。这时，从中山公园汽车站上走来一位五十来岁的中年男子，只见他貌似一副“人大代表”的风度，昂首想随代表人流走进大会堂。

“同志，您是干什么的？”警卫人员见他没戴“代表证”，便上前询问。

“你说我是干什么的？”此人不可冒犯地嚷道：“我是总理请来开会的，你知道吗？总理！”

卫兵不觉一震，想道：中央首长召见某人，一般总是有专人接送，哪有自个儿徒步前往，再说，此人凭空说白话，有多少可信程度。“同志，请您拿出代表证件。”卫兵将那人叫住。

“你，你们这是干什么？我要到总理那儿告你们。”中年人突然躺倒在地，一边拍着大腿，一边高喊起来。

“那么请吧，我们去见总理！”

两名头戴国徽、臂别红袖章的公安人员出现在中年人面前。那人顿时畏缩起来。“不不，我马上离开这儿，离开这儿！”

后来查实，此人系北京市朝阳区某公司的职工，叫赵××。

当公安人员问他为什么这样做时，他只说了一句话：

“我想出出名。”

8月20日中午时分，纪念碑前，来了一男一女两位外宾在摄影留念，首次来华的澳大利亚伉俪含笑地凝视着天安门城楼，等待那美妙的一声“咔嚓”，然而就在这时，却有一位矮小的中国男子贸然闯进了镜头。

“朋友，我非常愿意跟你们留个影。”那男子操着浓重的四川方言，满脸谄媚地向外宾挤去。

澳大利亚朋友面面相觑，不知如何是好。

“喂，有外汇吗？美元澳币都行！”男子见外宾要走，竟然在后面扯住不放。“别走，咱们交个朋友吧！”

“请你将手放开！”执勤卫兵走过来，严厉喝道。

“哼，关你什么事！我没钱用，他们有钱！”那人不知羞耻地嚷道，不但不听规劝，反而动手打卫兵。

“太不像话！”

“把他送到公安局！”

来往的游人目睹此景，无不愤慨。纷纷围聚过来。

“呜呜……我在车站丢了钱，回不了家，没得法子才这样做的呀，呜呜……”那人突然坐在地上，抱头号哭起来。

“起来吧，这是我的两个月津贴费，够你回家的路费了。”卫兵从口袋里掏出四张“大团结”塞给那人。“记住，再没有办法，也不能做有丧国格、人格的事。这儿是祖国的首都，咱们都是站得直、立得正的炎黄子孙。”

一番滚烫的话语，说得那人无地自容。围观的群众向年轻的军人投来敬佩的目光。

是的，在这里——祖国的首都广场，国格、人格是最起码的尊严。

瞧，一位袒胸露臂的金发女郎拿着一叠厚厚的美元，请求能同英俊的国旗卫士拍一张手挽手的“倩影”。战士沈有龙说：“对不起，我不能这样做，因为我的头上戴着中华人民共和国的国徽。”

这就是天安门广场，中国人民的首都广场！

中国特警在行动

战场并不都是在硝烟弥漫的地方，而他们有着比前线下来的英雄更为惊心动魄的传奇故事。我愿向读者真实地介绍那些被人称为神出鬼没、武艺高超、智勇双全的“中国兰博”——特种警察和他们的同行。

——作者的话

第一章　并非传说

应该说它是战争的产物，或许可以说是近代国际政治斗争与敌对势力之间新崛起的一种暴力。

历史真实地记载过这样一幕：

1943 年，正是第二次世界大战中红色势力与黑色势力较量最紧张、最关键的岁月，这时，法西斯鼻祖贝尼特·墨索里尼统治下的意大利内部发生了一场严重的倾轧：以全国工会主席迪诺·格兰第伯爵为代表的反政府势力与执政的墨索里尼展开了空前的政治交战。7 月 25 日晚，国王埃曼努尔三世迫于国内压力，将墨索里尼秘密逮捕。这消息急坏了德国法西斯魁首、墨索里尼的盟友希特勒。因为埃曼努尔国王在将墨索里尼逮捕后，迅速任命了巴多利奥元帅接替意大利的元首。而据可靠情报说，巴多利奥目前正在与盟军开始谈判投降事宜，条件之一就是将墨索里尼引渡给盟军。这对希特勒的法西斯联盟来说，打击无疑是再沉重不过的了。

“我不能抛弃旧友，得想法救出墨索里尼元首！”希特勒两眼死死地注视着与他同是出生在奥地利的青年军官。这位军官就是德军刚刚组建起来的第一支执行特别任务的突击队长、后来大名鼎鼎的奥托·斯科文兹内上尉。斯科文兹内接受了希特勒的密令，并且在极其复杂，不断变换地点的过程中，用飞机成功地将墨索里尼从绝密戒严营地救了出来。这就是第二次世界大战中轰动一时的“大萨索山营救事件”。

从军事角度而言，不能不承认希特勒创造了用精悍的小部队出色地完成一项特殊任务的奇迹。于是，从那时开始，建立一支装备精良，具有超人素质的特种部队，成了世界各国争相效仿的一项重要军事行动。而且无数事实证明，它时常起到一个国家、甚至数个国家的政力、军力都不能起到的作用。如丘吉尔利用特种部队进行英吉利海峡之役，美军利用特种部队在越南战场袭击山西战俘营、在柬埔寨海峡营救马亚克斯号运输舰，都创造了举世瞩目的奇迹。特种部队更显耀它的业绩的，还应该说是在充满恐怖活动的当代世界上。1976 年 6 月 27 日，法国航空公司的一架载有 245 名乘客的“空中客车”，中途被劫。劫持者的行动直接对着以色列而来。因为这架飞机上以色列人占了多数。“必须在 72 小时内释放所有的在押红色旅战士，否则，机上的人质全部处死！”恐怖分子的最后通牒震撼了全世界，以色列国内更是一片恐慌。但就在这 72 小时中，以总理拉宾亲自组织了一场 4000 公里以外的超国界反劫机行动，并且最终以仅死亡一名队员的代价，取得救回全部人质的巨大成功。

刘亚洲的《攻击！攻击！再攻击！》一书之所以在读者中产生影响力，就是在于它用文学的形式真实地描写了这一事件的全过程。

中国有类似这样的部队吗？有。她虽蒙上了一层神秘的色彩，但毕竟已渐渐地在人民群众中传开了。还记得震撼一时的“二王”“三张”是怎样被打死和生擒的吗？

“知道，据说那些警察个个能驾飞机、开汽车。那次追捕‘二王’时，有人就亲眼看见他们驾着直升机追赶火车。嘿，只见直升机在火车头上绕了两圈，五六个警察像练了轻功似的平平稳稳地跳上了火车。你知道那火车多快？时速 130 公里！”中国人喜欢把崇拜的英雄，比喻成武侠小说里的传奇人物。

这是不久前的事。西哈努克亲王抵达北京见到彭真就说：“尊敬的委员长阁下，听说您手下有支神奇的部队，我能见识一下吗？”

委员长笑了笑，说：“亲王是我们的老朋友，有什么不可以的？”他转头对秘书说：“接个电话给公安部部长。”

第二天，亲王在武装警察最高司令长官的陪同下，来到首都北郊某训练基地，亲眼观赏了这支神奇部队的表演。这一天，亲王算是大开了眼界：他看到了神枪手、空手攀楼、飞车截道、反劫机，以及中国武术最精彩的、能一招致敌死地的真功夫。演习中途，易于动情的亲王走到一位刚刚用手指钻砖的中国士兵面前，连连竖起大拇指。亲王随手从一位工作人员手中拿来一块厚厚的有机玻璃砖，询问士兵能否将它也钻穿。这位士兵自信地一笑，然后轻轻接过玻璃砖，在手心掂了掂，又稍稍一运气，右手的中指直捅玻璃砖。顿时，那玻璃“沙沙”作响，火星四溅。“穿了！穿了！”全场一片欢呼！

亲王好奇地拣起钻穿的玻璃砖，不料刚一触及，就“哎哟”叫一声，原来那玻璃砖如火一般烫手！

“喂，还有什么高招给亲王见识见识的？”陪同的首长这时也压不住好奇心，问道。

“有！”这战士说完，便顺手从桌上端起一个茶杯，喝足一口水，随后右手举起一块方砖。“呼——”只见他口中的水猛地往外一喷，那水就像一条银色的钢鞭，“啪”地击向方砖，方砖中央顿时露出了一个窟窿！

“啊！这是什么玄功？”亲王目瞪口呆。

“真功夫还在后头呢！”

一片喝彩声中，这位战士端来一只铝盆，又在盆中放进大半盆清水。他卷了卷双袖，仰首深深吸上一口气，随即伸出右手，将张着的五指悬放在铝盆的水中。“起——！”那战士猛地大喝一声。那只盛满清水的铝盆，顿时像着了魔似的跟着那战士的手掌徐徐上升……

“神功！神功！”亲王简直到了五体投地的地步！

南斯拉夫内务部长在观摩特种警察的战技表演之后，曾对武警司令员李连香说：“我现在才信服贵国的治安为何居世界最好水平，原来你们的士兵警官们的本领太高了！简直是神话般的传奇！”

中国武警的真功夫谁领教过？安分守己的百姓当然不会，可是你要去问问“进宫”的那些流氓恶棍们，他们准会伸出舌头。一部《少林寺》电影，惹得中国一下出了成千上万的“少林弟子”。这当中要首推河南省了！“可不，咱是正宗的少林传人！”曾几何时，中原大地上，那帮留着胡子，蓄着长发的“假洋和尚”打着少林的幌子，到处行凶作恶，吓得老者不敢多嘴，妇人不敢外出。

“这还了得，请卢保良来治一治他们！”河南省公安厅的领导发话了。于是，没几天，中原各地的公安机关一下子收容了一大批作恶多端的社会渣滓，这中间不少是主动到公安机关自首的。

“他太厉害了！要是哥们儿再不改邪归正，就让我再碰上卢保良！”一个绰号叫“开封四金刚”的流氓分子斜着嘴唇发誓说。

这卢保良是谁？他就是那个为西哈努克亲王表演“喷水断砖”“鹰爪吸水”的特警队员。乍看这个卢保良，平常得真是没半点儿起眼的地方。可要是作恶者碰上了他，就是叫娘哭爹也白搭。小卢虽说是地道的农家子弟，却自幼随父习武，五岁练炮拳，六岁打洪拳，七岁练轻功。每日“闻鸡起舞”。肚子憋得胀痛也不撒尿。后来，练呀练，竟能把一泡尿给化得无影无踪。说来真难让人相信，可又有谁能不服？亲眼见过他站在鸡蛋、火柴盒上足足半分钟那蛋不碎、盒不烂表演的人，不是一个两个。12 岁时，他已能手劈砖，头碰石，小腹之上过板车。后来到了武警部队，配合练的是那擒拿格斗的真功夫，使他能伸指“入木三分”，一运气，5 米之内无人敢靠近！信不信由你。

1983 年春节前的一天，在古城洛阳一条大街上，6 个“不男不女”的小青年发狂似的无证驾驶三辆崭新的“嘉陵”横冲直撞。“咣当——！”“哗啦——！”为首的那辆车一下撞翻了一个卖年货老头的货摊。

“我第一次学车就碰上了你这个丧门星。看，把我的新车给剐掉了好几块漆！老杂种，还不快掏出钱来赔！”这个名叫李建中的“骑士”是洛城有名的无赖。平时，兜里不装一分钱也能在菜市场捞回一篮子鱼肉鲜菜。这一下，他见对方是个连屁也不敢大声放的乡下“软蛋”，于是一手叉腰，一手摘下“麦克镜”，学着电影上的腔调破口大骂起来。一只要钱的手，差不多伸到老农的口袋里。

老农在气头上回敬了这小子一句。这下可好，三辆车上的另外几个家伙纷纷跳下，一顿“少林功夫”，把老人打得鼻子流血，两颊发青。倔强的老农气得浑身颤抖，伸手抓起一把菜刀，想一拼了事，谁知此举非但未将众敌吓跑，反倒被对方把菜刀夺了过去。

“快劈呀！他先想杀人，我们是正当防卫。劈呀——！”魁首李建中见同伙夺得菜刀，贼喊捉贼地欲趁机加害于老人。持刀的那个小青年心领神会，转身举刀朝老人的头顶劈去……

“妈呀——！”过路的两位姑娘吓得连腿都站不稳了。片刻，她们放开掩在两眼上的双手一看：怪了，那老人依然如故，而小青年却人倒刀落，只是人群中间多了位穿橄榄绿警服的战士。你猜战士是谁？原来是卢保良似神兵天降！

“快走！”小卢见对方人多势众，赶忙将老农推出歹徒的包围圈。

这帮小子也不是白吃饭的，见半路杀出个程咬金，哪甘示弱！一下把罪恶的发泄转移到卢保良身上。

“当兵的，哥儿们习少林拳多年，还没有人敢在金刚爷头上动土。今儿个你井水冒犯了咱河水，磕头赔罪喊声爹，就放你逃命。不然，哼，就留下脑袋给爷几个祭神灵！”

“住口！你们无证驾驶，违反交通规则是首罪；无故毒打老人，侵犯公民人身自由，这是罪二；结众扰乱公共社会治安，违反管理处罚条例，这是罪三。老老实实跟我到派出所自首投案，争取宽大处理是出路，否则，法律难容！”卢保良正气凛然，好言相劝。

歹徒们哪听得这些！一个眼色，一齐使出“青蛙跳水”之势，一哄而起，直扑卢保良……

卢保良一个纵身跃到了歹徒的摩托车后。扑空的歹徒们露出凶相，“嚓”地拔出匕首，顿时寒光一片，直逼卢保良而来。

无知而又凶残的歹徒们，真是可恶至极！卢保良脸上露出一丝轻蔑的笑，心想，不给对方点真功夫瞧瞧，他们是不会罢休的。只见他“啊”的一声断喝，即刻形成马步蹲裆之势，再瞧那面部，早已气贯丹田，双目死死盯着两把同时刺向自己咽喉的匕首，悄悄地发功点穴，靠前的两个歹徒倏地像中了魔似的一下倒地。其余的人不知究竟，依然虎视眈眈地拉开了“黑虎掏心”的架势，企图一招将卢置于死地。深懂武德的卢保良不觉怒从心中起，双臂猛地一较劲，“呀”的一声，把一辆三百多斤重的摩托车举过头顶，奋力朝歹徒们砸去……

天哪！这帮“少林小子”们还是第一次见这般功夫，一个个吓傻了眼，扭头拔腿就跑。卢保良一个“旱地拔葱”凌空腾地，又略施一招擒敌小技，两个歹徒顿时趴在地上。剩下的那两个赶忙“宁屈不死”，扑通扑通地朝卢保良磕头求饶，那动作比小鸡啄米还利索。

“我不信，在中原这块地盘，咱还没见过比爷们更正宗的少林小子！一个穷当兵的，要是咱碰上了，还不叫他吓得兜着屎回家！”开封城里有个流氓头子不服气。

真是无巧不成书。一年后的一天，卢保良奉命执行一项特殊任务来到开封，偏偏与这个流氓碰上了。那天这个流氓带着3个小兄弟，在偏僻处遇上了一位漂亮姑娘，顿时淫心倏起，4人强行将这女子逼到一条小胡同。正在这些家伙宽衣解带之际，突然身后传来一声断喝：

“住手！你们想干什么？”

流氓分子回头见是个头矮矮的卢保良，顿时松了一口气。“她是我们的小老婆，我们是她的大丈夫，怎么样，当兵的，在部队里憋得慌，跟哥们儿一起痛快痛快吧！”一个流氓分子口出污言，挑逗起来。

“你们这是犯罪行为，应该……”卢保良还未说完，“嚓”的一道寒光迎头飞来。他赶忙偏头闪过，蔑视地朝暗里行凶的那个歹徒脸上吐去一口唾沫——自然他没用气功，否则必定让那小子眼鼻穿孔。不过，即便是这随口而出的一击，也把那小子的额上撞出了个大青包。

“好小子，还有一手啊！”为首的家伙一看，便知来者身手不凡，于是便想先下手为强。仅仅是百分之几秒的光景，一把贼亮的匕首已经刺到了卢保良的咽喉处。这一招“突刺”，迅如闪电，势若蛟龙，是这位大流氓横行开封的撒手锏。卢保良已知躲闪不及，便一个侧身，抬起胳膊，“啪”的一下死死地夹住了凶器，同时用另一只手抓住对方的肩头。只听“刺啦”一声，那小子的肩头顿时露出一个窟窿，血淋淋的皮肉，连同一团棉絮一起落到地下，这一招鹰爪功可把在场的所有流氓吓坏了，六神无主地掏钞票，捋手表，哭哭啼啼跪在卢保良面前直喊：

“武警大爷饶命，饶命啊！俺们有眼不识泰山，今儿个冒犯了您的虎威，千万千万私了这一回，放俺们一条生路啊……”

卢保良不屑一顾，哈哈大笑道：“我卢保良是堂堂武警战士而不是东郭先生，你们这帮两条腿的色狼，劫持妇女，无恶不作，怎能当儿戏私了！走，上派出所！”说着，一把拎起那为首的流氓分子。

“您就是卢保良、卢大哥？哎哟哟，我的天哪！”流氓头子一听，全身像筛子似的抖动起来，赶忙从口袋里掏出一叠“大团结”，“卢大哥，您是中原真正的少林法师，我服您，请收下我这个无能的徒弟吧，这算是我的第一份学费，日后业成后，我保您万元户、吃香的喝辣的……怎么样？”

“废话，快跟我走！”

“我……我裤裆里有、有屎。”这流氓哪想到一年前说过的话，反倒自己先应验了！真是无耻之徒，必无好下场。

这几年，据说武打片的电影上座率极高。不知导演们从哪儿得来的消息，纷纷到武警部队寻找那些有真功夫的特警队员作电影主角，于是，银幕上有了《海灯传奇》《神鞭》《南北少林》……

“看，那不是扮演海灯法师的叔叔吗？”1985年，春日融融的南宁市体育馆、万头攒动的观众席上突然有人叫嚷起来。“啊，正是他！正是他！”人们指着站在擂台中央的一位四川小个子运动员，七嘴八舌地欢呼起来。

这里正举行着全国武警散打比武大会，这是最后一天的最后一台压轴戏。表演者名叫刘政扬，他确在《海灯传奇》的电影里扮演海灯法师。狂热的观众情绪一下涨了几倍，他们不相信电影里的那些“假打”，要看“真格的”。

来了，“真格的”开始表演了——

他，上穿大红背心，下着雪白裤衩。一上场就两腿分为车挡马式，双掌向上，然后一个深呼吸，他的肚皮顿时隆起一个大垛包，像是扣了一口大锅。

“喔——”观众席上一片欢呼。

他在观众惊愕之际，手向上一抬，那大锅瞬间消失——气从脑门顶“飞”了！刘政扬不慌不忙从地上拿起一根筷子粗的麻绳，死死地勒住脖颈，把绳头咬在牙缝。一旁的助手拿起一根三尺多长的铁尺，又沉又粗的板凳，对着观众席说道：

“诸位，请你们挑力气大的同志，拿着这铁尺、板凳，朝我们的勇士头顶打。话说前头，任凭你横打竖打，下死力打，打死打伤，绝不追究您的法律责任！”

“不是开玩笑吧！”胆小的观众听得此话，早已吓了一跳。而几位好胜的年轻人都按捺不住，纷纷跳下看台，走上擂台，想探勇士真功夫。

不假，这根铁尺足有七、八十斤重！

板凳也是块好树料，硬又沉！

人却是肉长的，谁能受得了这些家伙的重击？几个年轻人看看眼前站着的刘政扬，你看我，我看你，那目光中尽是疑惑。他们举起铁尺和板凳，先在刘政扬的头上轻轻地拍了拍，看看什么反应。奇怪，怎么像拍在皮球上似的！再看看这个四川小个子，只见他笑眯眯，眨了眨眼，像是说：哥们儿，使出你们的吃奶劲，朝我头上打，能碰掉一根头发，我就输！

“好小子，这是你说的话，咱可要动真格的了！”

“来吧，别消磨时间，让观众们失望！”

“那么，有话在先，打死你我们概不负责！”

“我保证。只是有一条，假如你们手软，可别怪我骂你们是毛孩子！”

“我让你再嘴硬！”

这短短几秒钟的无声挑战，可真把上场的几位年轻人一下激怒了！他们高高地举起铁尺、板凳，尽出全身力气，朝刘政扬当头猛劈过来……

“一，二……十……十五……二十……”小青年们个个口出粗气、大汗淋漓。不一会儿，铁尺弯了，板凳断了，可四川小个子安然无恙，脸上还是笑眯眯……

观众席上掌声雷鸣……

“既然阁下武艺高超，那么能不能让我任意击打你身体的各个部位——即不受刚才大会裁判的限制！”一个好斗的汉子对刘政扬这样说。

“浑小子们，不许这样胡来！”体育场内突然爆发出一片愤怒的谴责声。但站在台中央的刘政扬却微笑地向大家招手，示意可以奉陪到底，请大家放心。

他解下脖子上的绳子，一个站立姿势，随即对对手说：“开始吧！”

“噼啪！”“乒乒！”“哐当——！”顿时，拳头、铁板、木棍、砖头……雨点般地飞向刘政扬的脑门、胸膛、腰部、背脊……一场暴打结果是刘政扬身上没留下一个白点，没刮破一块肉皮；相反，好斗的汉子累倒在碎砖乱石之中……

这就是公安系统大名鼎鼎的刘政扬。然而，对一名武警战士来说，与严酷的对敌斗争相比，这样的交战实在算不了什么！

你死我活的对敌战斗，才是真正的惊心动魄！1985年8月13

日 9 点 35 分，正在四川达县一个武警中队组织战士们政治学习的刘政扬，突然接到县公安局长召见的电话。

“小刘，现在有个紧急任务交给你！”刘局长用十分严峻的目光盯着刘政扬，说道：“我们刚刚接到可靠情报，公安部四天前发出通缉令通缉的持枪杀人犯刘吉宝带着他的姘妇肖益君，现已潜逃到我县城大众旅馆。现在，我命令你前去活擒刘肖两犯，不得有半点失误！此案关系极为重大，公安部、中央书记处的首长都在注视着这一特大潜逃事件。这是通缉令，你看一下。”

公安部的通缉令是这样介绍的：

> 杀人犯刘吉宝，安徽人，原系合肥市纺织厂保卫干部。现年 46 岁，身高 177 厘米，体重 80 多公斤，在部队当过侦察连长，会武术，在合肥市号称三个第一：射击第一，举枪能打飞鸟；擒敌格斗第一，能同时对付三四个年轻力壮者；爆破第一，工兵技术样样精通。刘犯与姘妇随身带有“掌心雷”手枪一支，小口径步枪一支，各种子弹九百发，梯恩梯炸药九包，还有许多雷管、引爆器、匕首等物……

好一只恶虎！刘政扬心头微微一震，他从未遇见这样全能的对手，而且还是同行出身的杀人犯！

“有信心吗？”局长期待着勇士的回答。他要的是肯定的回答！

作为一名捍卫人民民主专政的尖兵，刘政扬觉得困难再大，险情再重，也没有理由做出否定或半点缺乏自信的姿态。

“报告首长，坚决完成任务！”

“好，立即出发！”

10 点 10 分，刘政扬打扮成一个山民，来到城里的大众旅馆，当他正要按预定方案准备往五楼悄悄潜进时，突然，楼道口出现一个彪形大汉，正神情慌张地朝服务台走去。刘政扬双眉紧蹙，一边观察辨认这可疑的大汉，一边用眼斜视了一下在他 50 米开外打扮成一位商人的刘局长。

“就是他！”刘局长果断地用暗号告诉他。

全国通缉的杀人犯刘吉宝！刘政扬心头微微一怔：此人比想象中的还要高大、凶恶！万不能有半点差错！要快、快！

“杀——！”这人来客往的大众旅馆里，突然响起一声惊雷般的吼声，那吼声未落，只见刘政扬猛地一屈腿，整个身子像出了弓的箭，“噌”地一下扑到了刘犯面前。

杀人犯哪防这一手？惊愕之下，赶忙抬腿反击。刘政扬早已瞅见对方在慌忙中使的并非高超之招，于是来了个先下手为强。他挥动右臂，张开虎口，一个锁喉动作，将那刘犯的脖子死死掐住，紧跟着接一招扫腿，刘犯“扑通”倒在了地上。刘政扬乘机骑在对方身上，又握紧拳头猛地朝刘犯腰部一顶。

“哎哟——！”刘犯宰猪似地嚎叫一声。这家伙毕竟有些功底，此时见自己处于劣势，赶忙屈起双腿，扳直腰杆。

刘政扬知他企图“鲤鱼打挺”，急来了个将计就计，只见他架空臀部，腾出左掌，朝后一甩，那铁掌正重重地击在刘犯突起的裆部……

“妈噢——！”刘犯这一声叫得惨，待他再想反抗时，眼前却是一片昏暗……

“天哪，我原想到此躲躲风声，再去重庆炸轮船。此举若不成，就到上海搞次比北京站爆炸案大十倍的爆炸事件。可谁知碰上了他……”大汗淋淋的杀人犯刘吉宝醒来后交代的第一句话就这样说。就在同时，他的姘妇，29 岁的女犯肖益君以及随身带的凶器和弹药也全部被缴获。

一场或许比“二王”“三张”危害后果更为严重的特大持枪杀人案的缉捕战斗，仅在数十秒之内宣告胜利结束！

全让他赶上了。这一天深夜，刘政扬刚刚入睡，突然，一阵报警的枪声撕碎了达县凤凰山的雾幔，在山城郊外的夜空久久回荡。

“出什么事了？”刘政扬“噌”地从床上跳起来。他知道事情不妙，因为枪声来自死刑犯看守所。果然不出所料。十二号监舍里的5名死刑犯，在一名轻刑犯配合下，悄悄打开手铐，砸断脚镣，一个个手持早已拆零散又表面上组装得好好的床方、床腿，在凌晨4点25分，乘三名看守人员查监之际，打死打伤看守人员，挥舞铁棍和折断的床腿，发疯似的冲向监狱大门，企图夺取哨兵武器，然后逃窜到茫茫大巴山之中。

“赶快集合部队，占领制高点，包围牢房！”刘政扬一声命令，仅两分钟，黑色的夜幕上亮出一把把寒光闪闪的刺刀。

“糟啦，我们叫武警包围了！”

“冲呀，冲出去才能活命呀！”

暴徒们吼叫着，哭喊着，并扯断了监舍里的照明电线。顿时，整个监狱一片漆黑。可恶的罪犯们趁机砸开了十号、十一号监门，一边疯狂煽动其他死刑犯暴动，一边挟持着受伤的看守人员作“人质”，负隅顽抗。

事态在恶化！不到几分钟，消息传到了四川省公安厅、省政府、北京公安部……

“必须迅速制止暴乱！”看守所的电话里，传来了公安部部长的命令。

眼前的这等情景，这等规模，这等态势，是新中国成立以来罕见的特大越狱事件！这帮将被执行死刑的罪犯们自知末日不远，于是就蓄谋越狱，以求得逞。

“不冲也是给他们打死！冲呀！”

“拼一个够本，拼两个赚一个！”

暴徒们丧心病狂地叫嚷着，监室的门窗，牢狱的砖墙上到处是“乒乒乓乓”的打砸声、粉碎声，一双双沾满鲜血的魔爪在夜幕中挥舞着，大有谁敢走进监狱就把谁撕开、咬烂，连骨头都嚼个粉碎之势。

敌我双方都在颤抖！

“我上！”战情刻不容缓，刘政扬从战士中站起来，他的目光平静，充满了正义的凛然，给在场的看守人员带来巨大的精神力量和勇气。

“关键时刻识英雄，愿当敢死队的跟我上！”他的话音刚落，四名勇士站到他身边，他们迎着暴徒的狂吠与棍棒，摸黑向监舍内冲去……

十二号监舍里的暴徒们这时正在歇斯底里摧残着几名“人质”。其中一名看守人员被打得脑浆迸流，血水溅满门和墙。在相邻的十、十一号监舍内的另外十名死刑犯也趁机蠢蠢欲动，有的手忙脚乱地砸脚镣，有的吼着砸床铺，有的提着四十多斤重的手铐铁镣，踉踉跄跄地汇聚到十二号监舍，准备一起冲出监牢。

“有人！”一个暴徒突然发现了刘政扬，并抡起棒子劈头砸来。刘政扬将身一闪，随即运上一口气，只见他右掌轻轻朝对方一击，那暴徒一下倒退了十来步，“哐”地撞在了墙根下。这一招倒是把其余的暴徒吓闷了。刘政扬趁机一弓身，双手托起一名重伤的“人质”飞步退出监室。

“上当啦！”暴徒们如梦初醒，顿时乱舞棍棒，一窝蜂似的追扑过来。在刘政扬身后的另一名敢死队员见此情景，赶忙掏出手枪“砰砰”发出两声警告。暴徒们哪管这些，反而变本加厉地狂吼着："打死他！打死他！"

"砰——！"一发正义的子弹击穿了一名暴徒的下颌。其余暴徒见势不妙，赶忙缩回监舍，手执各种凶器，拉开了拼死决斗的架势。

"赶快放下武器投降！顽抗到底只有死路一条！"

"检举揭发者有功，制止暴行者减刑！"

部队展开了政治攻势。一些胆小的刑犯纷纷放下手中的器械和棍棒，龟缩在墙角不敢再动。但相当数量的暴徒依然负隅顽抗。有一名放下凶器的罪犯刚说了句"我投降"，就被他们拳打脚踢，直往死里打。

刘政扬见此情景，怒火腾地从心底燃起。他疾步冲到十号监舍，"哐"的一脚踢开监门，一个箭步跃到暴徒中间，将其中为首的一名暴徒像拎小鸡似的提出了监门，又朝地下猛地一摔。这歹徒哪受得了刘政扬的这一折腾，瞬间就蹬腿闭目，口角流血，半天才吐出气来。

为了争取时间，刘政扬带领敢死队员折身重新冲进监舍，发现十、十一号监舍的犯人已基本收敛嚣张气焰，唯独十二号监舍的犯人与从十、十一号监舍逃进来的另外5名暴徒继续顽抗。他们用木棍和身体死死顶住监门，一边咬牙切齿地叫嚷：

"谁敢进来就打死谁！"

敌我双方出现了暂时的僵持。这时，东方已呈白色。暴徒们自知一到天亮，越狱行动就会被迅速粉碎，自己的末日也将来临。于是，监舍里开始了混乱，有的绝望地撕烂衣服和床单，搓着绳子要上吊；有的哭喊着头颅撞墙；有的在摸电线准备自杀。惨叫声、哀号声，把整个监狱搅得一团糟！

绝不能让犯人自杀！电话里又传来了上级的指示，于是部队当即决定，砸开监门，活捉暴徒！

强硬的攻击开始了！

刘政扬率先操起钢钎，猛击监门。不料，他觉得两臂一麻，砸上去的钢钎被重重地弹了回来。

不好，有电！可恶的暴徒们在监舍铁门上接上了电源。怎么办？刘政扬急中生智，想起监狱施工开石头用的木柄锤。“快，把大锤拿来！”有人把大锤扛了来。刘政扬抓过来就往监门砸去。这一砸不要紧，暴徒们却慌了手脚，他们把拆散的床腿、床框、饭碗、木棍等物，七手八脚地从门上边的窗口往下扔。正在砸门的刘政扬未防这一手，突然间，一根碗口粗的方床木“哐”的一声正击中他的脑门顶。

“哈哈，砸中了！砸中了！”暴徒们几乎高兴得要跳起来。这一根木方足有1米长，20厘米厚，又从高处垂直而下，若是普通人不说脑壳开花，起码也当场昏死过去。但刘政扬没事！

他晃了晃头，赶跑了眼前的火星子。更发狠地抡起大锤，拼足力气。“嘿”地一吼，监门顿时“吱嘎”地倒在一边。此时，敢死队员们一拥而进……

“嗖——”一名亡命之徒，乘着混乱之际，抡起一条床腿，斜着朝刘政扬的腰间打来……

好一个刘政扬，只见他一蹲身，一运气，“腾！”那飞落而来的床腿一下被弹了回去，震得那家伙“哇哇”直叫，原来他的“虎口”裂开了一道血口。

“谁敢再动！”勇士抬起右脚，使劲往下一跺，只见那监舍四壁皆颤。犯人们个个吓得灵魂出窍，纷纷举起双手！

“30分钟，仅用了30分钟你们就平息了这样一场特大越狱案！谢谢，谢谢你们……！”

电话里，传来了公安部长激动的声音。

第二章 血腥的洗礼

国际刑警组织的一位负责人曾经这样说："在今天，以为没有世界大战就是有了和平的人们，实在是太天真了。今天的社会是个什么样？那就是当你在兴致勃勃地品尝咖啡时，或者于情趣盎然的旅行途中也会突然遭到恐怖与血腥的袭击，这就是现实！"

一点没错，他的手头有足够的材料证明这点：

——1970 年以来，全世界几乎平均每秒钟就有一起恐怖活动，每年死于暴力袭击的人数已经连续十年超过了五万！儿童和老人遭到无故的残杀，妇女们得不到安全保障，人的肉体和生命被任意地摧残与毁灭，一切如同喝水那样平常……

与西方世界相比，中国自然是天堂。但是，以为在中国到处都是太平的乐园，那就大错特错了！受"文革"的病菌和世界"恐怖流行病"的传染，茫茫九百六十万平方公里的土地上，同样潜藏着那不可低估的，给人民生命和国家财产带来严重危害的暴力与恐怖事件。

结伙持枪杀人，重要目标被炸，光天化日之下烧、杀、抢、奸，劫机叛乱外逃……不是时有耳闻吗？但无论罪犯和亡命徒们如何猖狂，在中国，他们的结局总是比西方的同类案犯的命运要惨得多。

1983 年，沈阳的"二王"不是很厉害吗？最后，还是被击毙在江西荒凉的南坑山上。

1985 年，哈尔滨的"三张"不是更神吗？但最后也是被生擒活捉！

是谁，惩罚了这些罪大恶极又难以制服的暴徒？武警！人们都知道这支部队。然而却又并不真正了解，这支部队的指战员们是如何制服这些凶残的暴徒，遏制那令人心惊肉跳的血腥恐怖的事件。

人们除了敬意，留下的是一片空白与好奇。

小说和电影中的破案战斗太假太玄，以致常常会使搞公安的同志怒发冲冠。他们说："离奇与美满的结局，只能与艺术结合，而和我们的实际工作无缘！"

事实确是这样！

四川，金阳境内。南瓦汪丙底公社管委会主任西沙尔红，与兽医阿热打日发生争执，一枪就把对方打死了。有人上前相劝，西沙尔红瞪着血红的眼珠，扣动扳机，又一下打死两人。他是公社主任，教育过无数愚昧而冲动的人，而此刻，他比谁都愚昧与冲动，并且多了一层残忍！

他潜逃到办公室内，并以此作为抵抗的堡垒。他的身边是两挺机枪、三支冲锋枪、十支步枪和四枚手榴弹，上千发子弹。昨天，他还在"三级干部会"上洋洋万言讲"精神文明"，可此刻的西沙尔红两眼像刚刚舔了人血的饿狼，扛着机枪，一个劲地狂叫着"拼啦！拼啦！"从十岁的孩子，到八十岁的老翁，从金阳县城里的书记到曾是西沙尔红手下的公务员都感到不可思议。几乎所有的突发暴力案件都是这样的令人不可思议，一件平常根本不放在眼里的东西，一句开玩笑似的话，此时却成了一场罕见的暴力与血腥事件的导火线，而结果往往给那些无辜的生命带来意想不到的不幸。这就是暴力的特征，一种失去理智的特征。此时的西沙尔红就是这样，他那双目射出的猩红死光和手中黑洞洞的枪口，把十里内外的成千上万人的心压得喘不过气。

"砰砰——！"就在这时，武警指导员雷安然带兵火速赶来。"一组控制大门，二、三组占领后墙制高点，四组火力掩护，其余的跟我冲！"

"砰——啪""轰隆——！"凶犯被击毙在室内，战斗仅用了

20 分钟！

深夜。山西运城境内。人称恶虎、长期占山为王的田玉民，带 7 名同伙突然下山进城，举着菜刀与手枪，一连杀死 4 名夜巡的民警，然后带着枪支弹药窜回大山。

“出发！”愤怒的运城武警战士在政委高益党的率领下，铁马飞驰，赶到崇山峻岭下，张开惩罚的法网。“打”子弹划破长空，硝烟弥漫山谷。“嗒嗒……”枪声好清脆！转眼，围歼战斗宣告结束，8 名罪犯中 2 名被俘，6 名毙命。

干净。利索。好痛快！

然而，战斗哪能都是这样简单！

日历翻到这年的“12 月 26 日”——

辞旧迎新的日子，坐落在东海之滨的这座开放城市更加迷人了！全城喜气洋洋的人们欢欣鼓舞在迎接新的一年的到来。可是，一场灾难发生了——

晚上 9 点，温强二路附近的一条马路旁，一具男性死尸横卧在血泊之中。很快查明，被害者是松台派出所民警。他的头部被钝器击烂，身上留下多处被利刃捅刺的痕迹，其惨状无人敢正面直视。更严重的是被害者的手枪与 8 发子弹也不翼而飞……

爆炸性新闻！转眼间，整个海滨城的大街小巷都在议论，让人心里发毛。迎新年的喜气顿时被重重阴云所代替。而罪恶的魔掌，并未就此罢休，仅隔三天，一起更大的血腥案件又爆发了：

12 月 29 日早晨 6 点多钟，海滨城已是清晨，街道上开始进入人流高峰。就在这时，在繁华的人民东路汽车站旁，枪声骤起，随即是一片撕裂肝胆的惨叫与恐惧的喊声，毫无准备的人们乱作一团。胆小的拼命躲逃，好奇者探头观望，而那些富有正义感的人们则首先想到的是发案现场。千百位勇者心急如焚地奔向出事点……

啊！血……满地的血，一个男人一动不动地卧倒在缓缓流淌的血泊之中。“怎么又是民警！”人们将死者翻过来一看，不由一阵惊骇！他已停止呼吸，枪套也是空的……

令人揪心的惨案！多么残忍的暴行！歹徒们竟敢在光天化日之下连续杀害我公安人员！海滨城一下失去了往日的宁静与欢乐。来自大洋彼岸的回乡华侨赶忙搭机逃走，小巷街道的一间间民房紧紧关闭。真是“黑云压城城欲摧”！

愤怒，充溢了武警的心间。他们争先恐后地请战。倘若此时罪犯再次出现，这些火性子的年轻人，准会将其撕得粉碎，为死去的战友报仇！

围歼凶手的会议一直持续到深夜。

“需要提醒同志们注意的是，到目前为止，经实地反复侦察，两个案发现场都没有留下任何可取的罪证。凶手极为狡猾，看来很可能是有过前科的老手！”一位指挥官的话使会场顿时寂静，大家的耳朵不约而同地竖了起来：

“作为武装警察，我们不能不估计情况的复杂性。不过我还是那句老话，狐狸再狡猾，尾巴也总是可以抓到的！另外，大家对凶手的愤慨是可以理解的，但饿肚吃不了烫饺子，办法还是‘老规矩’——走群众路线，打人民战争。就是大海捞针，也要捞出个眉目来！明白了吗？”

“明白——”

“开始行动！”

转眼，一张庞大而严密的天罗地网，在海滨城的每个角落撒开。

作战指挥部里，指挥官焦急地等待在电话机旁，一小时、两小时……半天已经过去。“丁零！”电话突然响了。

“报告，3号发现线索：据群众反映，在26日晚上和29日早上的两次案发之前，发现有两名 20 岁左右的男青年，高的 170 厘米左右，矮的 165 厘米上下，高个穿天蓝色风雨衣，骑自行车带着穿浅棕色风雨衣的矮个。两人均戴大口罩，行踪十分可疑……”

这是个值得重视的线索，绝不能放过。指挥官从衣袋里掏出一支“凤凰烟”，点燃了……

电话又响了。

“3 号报告，两个穿风雨衣的男青年已查到。”

“好，快说！”指挥官激动地把半截“凤凰烟”掐灭，顺手提过案头的记录本。

“这两个家伙住在市南郊 30 里外的山村，投宿在一个解除劳教分子家里……”

看来，事情该有眉目了……

“可惜，经多方查证，这两人与本案并无牵连！”

指挥官的两道浓眉结成了一个大疙瘩。

时间一天天地过去了，案情毫无进展。

“12・26”“12・29”这两起惨案，时时刻刻、分分秒秒地萦绕在每一个参战的武警脑海中。

1 月 8 日，我侦察员终于从群众中了解到一个重要情况，在古楼、广化一带，前些天曾有不少人见过两名留着长发、蓄着大鬓角的小青年，身挂腰刀，手持火枪，到处打架斗殴，惹是生非。又有人反映，二十多天前，这两个家伙在汽车南站附近的一家饭馆喝酒后口吐狂言道：“要干番惊天动地的事。有枪，就敢杀民警！”

“这两个家伙长得什么模样？”

“一高一矮。在 165 厘米到 170 厘米间。本地口音，穿港衫、牛仔裤。”

“没穿过风雨衣？”

“嗯……好像穿过，有一天还戴了副变色镜。”

“近十来天没见过他俩？”

“记得12月28日晚上，这两个家伙骑着一辆自行车，在南站问过路人知道不知道警察被杀的事，害怕不害怕……过元旦后就再没见过这两人。”

“他们住在什么地方，知道吗？”

“不知道。”

“没注意两人对叫名字或小名、绰号之类？”

“没有。”

尽管如此，公安局还是查到了这两个人的情况：

高个名叫倪小平，23岁。五年前因偷盗被判刑三年，出狱后恶习不改，又因伤害罪被捕，此人是公安部门挂号的一个大流氓集团骨干。

矮个叫华玉龙，23岁，是江边路一带有名的打手。也是那个流氓集团的成员。1983年因殴打他人致伤被收审，后潜逃在外。

倪、华两人本性凶残，有作案可能，但此时不知躲到何处去了？这些狡猾奸诈的家伙，在风头上肯定不会轻易露面。那么是逃离外地还是潜藏本市？再大的难题，也难不倒机智的武警和公安人员。法网，撒到了罪犯过去经常活动的古楼、广化一带。

民间察访，真如大海捞针。一天、两天、三天，罪犯依然形迹无踪。但却找到了一个与倪小平关系密切的“铁哥们儿”。

案情如火，刻不容缓，0点30分，这位“铁哥们儿”压根就没有想到被公安人员从被窝里拉起来提审。

“你认识倪小平吗？”

“不认识！”回答肯定又坚决。

“那么你知道不知道有倪小平这个人！”

“不知道！”又是肯定、坚决。

好小子，一开口就来了个全盘否定！坐在预审室的我侦察人员，嘴里露出了一丝轻蔑的微笑。天下做贼者无不心虚，再密封的葫芦也会有裂缝。这“铁哥们儿”自以为来个一问三不知就可以隐瞒真相，可他哪里遏制得住内心的胆怯与紧张。以至于在侦察人员审问他时嘴虽硬、脑门上的汗水则像黄豆似的直往下滴。他露出了狐狸尾巴。

“好吧，现在可以告诉你，倪小平已经彻底交代，你的事我们掌握得一清二楚，如果你不想从宽处理……刑警，把他带下去！”提审官“啪”的一掌重重击在桌上。

嘿，这一招管用了。这“铁哥们儿”顿时吓得魂飞魄散。“我说，我全说……”

原来，这个流氓团伙，共 8 人，前不久因为倪小平、华玉龙不按“规矩”办事，动不动就捅娄子，又听不进别人的劝阻，同伙怕这两个小子闯大祸，连累大家一起倒霉，于是就决定先干掉他俩，这样好实现“大业”。12 月 26 日这一天，姓郑的团伙头儿带了几个小兄弟，身上悄悄藏着凶器，然后约倪、华到南站饭馆喝酒。事后准备弄到一个神不知鬼不觉的地方给他俩“放血”。没想倪小平喝醉酒后，满嘴狂言，说什么“杀民警，夺手枪，抢银行”之类，姓郑的一听几乎要跳起来，因为他和另外几个“铁哥们儿”计划已定的“大业”，也就是这些，要不是种种原因牵制，此事早已实现。如今听倪小平一说，姓郑的朝另外几位小兄弟眨眨眼，意思是说，咱何不来个借刀杀人，然后把枪弄到手，下一步就好办了！同来的几位小兄弟暗暗称道“巧极了！”于是，整个酒桌顿时换了一种气氛。姓郑的和另外几个小兄弟突然对倪、华亲热起来，并且大加“鼓励”倪、华的“雄才大略”。这倪小平和华玉龙不知是计，竟得意扬扬，飘飘然起来。果然在短短的几天之内，两次残害我民警，夺枪而逃……

“现在他俩在哪？”

“我们经常分散居住，倪小平和华玉龙在……”

“立即行动！”指挥官拔出手枪，对全副武装的捕歼机动队全体人员命令道。此刻，时针刚刚指到2月12日凌晨2点10分。

大雪融化后的海滨城，夜幕低垂，万籁俱寂。机动队的同志们臂系白色毛巾，鸦雀无声地赶到目的地——十八家新村。

这里，楼群林立，全是居民住宅。倪、华居住在“十一幢”楼。此刻，沉睡的居民们哪里知道一群天兵天将神不知鬼不觉地降临在他们身边，“十一幢”的五层楼上，所有的走廊、要道、门窗以及附近的制高点，早已布满了荷枪实弹的勇士。

一切准备就绪，尖刀班开始向倪、华居住的房间进发……

楼道一片漆黑，此时，尖刀班的每一个人的心头紧张得不敢多出一口气，每一步，每一动作，都是那样的轻。大家都知道，只要有一点异常响声将楼群里居住着的任何一名群众惊醒，或许就会造成不堪设想的后果。凶手警觉，拉响爆炸物，全楼，乃至整个居民区就有可能被淹没在血泊之中！

“狼窝！”战士们肩并肩地移动着脚步，犹如在跨越通向死神的道路。一楼、二楼……仅仅是百米之距，却感到是那样的遥远！

到了——五楼！

前面就是“506”号，没错，凶手住在此地！借着一丝惨淡的月光，指挥员下达了正式进攻的战斗命令。

黑暗中，一道白光闪过。尖刀班班长倪忠礼率先带领精明的刑警队员林勇冲在最前头。

“506！”他俩默默地又一次辨认了一下门号，没错，“狼窝”就在这里！倪忠礼与林勇会意地点点头，然后不约而同地举起冲锋枪，迅速后退几步之后，又如两台开足马力的重型坦克，向

“506”门猛烈撞去……

“哐当！”紧锁着的木门被踢倒了一边，尖刀班“哗啦”一下全部冲进了屋。

啊，自行车、风雨衣、两个皱巴巴的大口罩……战士们一看就认出了这凶手的衣物。暴徒一定就在里头。瞬间，一股为民除害、为战友报仇的愤怒烈火倏然从心中升起，不容迟疑，小倪和小林一鼓作气，飞腿就朝二道门踢去。奇怪的是此门没有上锁，两人刚刚踏进一步，迎面就是扑鼻而来的浓烈烟火味、酒精味。

“有人”倪忠礼刚想招呼后面的战友，只听“叭叭”一阵枪响，两颗子弹从黑暗中飞来。小倪只觉头部被什么猛击了一下，“啪”，他的帽子飞出一米。天，好险啊!

“狗东西，还不快出来！”一旁的小林怒不可遏，大声说道。但是，回敬他的又是一梭子弹。

此时，光着头的倪忠礼气得扳动机枪、抬腿直向里冲。然而，一只有力的大手把他拉到门外。

“别急，听我说！”副中队长将尖刀班的同志拉到自己的身边，然后如此这般……

妙计，就这么行动!

转眼，新的阵势摆开了：战士林贤清和姚全荣负责把守“506”正门口。林勇和倪忠礼继续正面攻击——只是射击，不往里冲。

“嗒嗒……嗒嗒……”

佯攻成功，歹徒上当了！就在他们躲在黑暗里全神贯注盯着门口之际，副中队长已经端着冲锋枪一个腾跃，踏上一块并不引人注意的小水泥隔板，并乘着刚才“嗒嗒”响起的枪声，用枪托轻轻砸碎门上方的窗玻璃。这一招是里屋的歹徒全然没有料到的。副中队长站稳身体，即刻托起枪托，扣动扳机，“叭叭叭”就是一梭子！

“啊——”黑洞洞的里屋突然传出一声绝望的惨叫……

说时迟，那时快，正面进攻的倪忠礼和林勇也按战斗方案，以电闪雷鸣般的速度冲进二道门内，紧贴在墙壁边，端起冲锋枪又向两个射点扫射一通。

里屋出现了奇怪的沉默，除了几声杀猪似的嚎叫外，竟无枪弹反击。机会难得，尖刀班立即进行政治攻势：

“赶快投降吧，你们已经全部被包围啦！”

“投降是出路，顽抗死路一条！”

正义的声音，回荡在整个楼中。早已被激烈战斗惊醒的上千群众，也在为最后的战斗捏着一把汗。罪孽深重的凶手们，快放下武器吧！人们在默默地祈祷着……

令人不解的是，方才还是激烈顽抗的“狼窝”，此刻竟鸦雀无声。是歹徒已被击毙，还是想要花招，求得缓兵之计？正在大家屏住呼吸，等待下文时，突然，黑暗中一个沉沉的东西飞到尖刀班战士的脚跟前，“哐当”一声掉落在水泥楼板上。炸药？大伙顿时紧张起来，这时，只见副中队长夏兴明临危不惧，扒开战友，一个箭步冲过去……

“啊，是支手枪！‘五四’式的……”

“是不是假投降，怎么就一支枪？”

“不见棺材不掉泪，再给他几梭铁米粒吃吃！”

“咔嚓——啪啦！”又有拉枪机的声音，这当儿，里屋突然传来一个颤抖的叫喊声：

“别开枪！别……开枪！”“我投降，我投降！……”

尖刀班的同志透过硝烟，隐约看到一个家伙举着双手，两腿缓缓地从黑暗中向外挪动过来……

“站住！”精明老练的副中队长一声断喝。他怕有诈，误了大事，于是大声说道："老实回答我的问话！"

"是，是，我老实。"

"你们窝里总共几个人？"

"报告政府，共 4 个。"

"还有 3 个呢？"

"都……都被你们打死了！两、两个就躺在我身后……"

"还有一个在哪？"

"楼下，刚刚跳楼……"

"你们用的都是些什么武器？"

"就两支手枪。"

"另一支呢？"

"倪小平带走一支，他就躲在楼下。"

"没有假话？"

"这份上，我哪敢！"

"快把里头的灯打开！"

"是，是。"

"啪！"电灯闪亮，屋子里顿时被照得一清二楚：两名歹徒横躺在血泊之中。在那扇打开着的玻璃窗的楼下水泥地上，还有一具尸体，人们从死者的口袋里掏出一张看病单，上面写着：倪小平，男，22 岁……

旭日东升，大地一片金辉。驱散了黑云的海滨城又展现出她那迷人的身姿。很快，武警战士夜袭"狼窝"、全歼凶手的传奇故事，在大街小巷到处传扬……

"幸福的歌儿回荡四方，我们的生活充满着阳光……"歌声是那样的悦耳，生活是那样的甜美。然而，善良的人们哪里知道，就在这同一时间里，与海滨城相距万里之遥的西北塔里木盆地边缘的一个小镇 K 城，又一起骇人听闻的血腥案件发生了——

凌晨4点零5分，武警支队的值班室内骤然响起一阵急促的电话铃声。“报告，有紧急情况！罪犯曹洪光伙同唐科全越狱后，杀死公安人员，抢走枪支，又劫车逃跑……”

“立即追捕，绝不能让罪犯再行凶！”自治州党委书记亲自挂帅，向参战人员发出了命令，不多久，自治区公安厅、北京武警总部、公安部的指令，也相继下达到这个支队——“以最快的行动、最有效的手段围歼凶手！”

边城，顿时成了人们注目的地方！

浩瀚的无花果之乡成了歼敌的战场！

每一条公路上飞驰着各式警车，每一道边卡亮出了警惕的刺刀……

可憎的罪犯以为凭着自己的开车技术，可以在南疆的大沙漠中任意逃窜。此时，凶手曹洪光与唐科全如同两只丧家之犬，正驾驶着吉普车全速地开向通往异国的一条公路——他们企图叛国外逃！

“曹大哥，再快点，天一亮咱们就难办了！”唐科全做贼心虚，不停地在一旁催促着。

那曹洪光是有多次前科的亡命徒，用他的话说是“除了阎王啥都见过”的人，见同伙老在一旁嘀咕，不满地斜了一眼，心头直骂：你姓唐的只知逃命睡外国女人，懂个啥！我曹某啥事没经历过？收审留审，少说也有五六次了，怕什么，抓了再逃！公安人员不就是那么回事，老子在哈里胡奇劳改农场服刑，还不是几天的工夫就溜出来了！这南疆的和田、喀什、阿图什——不都是我的天下！那一次在喀—马公路上，老子拦下一辆卡车，谁知司机不识抬举，不但不给车，反而要拉我上公安局。老子抢过钢钎，一下就把这小子捅死了，然后在尸体上泼了汽油，给他来了个火葬。嘿嘿，唐老兄，这些你是不会知道的，连公安人员也不知道……“别急，再跑五十来里就好了！”他握着方向盘，头也不侧一下地答道。

“嘎吱！”突然，吉普车停下。

“怎么回事？”唐科全吓了一跳，忙问。

“没油了！”老谋深算的曹犯这时脸也倏的阴沉下来。失去交通工具，就意味着外逃计划要落空。怎么办？不能让公安人员发现目标！曹犯诡计一闪，说："唐科全，你过来先把我右腿上的铁镣砸开，然后咱们再把吉普车掀到路边沟里去！"

凶手自以为这样一来就可以蒙混过关，但他们哪里知道，各路追捕尖兵，在他们离开现场的半个小时左右，就发现了这辆被毁坏的吉普车。

“追踪目标，死死盯住，天亮之前解决战斗！”指挥部发来紧急命令。就在同时，一个新的情况传到歼敌指挥部：发现罪犯劫持一辆“东风牌”卡车，由乌恰向 H 市方向逃窜！

怎么，凶手又得手了？

原来，曹、唐二犯扔掉吉普车后，拼命奔跑了一阵之后，见迎面开来一辆“东风牌”卡车，于是迫不及待地跳上卡车，用枪硬逼着司机让位，曹犯一把夺过方向盘，掉过车身，把油门踩到极限，于是，夜幕下的公路上，一辆“东风牌”的卡车，像发疯似的向前飞驰着……

一公里，十公里，二十公里……“叭叭！”突然，迎面的公路上又一辆“东风牌”卡车向这边急驶而来。

“把那辆车拦住？”狡诈的曹洪光出于狐狸的本能，他知道车子开久后必定被人认出，于是令同伙下车将迎面而来的“东风”拦住，在暴力的威胁下，罪犯如愿以偿，又将司机裹挟在中间，换上另一辆车子，继续逃窜……

“前面是什么地方？”翻过一道小梁，出现了一片开阔地，曹犯不由警觉起来。

“快到小阿图什大桥了吧！”唐答。

大桥？曹犯贼眼一转，“咔”地一脚踩在刹把上，车子顿时“嘎吱”停下。

“怎么，又没油了？”唐犯感到奇怪。

“不，我是想，这小阿图什大桥是交通要塞，公安武警部队必有重兵把守，咱去不等于自投罗网吗？”

“哎呀，我的曹大哥，你可真是诸葛亮！”唐科全对同伙佩服得五体投地。“那……你看咋办？”

“把车再调过头来，朝乌恰县方向去！”曹犯表面那样平静沉着，但心头却狐疑重重，他预感事情不像自己起初想象的那样简单，这浩瀚的沙漠不再是任凭自己到处逃窜的天地，仿佛每一寸土地、每一根树木都张着网，瞪着警惕的眼睛……不，无论如何，咱也不能自己去钻这“网”，用自己的脑袋去撞武警战士的枪口！曹犯想到这里，又猛地用力踩了一下油门。现在，卡车正以每小时 100 公里的速度闯过平原林场关卡，直向乌恰县城奔去。

透过玻璃窗，一幢幢大楼，一缕缕炊烟已愈加清晰起来，乌恰县城就在眼前！此时，飞驰的“东风”却一下减缓了速度，像蜗牛似的在公路上爬行。唐科全又一次张大惊疑的眼，看着同伙曹洪光，哥们儿怎么两眼发直？唐科全哪里明白，此时的曹洪光心头是何等恐惧！往日里，有多少次罪恶的行径，曹洪光侥幸逃脱了。可这次，将是什么结果呢？前面就是县城，命运就在等待自己。退是不行了，曹犯知道后面必有追兵，那样反倒形成前后夹击的绝对被动局面，现在，唯一的出路就是冲过去，否则就是死路一条！一股强烈的求生欲望驱使曹犯重新抖擞精神。

他一咬牙，又将油门踩到了极限……

县城出现了！路口上全副武装的武警出现了！瞧，那个长着小胡子的新疆籍武警手持小旗，站在公路中央。截车，他们要截我的车！

曹、唐两犯的额上一下渗出豆大的汗珠。事到如今，只有听天由命了！铤而走险，冲过去！

300 米、100 米、50 米……

“停车！停车！”小胡子武警的声音一清二楚。车上的曹、唐两犯像触电似的整个身子猛地打了个冷战。顽抗的本能，使他们拔出手枪，对准窗外……

“砰！砰！”

“嗒嗒……”

公路车上骤然枪声大作，在我强大的火力进攻下，曹犯一下慌了手脚，车子“吱”的一声斜在了路边的林中。驾驶室另一边的唐科全被枪弹击中，他歪斜着嘴巴，忙不迭地从腰际掏出一颗手榴弹，企图炸死那个给他吃铁米粒的小胡子武警。可是，慌乱中唐犯竟然没有将手榴弹投出车外。“轰隆——！”手榴弹在驾驶室内爆炸了，唐犯当场死亡！两名被劫持的司机趁着硝烟弥漫之际，拉开车门，逃出了虎口。

失魂落魄的曹洪光自知已成瓮中之鳖，便垂死挣扎——向旁边的林中逃窜。在他的身后，追命的枪弹擦耳袭来。曹洪光身陷重围，只得凭着一棵棵树休逃命。突然，他的双眼一亮：前面有个农家院。曹洪光像见了救命的稻草，连滚带爬地闯进了院子。

“啊！你，你是谁？干什么？”屋子里，有一位做饭的老太太和一位怀抱婴儿的妇女，还有一位年轻姑娘。她们被手持枪械的陌生人吓了一大跳。

“少管闲事！老老实实听我的话！”曹犯挥舞着手枪，“要是谁坏了我的事，我就把你们一个个打死！听着，都到里屋去！”

“曹犯，你被包围了！”

“赶快缴枪，要不我们就要用武力进攻啦！”

院外，响起一阵阵喊话。让我投降，那还不被你们撕成肉片？老子这儿扣着女人和孩子，料你们这些天天喊“为人民服务”的武警不敢强攻！曹犯心里盘算着，只要坚持到天黑，就有可能逃脱。拖延时间，拖到天黑！

“咚咚！咚咚！”

什么响声？武警在撞墙！他们真的要强攻了！曹犯一惊，赶忙举枪往外射出一串子弹。没想到，引来的是比他强十倍的弹雨。曹犯垂死挣扎，又是连连发射。他哪知道我方是采取诱敌战术，一面以佯攻来吸引凶手的注意力，一面趁机抢占制高点，同时，选择地势，潜入院内，靠近罪犯。

曹犯不知是计，依然拼命还击。就在这时，我英勇战士冒着呼呼飞啸的子弹，控制了所有制高点，并且已有几名战士冲进院内，躲在离曹犯仅二三十米处。这样形成了四面围攻，层层紧逼之势，只要曹犯一抬头，猛烈的火力就从周围一齐袭来。

曹犯一见这阵势，急得大汗淋漓，不知所措。突然，他想起了被他逼到里屋的几名妇女和孩子。于是，猫着腰跑到里屋，用枪对着那位怀抱婴儿的少妇说：“你到门口看看外面的情况，不准和他们接头，要不然就要你和这小崽子的命！快走！”那妇女刚走几步，曹犯又突然大声吼道：“回来！干吗慢吞吞的，看我怎么收拾你们？”

就在曹犯说话当儿，我方一阵激烈的枪声又骤然而起。曹犯急忙将伸长的猴脖缩回去，那怀抱婴儿的少女机敏地拉开房门冲了出去。曹犯气急败坏，举枪就打，但浓烈的硝烟使他睁不开眼。曹犯无可奈何地回到里屋，对着另一位年轻的姑娘发淫威，他两眼血红，灰色的脸面抽歪着，正当他想将魔爪瞄准姑娘那对丰满的乳房时，一颗不知从哪个墙窟窿里飞来的子弹不偏不倚打在了他的左手食指上。曹犯“啊”的一声惨叫，赶忙转身举枪还击。

“曹犯，现在命令你五分钟内交枪，否则死路一条！”

曹犯一阵发抖，他自知末日即将来临，可他依然抱有一线希望，天快黑了，而且这里还有两名“人质”，只要顶住，说不定过一两个小时天黑了就能脱身。想到这里，他便假意向外答道：

“我可以缴枪，你们得答应一个条件，停止开枪！”

那年轻姑娘趁机又“噌”地从敞着的窗户里跳了出去。

“只要你把老太太放出来，我们可以停止射击！”外面这样回答他。

放人？我才不上你们当呢！曹犯心想，我再把老太太一放，你们一颗手榴弹就送我上西天。此刻曹犯像连本都输了的赌徒，从后墙根一下跳到前窗喊道：

“没门！你们敢再动我，我就先把老太婆打死！”

曹犯自以为这样可以唬住里三层外三层的武警。他做梦也没想到在他从后墙根跳到前窗的一瞬间，隐蔽在屋内侧墙的武警参谋郭生明，飞步向前，将那颗拉响了的手榴弹猛地投到曹犯的怀中。曹犯还未从惊骇中明白怎么回事时，“轰隆”一声巨响，这个恶贯满盈的家伙，就死在了爆炸声中。他那具尸体飞落在院内的小菜地里……

第三章　长街上福尔摩斯在行动……

在机关，我曾听人家介绍过小B在抓女窃贼方面有一手。几年来，在他抓获的几百名窃贼中女犯就占了五分之二，我的一位同志就亲眼在王府井看过小B抓女窃贼的现场表演。

“那次我算轮上了，一上午小B就连抓了三个女贼，不过下午抓那个有尾巴的女贼费了不少劲。”

"女贼怎还有尾巴？"

同事哈哈大笑起来。"一听你这样问就知道是外行！告诉你，就是女扒在出外行窃时带个小孩，这就叫尾巴！"

"带孩子干吗？怪不方便的！"

"你算说错了，尾巴的作用大着呢。一是女贼上街带着孩子行窃，一般不易被人怀疑，一旦露馅也可以把孩子作挡箭牌！"

我的同事滔滔不绝地讲起来：

那天，我跟小B到王府井看他反扒。中午时分，我们来到热闹非凡的东风市场。为了避开顾客们的注意，尤其是小偷的耳目，我一直与小B保持着相应距离。到了书柜处，这儿正在卖琼瑶的新书，也许是"琼瑶热"的关系，柜台旁的人特别多。可小B看了一眼就走了。看来这儿平安无事。我们就这样不声不响地转到女装柜台。我以往走商店，对此地从不感兴趣，可是小B似乎特别有兴趣，他走到这儿就停住了。我觉得怪。

"有情况！"小B装作陌生人似的在我身边走过，飘下一句话。

情况！哪儿？我抬头瞅见的尽是些花花绿绿、叽叽喳喳的女人。嗯，这儿在卖什么流行款式。瞧这些女人你争我夺的，拿到一件合身的衣服后就左比右画，激动得似乎除了衣服以外就没有别的世界存在了！女人就是这样可悲！然而尽管可悲，可要我相信她们中间有女贼存在似乎有点冒失了！

"注意那个拉着小男孩的女人！"

我真不敢相信B的话，可好奇心又驱使我不得不将目光悄悄移向那位三十来岁、印堂晦暗、灰褐色皮肤、左肩背一只人造革塑料包、右手牵着一个四五岁小男孩的女人。是的，细细观察，你就会发现这女人与别人不一样，那双阴森森的目光总是左右扫视，隐匿着一种可怕的"杀机"。像，像贼！

十几分钟过去了，她始终没有得手。这时，柜台前转眼人少了一大半。大概新款式卖完了！这个女扒又在钟表柜台、家用电器柜台转了几回。好几次她正要出手，却不料她的儿子被人踩了脚而“哇哇”大叫起来。女扒手气得脸都发白，可又不忍心向心肝发作！看来，这个女扒的尾巴有些多余，我思忖着。

东风市场屡次使她失去了拣“油水”的机会，于是便来到百货大楼。这次女扒变得聪明起来。她给了儿子壹角钱，让他站在卖冰棍的小摊前不要乱跑，自个儿只身进了大楼。没了“尾巴”的女扒即刻像一条滑溜溜的泥鳅，在激流叠浪的人群中左右穿插，行动自在。

几分钟后，她伏在一个买首饰的姑娘肩上，轻轻往下按。那姑娘似乎感到重力超常，转过头来给了她一个“卫生球”：

“干吗那么大的劲，挤，挤，吃饱了撑的？”

“嗯啊，对不起！对不起！”瞧女贼装得多忠厚谦让、实在，她那脸上的笑眯眯，并非是赔礼道歉之色，而着实是那颗获胜的罪恶心底发出的——钱包已经到手！女扒心里在骂：别现在瞧你“卫生球”瞪得大大的，过一会儿我看你“下大雨”都来不及！“哎！”女扒感觉手心一滑，钱包被蜂拥抢购的女同胞挤掉了。又是一阵汹涌的人潮，等她气喘喘地退出旋涡时，那只钱包早已不知去向……

女扒好一阵憋气，到嘴的“肥肉”就这样跑了，这对一只饿极了的狼来说是何等的痛苦、沮丧。可这女扒毕竟沉得住气，或许她猛然想起了还在外面等她的儿子，以致她重新振作精神，登上另一层楼。

这儿是新婚用品柜台。一对对男女青年认真又慷慨地选择着各自喜爱的物品。女扒选准了目标，三步两挪地挤到了两对恋人中间。她温柔而又和善地搭在了一位时髦女郎的肩上，嘴里不停地给沉醉在幸福中的女郎“参谋”，而那只肮脏的手却又开始了行动……啊，多倒霉！原来那姑娘包里装的是一卷卫生纸！女扒的脸上露出一丝难以形容的失望，而这仅仅是千分之一秒的时间。她马上不再为时髦女郎“参谋”了，而是转身紧贴在另一位年轻姑娘的身上。女的偷女的，贴身不易惊。这女扒还真学了点心理学呢！

啊，这下她成功啦——一只连“大团结”都能摸得清楚的钱包紧紧地攥在她手中。她激动得赶紧将手往回缩……就在这当儿，一只更有力的手将她那只夹有钱包的魔爪从人群中高高举起！

“小 B 就是这样神！”我的同事神采飞扬……

这毕竟是听人所言，而今在这共和国首都的人民广场上，面对这位风韵出众、美丽无比的姑娘，我感情上实在难以把贼字与她联系起来。我一直嘀咕，小 B 是不是也有判断失误的时候？

“走着瞧吧！”他没有与我争执，倒是扔下我独自追踪起那个摩登女郎了。我感到好奇，于是也便进入了“福尔摩斯”的角色。……

现实总是残酷的，尽管我感情上不愿，但活生生的事实证明，这位漂亮姑娘确是贼！

在纪念碑前，她动手了：那个富有弹性的躯体轻轻地贴向一位中年男子。那男子仿佛像触电似的回过头来，他看到的是一位天使，而且又有一个甜美的微笑。男人顿时全身发酥，敏感的神经失去了效力——一只钱包从他口袋中被人掏走也全然不知。

可悲的男人！这一幕我看得清楚，正想上前逮住那用迷魂阵行窃的女贼时，一只有力的手按住了我的肩膀，是小 B！

“得抓她动手的那一瞬间，否则鲨鱼会咬你！”

“难道就让她这样兴风作浪？”

“不急，她会再下水的！”小 B 沉着应战，不慌不忙地轻轻对我说。

果然不出小 B 所料，这女贼待了一会儿，溜到一个卖雪糕的小摊前，靠紧一个同龄姑娘。“嘶”的一下，那姑娘的帆布书包被划开一条细缝，不出半秒钟，又一只粉红色钱包落在女贼手中。好一个高手！我和小 B 正要上前逮住她时，只见这妖魔“噌”的一下，挤到了瞻仰毛主席遗容的队伍之中……

好狡猾的鲨鱼！不，是一条泥鳅！

小 B 当机立断，示意我一起插进了瞻仰队伍，跟踪女贼……

如长龙般庄严肃穆的队伍，在缓缓的哀乐声中不停地向前游动着。人们默默地迈开双腿走进纪念堂，神圣与敬仰之心在这里得到升华。队伍中，不时隐约听到阵阵悲恸的抽泣声。在行至瞻仰遗容大厅时，突然，人群中有人大声哭泣起来，那声音带着久仰的悲哀，把在场的人都吸引了。我抬头一看，天，那哭声竟出自女贼之喉！我惊愕不已，脑子一下凝固了！瞧她那悲痛欲绝的样子，与广场上那奸诈阴险的行径，可谓天壤之别啊！

这时，我见两位干部模样的中年妇女过来，挽起这位哭得泪人似的美貌姑娘，硬是走出了瞻仰厅。队伍刚出纪念堂，那姑娘一改哀色，推开扶着她的两名中年妇女，急步向前……

“慢着！”突然，她的身后响起一个严厉的声音。是小 B！只见他一身正气地站在那摩登女郎面前，双目如同两道寒光直刺对方心窝。真是再狡猾的狐狸也斗不过好猎手。当善良的人们还未明白是怎么回事的时候，一场惊心动魄的无声战斗宣告胜利结束。女贼在众目睽睽之下，交出了她在广场窃来的两个钱包，和刚刚从扶她出纪念堂的两位中年妇女手上偷来的两块手表……

正义的照妖镜下，一个美丽外表的背后，显出的是一具骷髅！

……长街上，留下多少这样的故事……

第四章　沙里淘金

谁说警察的任务除了破案、逮捕罪犯、镇压恐怖分子就没有别的事干了，那只能说他太不了解这种职业了。至少，中国的武警不是这样。在西方，警察的任务是发现罪犯，再就是抓获他们。在社会主义的中国不同，武警还担负着改造罪犯的任务。那些人啊，假如有一天你们不再在世界上犯罪，那我们的警察该有多清闲！可惜，大概只有人类进入极乐园的时候，警察才有失业的希望。

改造罪犯要比侦破案件、遏制流血事件困难和艰苦得多！

1983 年那次全国性的打击严重刑事犯罪分子的战役，人们记忆犹新。一夜之间，几乎所有的监狱、看守所都被挤得超员。在北京、上海、沈阳、重庆、广州等大城市，公安机关不得不把成千上万的罪犯关押在防空洞、菜窖里。这是新中国成立以来一次最大、最迅速、最严厉的打击刑事犯罪的活动。人数之多，范围之广，在世界刑事活动史上也是罕见的。人们早就对这帮到处杀人放火、强奸妇女、偷窃成性、凶狠残忍的杀人流窜犯、强奸流氓犯……恨得咬牙切齿。

“枪毙！统统枪毙！”这种来自人民的强烈要求，在国家最高权力机构——全国人大上不止一人这样呼吁过！

该死的都被拉到了刑场！但毕竟有百分之八九十的都是年轻的“娃娃们”。论其罪行，死有余辜。可是难道历史就没有责任了？“文化大革命”的悲剧，受害最深的不正是这一代人吗？终于“刀下留情”。一列又一列满载那些被注销了城市户口、开始执行刑期的罪犯的囚车，驰向大西北，开进了渺无人烟的万里漠国……

这是什么地方？一望无际的黄沙青烟，三天难见一个影的鬼地方！再不能回城了！一辈子留在这儿直到死……享受惯了物质和性欲刺激的血气方刚的他们，受得了吗？一个又一个古怪的念头，罪恶的诡计，可怕的举动在产生；于是，警察们又不得不去接受各色各样的野性、荒唐、歇斯底里的挑战。那里的故事简直是一部精彩到了难以想象的传奇。

我有幸选择了一个典型的劳改农场介绍给读者。人们可以从另一个角度，更好地了解那些战斗在特殊战线的武装警察。

这个农场地处新疆南部的塔里木盆地，是八百里沙漠瀚海数十个劳改农场中的一个。但是，这个农场比其他的更诱人些，因为它有一块不大不小的淘金基地。可惜，当你乘着驼舟翻过沙海的叠浪波谷，远远向这号称“南疆胭脂沟”（胭脂沟是我国黑龙江溪河一带一个著名的淘金基地）望去，不免大为失望。它的外表绝对没有半点金子般的诱人景象，可也不像内地的监狱那样高墙铁门，电网密布。这里除了50年代末60年代初的建设兵团指战员垒起的几排“淘金窖”，再就是几幢用水泥砌成的囚室——1983年前根本没有，除此几乎看不出像个监狱。地盘很大，从大门这边到那头的那个岗位，少说得走二十多分钟。四周的电网与其说是为了防止犯人逃跑，倒不如说是挡挡野骆驼群。那两根铁丝中间的空隙，足有一米五。瞧，几只不知从哪个沙丘上跑下来寻食的黄羊，在铁丝网里穿来穿去，毫无惧怕之感。嘿，原来那上面根本不带电！

这就是犯人们早晨醒来后看到的监狱面貌。四天四夜的火车，三天两宿的汽车、拖拉机把他们从“天堂押到了地狱”（犯人们的话）。

现在是上工时间，三百多名从北京、沈阳和天津等地来的犯人，此时排成了一条长长的队伍，朝淘金工地出发。

“哎，‘眼镜’，这里准能逃出去！”一名看上去才不过十七八岁的小犯人两眼贼溜溜地一转，捅捅左边的一位戴眼镜的犯人，低声说话。据劳改局的同志介绍，那年，那些注销了城市户口被押到新疆的犯人中，当他们裹着囚衣、理着光头，从车上押下第一脚踩到新疆的土地，第一眼看到漠国的黄沙时，几乎有百分之六七十的人想到的第一件事，就是逃！

眼前这个称为“眼镜”的犯人是个胆小的家伙，他听旁边有人这样对他说，仿佛像触电似的全身一惊。当那两个镜片扫见看押的武警还在后头时，才缓了口气：“你这个小葱头想找死？”

被称作“小葱头”的犯人不服气地嘀咕道：“前年我进了北京房山监狱，那儿里外三道岗，嘀，最后还是让哥们儿跑了。这儿，嘿嘿，简直不用费吹灰之力！”

“眼镜”没有吱声，捋了捋黑色囚衣，神色慌张地闪到一边去。“小葱头”见没成，便走到右边的那个大个子身边，恭敬地说：“虎大哥，这里出得去，咱们逃吧？”

大个子转过那个球胆般的大脑袋，用那双阴沉的眼睛狠狠瞪了他一下，神情冷漠惨淡的脸上堆起一块块横肉，在殴打中打裂又缝上的那个鹰嘴鼻翼也跟着扇动了起来，好一只“东北虎”！就是这只“虎”，曾使沈阳城三年内没有安宁过。如今，这只“虎”也像上海的“猴”、武汉的“狼”、成都的“狐”一样，被囚到了这“死亡之海”中。“东北虎”在长长的黑色长龙中，显得异常魁梧、高大，有着令那些瘦弱短矮的囚犯们激动的身材。他对“小葱头”的话似乎并不感兴趣。他闭上那双狡黠的小眼睛，甩下小哥们儿，独自平静地朝前走去。仿佛要在这儿永远扎根下去。

“小葱头”感到从未有过的失望。他正想再找个囚伴畅谈自己的“宏伟大业”时，忽听后面有人在吆喝：“肖建新，你在干什么？”

“小葱头”回头，一看是武警王班长，正端着冲锋枪朝他走来，吓得话都连不在一块：“报告政……政府，我，我没干什么。”

“快跟上！”

“是！”

淘金场离监狱大约一公里。它的样子，与犯人们想象中的完全不一样。这里，没有高大的厂房，更没有一台机器，仅是个乱石沙滩。在一条窄长的峡谷中间，有一涓潺潺流动的溪水。峡谷两边是高高的沙丘，这在戈壁大漠深处，算得上是一处难得的佳景了！可是犯人们的兴趣似乎并不在这里，他们的头脑里都在想着两个字：黄金！是的，当他们第一次听说这儿是个淘金基地，并且由他们自己去抢“金娃娃”时，激动了好一阵！他们中间，有许多人就是为了“钱”字而带上镣铐的。他们即使来到了沙漠，被判处无期徒刑或者是死缓，可始终并没有抛弃过对钱财的眷恋。如今，没想到在这“死亡之海”的孤旅中竟然还有黄金的出现！这中间，尽管有好些人是因钱财而被判处重刑或死刑的，但真正见过金子的人，还真没几个！

金子，具有巨大的诱惑力、吸引力！有了它，失去的一切将会重新复回；有了它，就可以把刑期间吃尽的辛苦换回成倍成倍原有的食欲、物欲、性欲；即便是判了无期徒刑和死缓，只要瞅准机会逃出去，有了黄金什么都不愁！中国待不下去，就用黄金想法买通海关人员，然后跑到外国，再用黄金去享尽人间的极乐！黄金啊黄金……

可惜，对淘金活儿他们全是白痴。

“站着干吗！噢，你们还都没见过啥子叫淘金吧？”工地上一位上年纪的男人拎着一只簸箕走到犯人中间，他就是这个农改农场的“最高司令长官”——武警中队长，并且兼任了这个农场的场长职务。他叫周星。他是今早刚从旗里支队部开会赶回来的，所以犯人们谁也不认识他。瞅他黑色的皮肤，光秃秃的“犯人头”，犯人们都把他当成了“老号”（老劳改犯）。

周队长拍了拍身旁的“小葱头”，说：“拿着这把铲子，帮我做个搭手。”说着，他把上身的背心一脱，又将长裤扒了下来。

“扑通”一下跳进水中。只见他熟练地架起一个木溜子，又用一根塑料管接上水源，然后将泥沙倒入溜子，用大水猛冲几下，剩下约有三分之一的泥沙时，又换上簸箕。他弓下腰，双手端着盛满沙的簸箕，开始在水里来回地摇晃，最后，簸箕中只剩下拳头那么大的沙金。这时，他从水里走上岸，从衣袋里掏出一个装有水银的小瓶，朝簸箕的沙里渗了几滴，又用手反复搓了几下，猛地张开手掌：“看，这是什么！”

“啊，金子！金子！”只见一颗黄豆般的东西在他手心里闪闪发光。犯人们一下围聚过来，争先恐后地抢着看。“原来这就是金子！”那一张张贪婪的脸上露出了光彩！

“小葱头”最激动，他是眼巴巴地看周队长三下两下地把那黄沙变成金子的呀！“嘀，老头儿，有两下子！怎么样，教教咱哥们儿吧！”他嬉皮笑脸地拍拍周队长的肩膀。

“一句话！”队长朝犯人们挥挥手：“伙计们，都抄起家伙，两人一对，学着我的样子干哪！”

出于黄金的诱惑和好奇之心，犯人们竟争相拿起簸箕和木溜子，兴致勃勃地干了起来。

“注意——冲水不能过猛，摇簸箕要均衡有节奏！”工地上，不时传来周队长的声音。

这是一个难得的场面。犯人们几乎全都汗流浃背。可惜，他们大多累了半天连金子的影儿都没见到，而那几个“见了金”的则高兴得欣喜若狂。

休息的铃声响了。“小葱头”挨在周队长的身边，讨好地凑过来说：“你真不简单，一簸总能见上几粒金星子。快讲讲，啥门道，咱好学着抱它个金娃娃，然后再……”他刚说“溜”字，脑袋一转把下面的话吞了进去。

周队长瞅瞅身边的这个聪明伶俐的年轻犯人，心想，假若那些老盗们不是在他失去双亲时将他引入歧途，或许这个“小葱头”能进科大少年班！唉，有多少个美好的青春梦，被罪恶的诱惑葬送了一生！周队长想起自己当时也在这个年龄进了新疆，可那是戴着建设兵团的大红花来的。如今，“小葱头”他们是作为……想到这些，作为农场的负责人，他的心是沉重的。可是，周星是个性格豪爽的人，几十年的漠风，使一位弱不禁风的初中生锻炼成铁骨铮铮的公安战士。作为一名公民，他憎恨这些杀人犯、强奸犯、大流氓、大窃贼，而作为管教干部，他疼爱这些远离故乡、失去亲人、陷入绝望的年轻人。他是淘金工，深懂“沙里淘金”的内涵。眼前的这些囚犯，在内地，人们唾弃他们，诅咒他们，恨不得把他们撕成碎肉，深深埋入泥中——所有受害者都有这种权力！可是，在周星的眼里，他们是自己的“徒弟”，很可能是出色的徒弟，问题是如何带他们。他性格粗犷，却心细如丝。而他管理劳改犯的方法，则达到艺术的境地，让我们静静欣赏他征服犯人的艺术吧。

他见“小葱头”问话，笑笑。两块石头在他手中一击，“嚓”地腾出一束哧哧燃起的火苗。他得意扬扬地点上一支烟，吐了几个烟圈，说：“不瞒你说，淘金可不是件容易的事，我在这干了几十个年头了！”

“小葱头”眼睛睁得老大：“怎么，你是无期徒刑？”

周队长一听，捧腹大笑：“哈哈……说得对，说得对，无期徒刑！你们还有个刑满释放，我可不同，没有上头的命令，就永远走不了！”绝对的大实话。在这里，即使是那些判为无期徒刑的犯人，他们也有立功减刑提前释放离开沙漠的可能。可那些头戴国徽，身穿警服的人，却不能！只要还没有消灭犯罪，神圣的法律还保持着它的尊严，他们就必须留在这广袤无垠的大漠中，陪伴着寂寞和黄沙，直到生命的结束。周星的话是辛酸的，但他是共产党员，公安人员，因而他和他的成千上万的同事、战友的心是坦然的，他们并不因自己是“无期徒刑”而忧伤，相反，他们为自己能从死亡的深渊救起一批批生灵，能从荒芜的沙土里淘出金子而感到光荣，自豪！

他的笑充满了魅力。

“你干吗不逃跑？”聪颖而带有三分天真的小犯人见这个“老号”挺有意思，便神秘地凑到周队长的耳边说：“我说老头儿，你看，这儿周围根本没有铁丝网拦着，那看守的武警也才三四个人。要是咱们一起逃，准行！怎么样，逃吧！趁几个当兵的在吃土豆。”

周星一听，用奇异的目光打量了一下“小葱头”，突然前俯后仰地大笑起来。“哎，王班长过来一下，快，快些！”

手握钢枪的王班长跑步而来。“中队长，有什么事？”

“中队长？”“小葱头”和犯人们一下蒙了。

“这位伙计想逃跑，你把岗哨撤了，让他们各奔前程，能走得出这塔里木的，我一个不拦！”周星说完，仰地一躺，翘着“二郎腿”独自哼起了小曲。那样子还真像撒手不管了。

瞧着这模样，犯人们面面相觑，他们还第一次遇见这样的劳教干部。那个“小葱头”更像半路遇虎，吓得一个骨碌从周星身边滚到王班长跟前：“我说班长，这老头真是农场头儿？”

“什么老头儿，人家才四十岁！”王班长非常生气。可是，犯人们瞅来瞅去都认为周星队长有五十多，外加他那因淘金生涯留下的驼背和那颗刮到铁青的“光瓢”，要不是王班长的介绍，谁都不会把他与农场的“最高司令长官”头衔联在一起。事实恰是这样。这“老头儿”身材虽矮小，却结实得像颗子弹，尤为引人注目的是他那两道浓眉与胡须，有一种不可抗拒的威严，就连刚才开怀大笑时，也不失其坦荡的自信与控制力。犯人们最害怕的就是这号管理干部。

“哈哈……我量你们没这能耐！”

犯人们望着四周一座座金字塔般的沙丘和漫无边际的戈壁，只好低头承受“最高司令长官”的嘲笑。就连昔日威震天府之国的海灯法师的“高徒”李向华（如今他是判了重刑的犯人）也不得不自认无能。但是，谁都没有注意，人群中有人闪着一双狡黠的眼睛，蔑视地瞥了一眼周星队长，牙齿缝里蹦出一句谁也听不见的话：“等着瞧吧！”

就在这天深夜，周星刚刚脱衣入睡，忽听房门“咚咚”作响：“报告队长，‘东北虎’越狱了！”

周星一听是他的部下在叫嚷，“噌”地从床上跃起，穿起警服，提着手枪就往外跑：“查过脚印了？”

“查了，往北走的！”

“那边是人称鄂尔多斯的‘魔鬼城’，有危险！”周星感到问题严重，即刻命令道：“通知一班长，带上一名战士，跟我马上出发！”

“是！”

沉睡的沙漠，被急促的步伐惊醒了！周星他们在沙漠里整整追踪了一夜，毫无踪影。第二天，荒原上刮起一场特大风暴。霎时，整个沙漠上腾起一片浑浑浊浊的黄尘，狂风挟着流沙飞石，像抽鞭似地呼啸着。周星和战士们紧紧抱成一团，顺着风势，忽而飞跑，忽而像球似的在沙地上翻滚着，一切视觉和听觉，在此刻全已丧失，唯有理性的力量支撑着……

不知过了多长时间，三人才清醒过来。他们钻出沙尘，揉揉眼睛，浑身感到酥筋脱骨似的，嗓子犹如火烧火燎。追捕犯人，时间紧迫，刻不容缓。三人继续艰难地在沙土中跋涉。

“看，前面是什么地方，好像是座城市！”一位战士突然兴奋地叫喊起来。

周星和王班长举目远眺，果然发现在茫茫起伏的大漠架上，屹立着一座城堡。那城堡远远望去，巍峨壮观，漫无头尾，犹如漠国长城。

“走，说不定‘东北虎’往那里逃了！”周星抖了抖身上的尘沙，带领王班长他们朝城郭走去。

俗话说：大漠一眼，够跑一天。太阳下沉时，他们才到了城边。

“怪事，这城墙怎么都是土，而根本找不到一块砖！”王班长爬在一跺残断的亭阁墙上，惊诧道。

“我们可真到了魔鬼城！”这时，周星也抓起一块城墙土，脸色倏然严峻。

魔鬼城！多么可怕的名字！当地的牧民们把它叫作鄂尔多斯，其实是沙漠中的一大奇景。由于千百年的风沙作用，沙漠深处有不少地方留下一座座小至百米，大至百里的土城堡。由于土城堡处在大漠腹地，又有猛兽虎狼，故此人们称其为“魔鬼城”。关于“魔鬼城”的传说无一不是骇人听闻的。据说来到这儿的人，从来有来无回。

周星他们算是碰上了！

“这可怎么办？”王班长和另一名战士焦急地问。

“根据我的判断，‘东北虎’很可能就在这座城郭里，要不然别无去处。我们抓紧分头找，然后再撤！”周星拔出手枪：“王班长，你和小张从东边包抄，我去西边。明天早晨在这里会合，注意安全！”

“是！”

惨淡的月光下，周星扶在一垛残墙边，正想消一消二十多小时长途跋涉的疲劳与饥渴。当他绕过一座蘑菇形的土坛时，鼻子忽然闻到一阵腥味，血腥的气味！他顿时警惕起来，四周搜寻，终于，在不远处的一个狭长的开阔地上，猛然发现许许多多狼的足迹。再走近一看，天！三只犬一般大的狼崽子倒在血泊之中，旁边有一双人的鞋子和好几缕衣服碎片。此地发生了一场何等惊心动魄的厮拼！周星拾起鞋子，一眼认出是囚鞋。“东北虎”的！啊，这小子遇上了狼群？现在在哪？周星的心一下提到嗓门。他朝四周环视，但见月光下的土城堡如同一座乌蒙蒙、阴森森的魔窟鬼巢，叫人不寒而栗。他想喊，嗓子却像塞着棉絮。只有目光是自如的。他四处寻找，只见一条深阔的通道中央躺着一条黑影，那黑影正在痛苦地呻吟着。周星上前一看，原来真是“东北虎！”可惜，这时的“虎”，倒像猫嘴里败下阵来的一只受伤的老鼠。那衣衫褴褛，血肉模糊的样子几乎叫人认不出来。

“谁？”“东北虎”一听有动静，神经质地从沙地里站起来，一看是周星，那双绿豆般的小眼立刻露出凶光：“你来干什么？难道那天说的话不算数？”

周星嘿嘿一笑。“你有本事逃出沙漠，我就有胆量替你承担责任，可惜你跑断双腿，或许还没有走完塔里木的一角角！”

“东北虎”气得鼻翼直扇：“哼，你有种等着！”他刚站起身，突然惊恐万状地大叫一声：“快拿枪！”

周星闻声闪电般地拔出手枪，回头一看，只见黑暗中无数贼亮贼亮的绿光朝这边涌来。“啊，狼群！”他大惊失色。

这时，“东北虎”像垂死的黑熊，扑过来欲夺周星的枪。只见周星身子一闪，一个扫堂腿，就把“东北虎”重重地摔在地上，然后跳过去压在他的身上：“你想找死？”

“东北虎”仿佛一下想起昨晚那场可怕的厮拼，倏时歇斯底里地大发作起来。可是他怎么也翻不过来。“蠢货！俗话说，恶虎斗不过群狼。这么多狼崽子，别说你是‘东北虎’，就是‘世界超级虎’也是白送死！现在我要你不吭一声，装死，直到狼从你身上走开！”周星不由分说地用手捂住“东北虎”的嘴巴，说着自己也闭上眼，“死”了过去……

大地凝固了！空气凝固了！唯有沙地上的无数狼足在“呱嗒”“呱嗒”地响着。月光老人清楚地看见，那贼亮贼亮的绿光已经团团围住了两个“死人”。衣服被不停地掀起，腥烘烘的气团就冲在脸上，啊，大概接着就是那血红的长长的狼舌开始舔脖子了……“砰！砰！”就在这时，远处传来一阵清脆的枪声。随之，周星的耳畔响起鼓点般的声音，然后渐渐远去，直到消失……

“走了，狼走了！”周星一下从“东北虎”身边站起来，胸脯像风箱似的大起大落着。“大……大虎，起来，快，你怎么啦？”

“呜呜……”躺着的“东北虎”突然趴在地上大哭起来：“周队长，我跟您回去，我认输，呜呜……”

“哈哈……”周星畅怀大笑起来。“我说谁也走不出沙漠，偏你不信。来……拉我的手，咱们回农场！”

周星这别具一格的战术，头炮就镇住了这帮桀骜不驯的“野马”。“东北虎”的失败，自然使其他犯人再不敢轻举妄动。啊，可憎的戈壁，丑陋的荒沙，瞧你这张又大又黄的破脸！犯人们几乎每天在心底诅咒着。他们恨得咬牙切齿，可又毫无办法，谁让自己身上不长翅膀！

寂寞、单调、空虚……这一切的一切，使这些往日里寻花问柳、挥霍无度，靠寄生和刺激生活惯了的犯人们，经受着越来越严峻的考验，这是不可抗拒的意志和精神上的搏弈。这里，收不到电视，一年见不着两个月绿荫，一封家信也得走上个把月。什么色彩、节奏、女人……统统成了遥远的梦。淘金和挖渠的劳动需要体力，不少人为了逃脱干活，求得保释在外治疗，可以不惜制造痛苦，甚至冒着生命危险。他们的胃里，不仅能装食物，而且还能装铁丝、钉子、小勺、玻璃片。有一个家伙动过两次大手术，但医生什么也没发现。你知道这家伙是怎样折磨别人和折磨自己的？他怕疼，不敢像那些“英勇好汉”吞剪刀、吃玻璃。他却能想出高招：一上工地，就抱着肚皮在沙窝里打滚，谁都会相信他肯定又吞了什么怪物进肚了。医生赶忙给他上麻药，动手术。一刀下去，就是半年休息。“划得来！”这家伙时常摸着那条蚯蚓般的紫红色的刀疤，吹嘘着，就像刚刚赢了一笔生意！

劳动固然辛苦、厌烦，日久天长，犯人们觉得精神上的寂寞与空虚，远比体力上的消耗摧残大十倍、百倍……

时间仅过几月，犯人中有不少得了“寂寞症”：有的整夜在囚室里放声傻笑，有的则成天卖疯装蒜似的往墙上撞头，血糊满面，令人生畏。这时，有人乘机捣乱，其中活跃分子就是“小葱头”肖建新。一天，他不知怎么将一份《电影画报》带进了监室，他把所有的女人像全部剪了下来，偷偷分给同伙。一时间，狱房里到处挂满了大大小小的女人像。不少犯人将女人像贴在床头，贴在被子上，勾勾画画，还不时赤裸着做着流氓的动作。就在这时，一位值班的武警战士发现后，上前“稀里哗啦”地撕下了几个监室内的女人像。

“怎么啦，凭什么不让我们娱乐欣赏？”

“奶奶，‘哈密瓜’吃不着，看看还不行吗？”

“看他还敢不敢撕！撕了就打死他！”

犯人们聚众起哄。火性的战士哪吃这一套，于是双方全都红了眼。犯人把战士堵在了门口，战士则拉开了机枪……在这一触即发之际，周星队长出现在犯人面前，他那浓黑的刀眉往上一竖：“怎么，你们想反啦？”这声音不大，却使犯人们如雷贯耳，吓得不再吱声了。

女人像没收了，但犯人们的抵触情绪没有减，特别是近几天他们看到伙食比以前也差了些，更是牢骚满腹。几百号人串通一气，决定假若再不改善伙食，乘周队长外出之际，就集体罢工，口号是“为女人而战！”“小葱头”自任“总指挥”。第三天一早，一连急促的紧急集合铃响了，正准备罢工的犯人们不知出了什么事被集中到了一起。原来周星队长回来了。只见他双手叉腰，目光严峻，横扫了全场一眼，然后大声喊道：“你们的罢工‘总指挥’来了没有？出列！”这一喊可不要紧，在场几百名犯人知道他们的行动计划已暴露。按监狱规定，此举非重罚不可，轻则坐‘小号’，重则加刑、处决均有可能。难怪当场有不少人吓得嗦嗦发抖。肖建新见周队长点自己的名，更是吓得瘫倒在地。他后悔自己不该胡言乱语。当他稀里糊涂被看押战士从队伍中架到周星面前时，扑通一下跪在地上大声求饶：“队长，我，我可不是什么‘总指挥’，那是大伙瞎、瞎说的，我向政府坦白……”

周星这时反倒平静温和地反问道：“当头有什么见不得人的？”转头他又命令旁边的战士：“把刚拉回来的东西搬上！”

犯人们提心吊胆，不知队长搞的什么戏法。一看，几名战士搬来的几箱嫩绿的花卉，有水仙、蒲公英、文竹……还有两箱是让人流口水的蜜枣罐头和几捆各式各样的书籍。犯人们面面相觑，不知是怎么回事，只听周星说道：“关于你们闹罢工的事，因为是第一次，而且实施前就有人主动报告了我们，所以我宣布：这次行动所有人不予追究！”

犯人们一听，“哗——”的全体鼓掌，有的激动得哭了起来。

“闹事是狱规所不允许的。当然事出有因。咱这儿地处戈壁深处，天上不见飞鸟，地上飞沙走石，百里没有人烟。日子确实难熬，可我们不都是这样过着！怨谁？怨我？那我去怨谁？我们这些战士要不是为了看守和改造你们，干吗跑到这儿来呢？”周星胸脯起伏，“所以，该忍的还得忍！”说到这儿，他从箱子里拿出一听罐头和一枝开着的水仙花，发给了“小葱头”肖建新，又对其他犯人说：“现在每人来领取一枝花和一听罐头。罐头吃完后，把花养进去，放在自己的床头。咱们这儿霜冻期长，美化环境目前也只能靠这个土办法。顺便提一下，因为买这些东西，前几天伙食差了些，请大家原谅，但我要严正声明的是，农场决不允许你们中间出现第二次什么罢工、闹女人像的事！那只会搬起石头砸自己的脚，我也决不像这次一样宽容你们！咱买了这些书，有空你们按照自己的爱好好好学一学，我看你们也并不笨，干吗不趁这服刑的时间捞个文凭！等到你们刑期满后回到妻子、孩子和父母身边，不是有交代了吗？相信社会还会欢迎你们的。”

大漠深处又一阵雷鸣般的欢呼声。有人立即大声问：“队长，能不能给我们建个篮球场？”

“为什么不可以！我这个老球迷一直找不到对手呢！”

“政府，给我们组织一次文艺晚会！”

“好主意，这个周末就举行！”

“队长——”泪流满面的犯人肖建新，这时突然从地上爬起来，扑倒在周星的怀里，呜呜地大哭起来：“你惩罚我吧，我该死……”

“这是干什么呀？快上工去吧！看大伙都走了。”

“啾！”

工地上，恢复了生机。犯人们个个赤着脚，光着膀子，手抄一排排斜放的木溜子，摇动着簸箕。汗珠在空中飞扬，浪里泛起朵朵金花……

时光在无声流逝，农场在天天变化。但是，这一天，周星刚刚完成一次工作规划的设计，正想上工地时，突然一名战士气喘吁吁地跑来报告说：“不好了，队……队长，‘眼镜’他在工地上要自杀，手里拿着铁锹站在沙丘上，谁也劝不住！你快去呀！”

周星一想：“是不是他接到了老婆的离婚书？”

"听同室的几个犯人说，可能就为这事！"

周星浓眉一皱，抬头对战士说："你到厨房看看有没有'老白干'给我拿两瓶，快去！"

那战士弄不明白周队长这节骨眼上怎么想起要酒来。迫于命令，他只得朝厨房走去。

周星刚想动身，忽然看见了放在床铺底下那只在瓶盖上贴有骷髅的瓶子，眼睛亮了一下，顺手将瓶子往衣袋里一装，便出了办公室。

工地上不见一个人影，木溜子和簸箕扔了一地。原来，犯人们都跑到不远处那座沙丘边。这儿好不紧张！疯子般的"眼镜"站在沙丘顶上，双手挥着铁锹，又哭又闹想自杀。看守战士和几个犯人正上前夺他的铁锹，可是都被他的话吼住了："谁再上来，我就脑浆开花见你！"

"用枪打掉他的铁锹？"一名战士扯扯周队长的衣袖，出谋道。

"不行！那样会伤人的。"周星伸手从那战士手中要过两瓶"老白干"，又从自己兜里拿出那个骷髅瓶，扒开人群，走到"眼镜"面前，大声说道："我说'眼镜'，你是不是想死？哈哈，我才不阻拦呢！中国有的是人，死个把犯人算啥，也省了国家一份开支。不过，我瞅你喝了十几年墨水，也算个男子汉，既然想死，就要死得像个男子汉。我带了两瓶酒，陪我一醉方休，完后，你再把这瓶毒药一起喝了，何必动刀动锹伤了皮肉筋骨，死了也给阎王瞧不起！"

"眼镜"一听这话，仿佛更加悲伤，忍不住扶锹低泣起来。就在这瞬间，周星"噌"地上去一脚将"眼镜"寻死的铁锹踢了老远，然后回头朝其他犯人和看守战士们说："你们都回工地，统统走开，我要陪'眼镜'干几杯。啊，快走！"

沙丘上只剩下"眼镜"和周队长。

“来，喝！”周星把酒瓶往沙地上蹾，然后抓起其中一瓶说。

“眼镜”怒气冲冲：“我从不沾酒！”

“所以临死时更不能亏嘴。痛快些，好汉不拒外人酒！要不软蛋一个！”

“眼镜”顿时两眼直瞪周星，顺手抓过一瓶，咕嘟咕嘟地就往肚里倒……“老子不……不是软蛋。”那酒起作用了……

“够意思，来，把这瓶再喝了！”周星以欣赏的口气，又把那个骷髅瓶塞了过去。

“毒，毒药！”“眼镜”吓得连退几步：“我、我……我不能喝……！”

“咋，不想死啦？”周星显得非常遗憾：“原来你是吓唬人的！”

“谁说的？”“眼镜”又不服地吼道。

“那行。拿去！”周星干脆把骷髅瓶塞到“眼镜”的怀里。

“我这……这……”“眼镜”双手发抖，脸部的肌肉也跟着突突直跳，那副克琅架镜子也从鼻梁上掉了下来。他再瞥一眼那个骷髅瓶，骷髅瓶一下变成了一个面目狰狞的阴府鬼差，咧着大牙在得意扬扬地说：“眼镜先生，快到我这儿来吧！”是啊，我“眼镜”这一辈子真是倒霉透了，活着反正是多余的，喝！“眼镜”仿佛来了勇气，拔开瓶盖，搁到嘴边，可是半天没动一动。他呆呆地坐在沙地上，两眼发直，血丝充满了整个眼球。他开始后悔起自己干吗吵吵嚷嚷地要自杀，更恼火为什么这时也没一人来劝劝，要是现在有人劝，我“眼镜”也好顺水推舟下台阶。他望望苍天，苍天默默无言；他瞅瞅沙漠，沙漠茫茫无垠。眼下只有周队长在自己的身边，可这家伙只肯自己抽烟，好像存心要看我怎么去到阴间，“眼镜”不由悲从心来，顿时泪如雨下。他伏在地上号啕大哭起来：“苍天哪，你这么大，就没有我的立足之地呀！呜呜……可恶的刁娘们儿，你在北京逍遥自在，而我落得如此下场！

他抓起一把沙，往空中一扬，见你鬼去，荒芜、寂寞、单调、烦恼……我要统统离开你们——！”“眼镜”猛地将瓶口对准嘴巴，闭上眼睛，又往后一仰头，骷髅瓶里的浓溶液一下全灌入了他的肚里。他像死猪似的横倒在沙丘上……

不知是过去了多少时间，“死了”的“眼镜”忽然扭动了一下身躯，慢慢地那双水泡般的眼睛也张开了。怪，怎么我没有死？他“噌”地从地上立起，又揉揉眼皮，确实，天还是那样蓝，沙还是无边的沙。他转身见到一个熟悉的秃脑袋，不由大声惊呼起来：“你是周队长！”

“本官就是。”那个秃脑袋滑稽地晃了晃。

“这么说，我没有死？”“眼镜”的眼珠都快要瞪出眶。

“阎王不收你，又把你送回到我这儿。”“秃脑袋”依然不紧不慢地说着。

“你的那个骷髅瓶里不是毒药？！”“眼镜”好像突然省悟过来，抓住周队长的两个胳膊使劲摇着。

“哈哈……”周星笑得前仰后合：“哪是什么毒药？里头是浓茶叶泡的牛奶，专门解酒用的。我怕看守班的这帮小崽子来偷，所以瓶盖上贴了个骷髅！”

“眼镜”一听，脸上顿时一块青一块红：“你干吗不让我死！”

“死？”周星一改笑脸，大声训斥道：“年纪轻轻，闭口一个死，张口不想活，你以为这是一种解脱吗？能解脱你过去所犯的罪吗？”

“我，我并不为自己的罪过才这样做的！唉，与你说没用，你不知道，也不会理解！”“眼镜”竭力争辩。

“哼，有什么了不起的，不就是为了一个女人吗？”周星有意轻描淡写地托出问题要害，言中不无轻蔑之意：“我不比你理解得差！不错，你是为老婆才坐牢的。当初你们结婚时，她要摆阔气，你又没钱，于是就去干那些没良心的事。她的虚荣心得到了满足，而你却锒铛入狱，现在她又要离开你，于是你就越想越觉得这辈子亏了，想一死了事。你以为这样就能说明你的行为是有价值的吗？”

“我、我……”他答不上来。

“懦弱！透顶的懦弱！”

“可命运的痛楚，无法让人解脱呀！”“眼镜”又伤心地抹起眼泪。

周星愤然从地上站起，胸脯起伏。那张古铜的脸满是严峻：“是的，当命运受到意外的打击时，谁都会有痛苦的。五年前，我遇到了同你一样的事。我和她结婚早，而且有了孩子，可是长期分居，我在最西边，她在最南边。后来她受不了，拿着一份离婚书，成天成夜地哭着让我签字……我当时也如你一样咆哮，恨不得杀了他。可想想人家也是人，一辈子这样的日子能过吗？我是男人，一个男人不能给妻子想得到的一切，这全能怪她吗？后来我签字了！”这位硬汉子说到这儿两眼噙满了泪水……

周队长的一番话，使“眼镜”半天没缓过劲来。以前，在他想来，自己是世上最倒霉的人，可他万没想到命运对周队长这样的好人也是那样的不平。回想起半年来，周星队长为了帮助和挽救他们这些丢魂失魄的犯人，所做的一件件一桩桩难于忘怀的事，“眼镜”感到无比自愧，他一下扑在周星的怀里痛哭起来：“队长，我对不住你……”

周星的脸上露出了笑容。他拍拍“眼镜”的肩膀说：“要拿出勇气来，你是犯人中难得的秀才，把所学的知识贡献给农场，贡献给祖国，争取赎罪，重新做人！”

“我一定不辜负您的希望。”

这个故事是以破镜重圆而结束的。

周星和农场的教育，使“眼镜”恢复了对人生的新的追求。

他的妻子也在多方帮助下撤回了离婚报告，千里迢迢来到农场看望他。她一到这儿，所见所闻使她震动万分。她和“眼镜”在农场专门为他们腾出的一间屋里抱头痛哭了整整一夜，悔恨、内疚与缠绵的夫妻之情交织在一起……

一晃三年过去了。如今这个农场早已是另一番景象。那整齐的新房，成荫的绿树和机器轰鸣的工地……乍看好像是一个崭新的农庄。而更主要的是这儿的人变了。颓废的、对生活失去信心的人少了。除了“眼镜”因连年立功被减刑外，“东北虎”成了生产能手，“小葱头”也因工作积极立了一次大功。不久前，农场传达了上级的一项决定：凡是表现突出者，经批准，在刑满释放后可以恢复原籍户口……

犯人们一听，当场就有许多人激动得跪在看守他们的武警面前。一个犯人这样说道：“我并不奢望回到出生的故乡，因为那里有我罪恶的过去，即使政府让我回去，我也会终身不得安宁。我只想留在这儿用自己的双手在荒凉的沙漠上开垦绿洲，淘出黄金。再过二十年，那时，我可能自豪地对那些来自北京、东京、加利福尼亚州的客人们说，我是这儿的主人……”

多么动听，多少激动人心的话语！那时，中国西部，将出现一部更精彩的传奇！

这篇拉拉散散的挂一漏万的东西该结束了。我不敢企望人们对本文有所赞誉。但我相信，人们或许能从这些零碎的一个个故事中，了解那些在有些人看来是“傻乎乎”的武警战士，是如何在为了人民和国家的安宁而谱写壮丽的人生的！如果能达到这一目的，将对我是极大的安慰。

胜利大押解

许多历史是值得回忆并应该载入史册的。如果人们忘记了这一特殊事件，那不能不说是一种遗憾，历史也可能因此而残缺。

这一年，中国政府下令，一夜间逮捕了个、十、百、千、万……个罪犯。

第一章　中国的“米兰行动计划”

这是一段充满了忧虑的日子。

在那段时间里，许许多多善良的人们都畏惧夜晚出门：纺织工必须女扮男装，身边还需带一只狗；儿童上街说不定会突然被人拐走；姑娘走在大街上有可能被拉到路边，扒光衣服，几经轮奸，然后一刀捅死。人们聚在一起议论的是“二王”，传闻的是那北京站的大爆炸，天安门前二十多名游人一下被压在汽车轮下……

一件件惊心动魄，一桩桩毛骨悚然的血腥和暴力案件，不时地传到人们的耳中。从魔瓶里钻出的东方魔鬼们，比撒旦更加凶残与恶毒，他们到处疯狂地发泄着兽欲，搅得神州大地的每一个角落都不得安宁。报案的警铃如同上了发条的闹钟，昼夜不停地响着：

——黑龙江新农公社一名银行营业员，一手持枪，一手用铁锤砸开保险箱，“哒哒哒”枪响人倒，保卫干部的身体被打成蜂窝，万元现金被抢劫一空。

——南京钢管厂劳动服务公司一名临时工，在溜冰场被人无意撞跌了一跤，便拔出刀子，当场捅死、捅伤各1人。

——强奸犯赵川路因奸淫妇女坐牢5年，出狱3天，又连续二次持械拦路强奸妇女。

——热闹非凡的北京北海公园，一群流氓在光天化日之下将3

名划船的女学生劫持后强奸，时长达两个多小时。

——湖北荆州农村，成百上千的“土流子”，举刀舞棍，打家劫舍，仅 1983 年 1 ~ 3 月，制造案件上千件！

——天津曹燕、曹林两兄弟轮奸妇女 20 多人。至此，他俩还在高喊“要学美国的贝克，不玩 100 个姑娘不罢休！”

——成都四川师范学院政教系女学生李文久，下课回到寝室里，突然被一个手持利刃的蒙面人连捅 37 刀，血流成河，而那凶手正是她过去的恋人周奎强。在同一个城市里，一名叫赵军的罪犯得知被骗来的姑娘要与他“吹”，便跑到食堂，将 19 岁的汪萍姑娘打昏后，用剔骨尖刀，将汪的双腿膝骨割下，拿在手中玩弄，并在现场坐等受害者苏醒惨叫，狞笑着说：“老子不要你死，就要看你终身残疾！”

骇人听闻！

这一件件渗透了人民血、泪、愁、恨的案件，比恐怖电影更十倍效能地刺激着人们的心。粉碎“四人帮”已经四五年了，可是老百姓却成天提心吊胆地过日子。这样下去四化建设还怎么能搞？中国还有什么希望？不行，再不能这样下去了！

于是，当国际刑警组织在拟定以清扫黑手党为主要目标的打击刑事犯罪分子的“米兰行动计划”时，中国的“米兰行动计划”提前两年开始了实施。

人们还会清楚地记得，1983 年 8 月初的那段时间里，全国各地，不论是繁华的都市，还是偏僻的山村，无论是东海之滨的海关港口，还是北疆高山上的集市、小镇，到处都可听见急鸣的警笛，到处都可看到出鞘的枪刺。人们疑惑、惊恐，但这仅仅是极为短暂的。当他们看到一个个平日里为虎作伥、无恶不作的一条条“镇山虎”“地头蛇”“大色狼”被戴上手铐，押上警车时，一时个个恍然大悟，欢欣鼓舞，那情景不亚于粉碎“四人帮”和建国庆典之日。

历史没有理由抹掉这光辉的一页，且让我们看看这场红色大风暴的伟大声势与惊心动魄的战况。

战报之一：重灾区的“辽沈战役”

辽宁，这个受“文革”影响最严重的省份之一，如今也是刑事犯罪分子最猖獗的地方。仅1983年的头几月，辽宁省在公安部挂上号的特大案件就不下20起。省公安厅还未破获大连连续三起的女性分尸案，朝阳驻军某部就急告一批枪支弹药被盗。不几天，锦州铁路局沈上线高山子站附近的铁道上，发现几处爆炸物，那时间正在一位中央领导巡视东北的班车要经过的几小时前。辽河两岸人民还在为“二王”百般惭愧和惶惶不可终日的时候，震惊中外的“五·五”劫机事件又爆发了！

“还不快动手！这样下去辽宁的脸面给丢尽了！”沈阳市的百姓们纷纷跑到省府大楼前，指着从轿车里出来的省委干部的鼻尖骂娘。可他们哪里知道，省领导的日子比他们难过百倍。省长、省委书记的办公案头，已经放着公安部、中央书记处，总理的好几份责成令。

说省委不想动手，那实在是冤枉。可是，摆在他们面前的阻力也如重重大山。在各种犯罪活动风云四起，猖狂至极之时，小打小闹已经不会发生作用。可真要大干，像1951年“肃反运动”那样，也不是件说干就能干的事，它要受国际国内各种条件的制约。特别是改革之风刚刚吹起，更要考虑如何才能有利于创造一个安定团结的政治局面，以利于“四化”建设。

人们在焦急中等待，在愤怒中观望……就在这时，全国政法工作会议召开了！中央关于严厉打击刑事犯罪分子的讲话与文件下达了！可就是在这个时间，也有不少人用怀疑的口气说着：这样搞，是不是与十二大提出的战斗任务，发展安定团结的政治局面相矛盾呢?

“不，恰恰相反！”听，省委第一书记郭峰作了肯定的回答：“中央决定严厉打击刑事犯罪活动，正是进一步贯彻党的十二大路线、方针，是坚持无产阶级专政，保卫四化建设，争取社会风气根本好转的一个重大战略决策。一个社会主义国家，如果听任刑事犯罪分子危害国家和人民的生命财产安全，破坏经济建设而不狠狠打击，这叫什么无产阶级专政?”

“历史有许多惨重的教训，能不能稳点?”

“非常状态，就要采取非常措施，不能搞四平八稳。”省委书记的口气斩钉截铁。

“如今社会上的犯罪活动势大人多，怕搞不好引火烧身，对付不了他们。”

“我不信！”郭峰的两道浓眉一下竖了起来。“我们有几百万人民军队和那么多武装民警，这么强大的国家机器还对付不了他们?”

省委书记没有食言。8月9日凌晨，北至工业重镇四平，南至海滨城市大连，整个辽宁在同一时间里撒开了逮捕、收审刑事犯罪分子的巨大法网……当人们还在酣甜的睡梦中，一个个贼窝、“窖把”“票码”“水滚子”，不是被摧毁，就是被抓。仅在这一天的早晨四五个小时中，全省逮捕、收容罪犯上千人！突如其来的袭击，使得被抓的罪犯中十有八九不知是怎么回事就戴上了手铐，进了铁门。

晨袭刚刚鸣鼓，声势浩大的人民战争就紧接着开始了。这天上午，仅沈阳市就出动了400辆汽车。由全副武装的民警护卫，一色的摩托巡逻队开道，后面是每辆装有4个大功率喇叭的10辆宣传车压阵。浩浩荡荡，威震辽沈。同一时间，抚顺市召开群众大会，参加人数达四万多。当主持人传达中央和省委关于“严打”的有关指示，当即会场上就有十来名犯罪分子吓得屁滚尿流，瘫倒在地。一个名叫郑月才的刑满释放分子，8月7日晚将中断恋爱关系的女青年掐死后，凶残地割掉乳头，并用刮胡刀向女子阴部横竖割了七八刀。9日上午，就是这样一个杀人不眨眼的歹徒，当他听到尖厉的捕敌警笛时，浑身直冒冷汗，三步一磕头地爬到街心，拦住警车，伸着双手，哆哆嗦嗦地对公安人员说：“快给我铐上吧，我怕、怕……”

谁说人民战争没有威力？沈阳市群众说：“善有善报、恶有恶报，现在时候已到，坏人就别想再溜掉！”

战报之二：第二次“唐山大地震”

一个百万人口的美丽城市，一夜间，蓝光闪过，变成了一片废墟……唐山，在世界地震史上留下了最惨重的一页。共和国以其神奇的魔力，使“死城”恢复了生命。仅仅几年，唐山重新开始了繁荣。高楼、大街、舞厅、酒吧……像雨后春笋，以十倍、百倍的速度，追赶着现代化的浪潮。从寒冬过来的人们，在欣喜若狂地拥抱百花争妍、气象更新的春天时，却又面对与鲜花和春笋同生长的毒蘑、野蔷而日益担忧、焦虑……以至于达到了近似1976年7月28日那震中的恐怖程度：行，不敢独自一人；睡，不敢敞门开窗，即使是炎热如蒸笼的夏夜；话，不敢多言半句。即使真理全在你的一边。疯狂的歹徒，运用现代化的手段和武器，到处干着抢劫、偷袭、暗杀、爆炸、强奸、拐骗的罪恶勾当。流氓团伙组织的六支“菜刀队”，不分白日黑夜，在大街小巷、厂矿内外，到处聚众斗殴，抢劫财物，侮辱妇女，其猖獗程度，胜过昔日地痞恶霸。以张伏弟、王宝善为首的那个24人组成的“菜刀队”，划唐山东城为自己的独霸地盘，这帮流氓常常一手拿着酒瓶，一手举着菜刀，见了姑娘就奸，碰上有钱人就抢，仅1983年上半年，就到居民区寻衅滋事、抄家13次，砍伤13人。路北区的霍立新“菜刀队”，一次在公共汽车上结众调戏妇女，青年工人胡贾明见义勇为，欲挺身阻拦，却反被霍立新等3名罪犯连砍3刀，立即死亡。

“地震没能把唐山从地球上抹掉，咱菜刀队要把唐山踏平！”成群结队的犯罪分子手持菜刀，在市民面前狰狞地狂吠着。

“无法无天！坚决除掉‘菜刀队’，决不让犯罪分子称霸唐山！”一位中央领导同志在一份公安情况反映上批示道。

7月下旬，全国政法工作会议刚刚结束，公安部领导亲临唐山坐镇，由市委、市公安局党组、驻唐武警支队党委等单位参加的紧急联席会议一直开到深夜零点。会上，一个围剿“菜刀队”为主要目标的行动计划被迅速确定。第二天清晨六点开始，唐山市区和所属的几个县区全部实行戒严。荷枪实弹的公安干警、武警战士，以及臂袖上别着红色标志的治安纠察队，分路出击，短短几天，一举抓获了成千名罪犯。当时的唐山人民中流传着这样的话：“中央起码往唐山派了一个师！要不，干得没那么大快人心！”他们哪里知道真情。就拿全歼“菜刀队”的战斗来说，实际上整个战斗主力仅是一个武警中队。

7月20日晚，武警支队党委向所属的直属大队机动一中队下达了全歼“菜刀队”的命令。支队长的战斗动员仅用了十分钟，全中队的战斗情绪达到了沸点。

“菜刀队的那帮人，早该抓起来！”

“是啊，如今咱们有了尚方宝剑，再不用瞻前顾后了！”

排长张瑞恒前日已经向家里发报“八一”回家结婚，接到战斗命令后，连夜赶到邮局敲开服务员的门，请求第二天一早给他家重发一份改期回家的加急电报。

患病住院的战士王会凯从一位战友那里得知中队要执行特别行动，这位恨透了“菜刀队”的年轻战士，不顾医生阻拦，半夜溜出病房，加入了围歼“敢死队”……

当我写到这里的时候，有人曾惊异地问我：“咱只从战争电影片上见过敢死队，怎么和平环境中也要成立敢死队？”

是啊，谁能想到，在这“严打”中我们的公安人员，武警战士哪一个不是把脑袋系在裤腰带上与罪犯斗争的！面对两军对垒的公开敌人，或许可以靠气吞山河的威势和万炮齐鸣的火力压倒。然而，在公安人员面前的对手都是些隐藏在暗处、失去了人性的亡命徒。就在围歼战斗刚刚开始的第二天，唐山一名诨号“老六”的菜刀队团伙之一的曲长来，身绑五颗手榴弹，跑到大马路派出所当场引爆毙命，使我三名公安人员倒在血泊之中……

7 月 23 日，根据上级指示，机动中队接受的第一个任务就是抓捕“菜刀队”首犯李连生。李犯是开滦唐家庄矿闻名的土霸王，平时菜刀匕首不离身，欺压百姓无恶不作。两间一室的单元住腻了，他跑到矿主任办公室将菜刀往桌上一放，说：“老子要一套刚盖的三居室的单元，你给不给？”

“这，这是给处级以上领导盖的呀，你……”

“少说废话。我心里明白，你主任大人不是正处级吗？咱俩换一下。不然，我就送你这把菜刀……”

他懒得上班，就三天两天跑矿医院，医生问他什么地方有病。他解开衣服，指着腰带上掖的两把菜刀：“这就是病！”好小子，弄得唐家庄一带的群众竟然无人敢惹。7 月 26 日上午，销声匿迹了数天的李连生突然带领同伙数人，窜到矿区医院要求开病假，企图借故长期隐藏起来。矿公安局得到情况后，迅速通知了机动中队。

排长孙凤来立即带领孟宪忠、孙书芳等四名同志赶到医院，他们兵分两路，死死封住东西两个大门，然后向门诊室逼近……

“不许动！”

正在向医生撒野的李连生被身后的一声断喝吓了一跳，可这个身高一米八二的土霸王回头见仅有三个稚气未脱的小战士，马上顺手抄起一把椅子，朝这边猛砸过来，战士赵景树闪身一躲，绕过桌子，一个箭步拦腰将李犯抱住。孟宪忠和孙书芳也随即扑上前去，一个勾踢，一个击腹，三下两下地将这个横行一世的“菜刀队”首领绑了个结结实实，整个战斗仅用了八分钟。

与此同时，由宋新中、赵铁虎等组成的捕歼战斗小组正在奉命追捕唐家庄的另一只恶虎“岳三爷”。百姓们平日只有机会在电影和小说里观看抓敌人的惊险场面。如今，他们有幸亲眼看见这惊险而精彩的场面。捕歼“岳三爷”的战斗是在一个热闹非凡并且正逢下课的矿青工业余学校门前。混在学员队伍中的“岳三爷”做梦也没有想到有人会在此时此刻此种场合下在他头上动土。他的手没有闲着的时候，那只肮脏的手正向一位女青年腰际摸摸索索时，突然感到右腕被人有力地一夹。岳犯毕竟“久经沙场”，一个反转手，倒把市公安处的董善生的手腕扭住，并且迅速从腰间拔出一把铮亮的菜刀。说时迟，那时快，战士张得柱猛冲过去，用携腕动作死死抓住岳犯拿刀的那只手，一旁的王万军趁机一个“老鹰啄小鸡”抓住岳犯一撮头发，又一个踹腿，这一招一式，疾如流星猛如虎，使不可一世的“岳三爷”，倒在地上活像个瘪气的破气球。

初秋的深夜，唐山市区寂静异常。就在这黑色夜幕下，机动中队的战士们又奉命执行一项紧急任务。对手就是那个引爆自毙的曲长来的“小哥们儿”、爆炸团伙的主要成员常锡祥。几天前，此人曾扬言：“学咱曲大哥，死也要拉几个垫背的！”名副其实的亡命徒！有雷管，有炸药，稍不慎，就会……

敢死队员徐存广、孟宪忠、张得柱踮着脚尖，碎步飞速来到常锡祥家的院墙根。院墙很高，徐存广蹲下身子，身后的孟宪忠“呼”地踩在他肩上，双手跃向墙头。糟，墙顶插满了玻璃碴子。敲掉吧！不行，那样会惊动罪犯。愣啥，大不了放点血。上！孟宪忠咬着牙关，一个“大雁南飞”，直上院墙顶端，紧跟着的张得柱、徐存广“重蹈覆辙”，也上去了。

八字门紧紧合在一起，屋子四周一片寂静，唯独有阵阵风箱般“呼哒，呼哒”响的鼾声从里屋清晰地传出。歹徒就在里头！

徐存广、孟宪忠、张得柱相互碰了一下，霎时徐存广“砰”的一声首先出手，玻璃窗被砸得粉碎，手电直射内屋。身后的孟宪忠也抬起一脚“哗”的踢倒大门，与此同时，张得柱奋力一顶将卧室侧门撞开。三人配合默契，如一阵山呼海啸，震得贼窝地动山摇。

“啊，地震——！”美梦中的常锡祥尖叫一声，惊恐万状地从床上滚下，连个裤头也没穿就往门外跑。当他跨出门槛时，发现了神兵天降。这家伙明白过来后，立即凶狠地折身扑向床边，企图拉响常备的炸药包。敢死队员早料到这一手，“咔嚓”一声就将常锡祥的双手铐了个严实。

警笛声声，又一窝歹徒被出其不意地逮捕，又一群亡命之徒被押上警车。

从7月23日至8月9日，唐山市区六个“菜刀队”团伙全部被摧毁，抓获成员104人。唯一漏网的“菜刀队”成员王风春，也在人民战争的强大威势下，从外地回到唐山自首了。至此，“菜刀队”的105名成员全部被捕。唐山市百万群众奔走相告，俨然过节。大家说：“中央的这一次‘严打’不比1976年的那次地震震得劲儿小，它震出了我们党、我们公安机关的威风！”

战报之三：成都窃枪奇案真相大白

这年春节的假期早已过了好几天，成都铁道部第二工程局机关的领导和工作人员奇怪地发现一贯工作积极，又主管机要和单位公章的主任干事王林生怎么好几天不见人影。人们开始了警觉，单位派人四处寻找均未见其踪影，领导着急了，敲开王林生所保管的机要仓库，顿时骇然大惊：一批机要文件不知去向，16 支手枪和 1500 多发子弹也不翼而飞……消息很快传到公安部。

“一定要尽快查清和找回所失枪支弹药！”公安部领导红笔一挥，命令四川省公安厅、成都市局。

案情复杂！当事人王林生就像突然从地球上消失了，公安机关用了四五个月时间，可谓挖地三尺，仍一无所获。案件一直拖到 7 月。“严打”开始了，王林生专案组的公安干警们不得不放一放手中的谜案，全力投入了全国统一的围歼大战役。蓉城内外，战斗如锐刀破竹，节节胜利。一夜间，千名罪犯落网。一天过去，公安人员又从这些人的口中得到了上万条过去长期未发现的线索。审讯室里的记录堆积如山。王林生专案组的一名侦察员，一天在整理记录时偶然发现了一名长期流窜于成都和大凉山之间的惯偷犯的口供：春节的前一天傍晚，惯偷犯正躲在大凉山上准备“吃诈钱”（抢劫）。这时，突然见山下来了三个人，其行踪鬼鬼祟祟。一人在前走，另两人搭肩在后行。其中有人说了句“我王林生扔下老婆孩子豁出去”。仅此话听得真切，后来三人走进密林，不一会儿突然响起一阵闷枪。过了一会儿，又听到山崖底下的河中响起一阵“扑通”的掷物声，像是一个很沉的东西扔到了河里。真是踏破铁鞋无觅处，得来全不费功夫。王林生专案组的干警们连夜驾着警车出发，昼夜兼程，赶到了大凉山腹地一个崖边，然后不顾长途跋涉的劳累，跳进刺骨的水底反复搜索，终于在傍晚时分，将一具被绳捆下坠的男尸捞了上来。这个身带弹孔、头颅被毁的死者，不是别人，正是王林生。

丢枪者饮弹毙命。并暴死在千里之外，案情如同一团迷雾。当公安侦察人员扒开层层乌云，揭穿这离奇万端的内幕时，仿佛看了一本拍案惊奇小说——

1982 年 8 月的一个闷热的夜晚，在成都市内的一个幽静的小院里，有户人家的门窗紧闭，屋内烟雾缭绕，十几个搭肩搂腰的男女青年，直盯着电视屏幕，连连发出“啧啧”赞叹声。其中一个干部模样的青年，对露骨的色情镜头，如痴如狂，不时用肩肘碰碰身旁一个工人装束的伙伴，低声问道：“怎么样，过瘾吗？”“过瘾！过瘾！”对方心曲相通，连连点头。但是，一连数星期的色情刺激，似乎在这两个看客的心灵深处渐渐退化，取而代之的是那一幕幕血腥的恐怖场面。

几天后的一个黄昏，两人相约到城南的滨江公园的一处阴暗的树丛中，互相吐露着心底秘密：

“西方国家才有真正的自由，只要有钱就能随便玩！”这个说。

“要我在国外，准去当刺客，当间谍，那玩意儿才够劲儿！”那个讲。

两人口沫四溅，大放厥词恶语，将骨髓中对中华民族、对社会主义的仇恨倾泻无余。

“我能搞到机密文件，只要越过国境，就可以卖大价钱。那时，汽车、别墅、性感女郎，呼之即来！”那个当干部的说。

“老兄，你能搞到枪？”这个工人装束的青年急切地反问。对方刚一点头，他便用力在腿上一拍，咬了咬牙：“只要有枪，我们就可以大干一场！”

“就我们两个行吗？”

“人不缺，老子有好几个不怕死的哥们儿！”

“好！就这么着，今后我听你指挥……”

这个甘心受人驱使，阴谋窃枪出逃的干部，就是后来饮弹身亡、尸沉河底的王林生。王林生的蜕化变质是从其无知的少年时期开始的。1973 年，参加工作不久的他偶尔见到一本《少女之心》，那里的淫秽之语使缺乏抵抗力的王林生从此陷入了歧途。1975 年，他窥视女浴室被抓，当组织科长的父亲不是严加管束，反而为他开脱掩饰，使得当时还涉世不深的王林生的灵魂与躯体，一霉再霉，直至腐烂发臭。谁能料到，这个骨髓都出蛆的王林生在领导和同事面前却处处表现得积极异常，竟然因“勤勤恳恳”“为人老实”“一心扑在工作上”而混进党内，由工人调任干部，又被提升为主任干事，掌握了单位印章大权和枪支弹药、机要文件。王林生在这遮人耳目的帷幕背后，干着不可告人的罪恶勾当。

与王林生共谋暴乱，并自封“指挥者”的角色，名叫刘勇，虽然年仅 25 岁，却是个满脑“领袖欲”的投机狂和犯罪狂。结识王林生这样能搞到“真家伙”的伙伴是他求之不得的。为了让王林生相信自己的“领导能力”。不几天后的一个黄昏，刘勇带着一个身穿笔挺军服的“现役军人”来见王林生。

“这就是我前几天对你说的那位在总参谋部当边境工作特派员的罗正芳同志，他有办法把我们送出去。”刘勇当着王林生的面，将非法弄来一套军装的某厂技术员罗正芳不着边际地大吹了一通。

王林生见眼前这位气度不凡的“边境工作特派员”，竟无半点怀疑地相信了。忘乎所以地从腰间抽出偷来的一支手枪，在两人面前一亮：“好，到时我就把这家伙取出来，保证人人有份！”

有了王林生这句话，刘勇为了实现其反革命阴谋，连夜拜会了在“文化大革命”中曾“风云一时”，后被开除公职，对我党长期心怀叵测的许志均，请其出谋策划。许志均是早盼有一天“东山再起”，此时一听刘勇的求告，心领神会，煞有介事地如此这般胡诌了一大番……刘勇又按许某指点，发展了一位偷盗扒窃、斗殴打架两闻名的近郊农民袁孝其，收入门下，并让其充当“熟悉边境地形、常在国外活动”的神秘人物，又单独推荐给王林生。昏头昏脑的王林生与袁一见面，就垂涎欲滴地问：

“那边的女人究竟如何？”

“够味。啥样子的都有！”

袁孝其的出现，使王林生对刘勇的“指挥能力”佩服得五体投地。当刘勇提出：“要干大事，先得练好枪法”时，王林生随即偷出三支不同型号的手枪，谎称“远足旅行”，与袁孝其等人潜往成都郊外的牧马山，打靶试枪，进行反革命训练。

根据“军师”许志均的提议，刘勇决定提前执行他的反革命计划。于是令王林生正式窃枪，然后一起远走高飞。

1 月 20 日下午 6 时，铁道部第二工程局机关的工作人员，纷纷收拾办公用具，准备下班回家。这时，底楼的一间办公室里，王林生正一本正经地翻看一叠红头文件。

“小王，该下班了！”

“噢，你们先走吧，我还有些文件要整理一下。”这位一向给人以“工作积极”印象的家伙，此刻虽然心急如焚，却表面上镇定自若。等机关大楼里没人时，王林生迫不及待地抓过纸笔，匆匆写下“接到姐姐电话，告知母亲在湖南老家病危叫我速回，因时间紧迫不能事先请假，请领导原谅。我所保管的枪支弹药待回来后再清理”的字条。他写完后将字条压进玻璃板底下，背起书包，匆匆走出办公楼回家不到三分钟，王林生就折身出门。当妻子听说婆母病危，要求同去探望时，这个利令智昏的家伙竟然骂道：“娘们就知道做拖脚婆。老子让你在家待着就别出半步窝！”数年朝夕相处的妻子，哪知道此时的丈夫早已被西方糜烂生活的幻梦勾去了灵魂，即便是九牛二虎之力也难以拉回。

原来，十天前王林生得知上级要清理武器，准备改进保管制度的音讯，唯恐日后盗枪机会难得，便在刘勇的指使下，1月18日深夜，提前将所保管的16支手枪和1500多发子弹窃出，送到袁孝其家中藏匿，接着又为掩饰众人耳目和拖延领导对他的追查，选择了三天后的周末出走，并捏造“母亲病危”的谎言，采取留条请假的鬼花招。王林生临走时，丧心病狂地席卷了所保管的全部公款和一大批绝密文件，匆匆踏上了叛逃的罪恶道路。可是他哪里知道，等待他的竟是一条弃尸荒野的死亡之路。杀他的不是别人，正是他无限信赖的同伙。

原来，早在三个月前刘勇与许志均就为这个反革命集团制定了“立足国内搞武装，打家劫舍拉队伍，杀人越货扰民心”的行动计划，并密谋为保长期潜伏，待王林生盗出枪弹后将其诱杀灭口，据此，阴险狡诈的刘勇，一面继续与王林生亲如兄弟，逼其尽快盗出武器，一面又派袁孝其只身窜往大凉山区，选定一个靠山近水，便于藏尸灭迹的僻静处，着手实施杀王计划。

再说，王林生从家出走后，迫不及待地随刘勇、袁孝其上了开往昆明的直达火车。一路上，刘、袁对王林生倍加赞赏，并大言不惭地许愿道：“将来有一朝我们坐天下，林生兄就当军委主席兼国防部长。”

王林生乐得呲着黄牙说：“那时我倒要跟林立果比一比，看谁选美的水平高！”

按照预定计划，车至西昌，刘、袁以抄山路越国境为理由，将王骗下车。当晚深夜，三人鬼鬼祟祟地行至一座荒山，待见此山天黑地昏，荒凉无比时，杀人不眨眼的袁孝其猛地拔出手枪，朝王林生当胸连发数弹。王林生还未明白是怎么回事便一命呜呼见了阎王。刘勇和袁孝其随即一起动手将死者身上的钱财和一批绝密文件放在自己皮包中，又就地搬来一块大石，将王林生的头颅砸碎，再用事先准备的绳索，捆尸系石，掀至崖边的河中……

刘、袁将王林生处理完毕后，即返成都，连夜埋藏好全部枪弹、文件，按许志均的“旨意”，准备待机组织反革命暴动。这帮凶残狡诈的反革命歹徒，他们根本没有想到时过数月后。席卷全国的“严打”竟使他们被我公安人员层层剥笋，步步紧逼，最后一网打尽，并且缴回了全部枪支弹药和文件。至此，震惊全国的成都窃枪奇案真相大白。

战报之四：“农村包围城市”——山东省战果辉煌

8月初，中共山东省委和公安政法部门根据中央“严打”的统一布置，首先在济南、潍坊、青岛等城市行动，一举摧毁流氓犯罪团伙千余个。但是，由于这些城市的犯罪团伙许多与农村犯罪分子有着千丝万缕的关系，因此，当他们一闻风声不对，就赶紧撤离城市，躲到了乡下，企图借地阔山深的乡下自然和社会环境，躲避人民民主专政的惩罚。中共山东省委和公安政法部门根据这一情况，决定采取在首先控制城市的基础上，在全省农村地区广泛发动群众，开展声势浩大的人民战争，堵截、深挖从城市流窜而来和躲藏起来的各种犯罪分子。这一战略战术，收到了意想不到的效果。从月初到月底的二十多天时间内，全省堵截、抓获和挖出从城市潜逃到乡村的各种犯罪分子，约是全省城市漏网犯罪分子总数的93%。牟平县刘家村有位赵桂兰老大娘，一天在镇上听一位从德州来的某厂采购员说，德州市有个杀人犯叫赵建平的前两星期外逃后，公安局四处寻找都没有影踪。这家伙身上还带着一支枪和几十发子弹呢！说者无意，听者留意。赵桂兰大娘忽然想起她的同乡刘福生家前几天来了个二十来岁的青年人，说一口德州话，三天难见他出一趟门。听刘福生家人说，这个青年人他们也不认识，只因为看他可怜，才收留住在家里。赵桂兰大娘觉得刘福生家藏的那个人行踪可疑，且与采购员讲的德州杀人犯赵建平的年龄，个头很相似。于是，当夜赶到烟台，第二天一早自费搭上火车，来到德州市公安局。公安局根据她反映的情况，立即派出三名侦察员当夜抵达牟平。第三天清晨，住在刘福生家的那个青年人还在做美梦时，公安人员一把将其从被窝里拉起来一看，此人正是杀人犯赵建平！一副铁铐终于锁住了一双沾满人民鲜血的罪恶之手。“赵桂兰千里送情报，杀人犯一举被抓获”的佳话，至今仍在胶东群众中流传。

在围剿城市流窜犯罪分子的同时，山东农村的“严打”活动也开展得轰轰烈烈，好比挖地三尺，使得各种犯罪分子像过街老鼠，无处躲藏。临沂县有个大队干部，过去的几年里，他凭着有权有势，一次又一次持枪强奸村女。“严打”的战火给村民们壮大了胆子，齐心协力，将这个披着人皮的野兽扭送到公安局，并且缴获一支匣子枪。蓬莱县城关镇东风大队党支部听说公安机关要在本乡本村土地上“抓坏蛋”，立即研究决定买一辆“嘉陵”摩托车，送给了派出所。淄博市张店区流氓团伙的头目邢兆明，是被他自己的家里人押到公安局的。邢犯的父亲说：“这几年全家被他折腾够了，整天跟着他提心吊胆，今儿个把他送到这儿，我们全家求个安宁，也给乡里乡外的乡亲们积份德，可别再把他放出来！”多好的人民，难道这仅仅是事例的堆积吗？不，我认为，它表明了民心所向，人民的觉悟。

山东的漂亮仗，给全国做了榜样。此间，本已引人注目的北京、上海、天津、广州等大城市的“严打”又掀开了新的序幕——

8月6日，北京市全城戒严，一举摧毁了大大小小的犯罪团伙，抓获大批犯罪分子。9日上午，首都体育馆召开全市动员大会，市委第一书记亲自做报告。23日，工人体育场召开八万人大会，中央领导和所属各部委负责人坐镇主席台。30名罪大恶极的犯罪分子当场被拉出去枪毙。仅隔几天，又一批罪犯被押到刑场处决，人数超过首批的三倍……

《美国之音》评论说：中共开了杀戒。

8月8日零点至10日凌晨，天津市长李瑞环亲自担任“严打”总指挥，打响了津门自新中国成立以来规模最大的一次清除社会“垃圾”的围剿战斗，攻克了包括大名鼎鼎的“两惠”在内的二百多个顽固堡垒。

上海与广州两大市的“严打”重点是放在取缔各种暗娼、卖淫集团和走私、贩私等主要目标上，一大批长期以出卖色相为主的青年姑娘、少妇以及她们的“老板”被毫不留情地关进了监狱。

与此同时，其他地方的战报也像雪片似的飞向全国“严打”总指挥部——中华人民共和国公安部。战果要比预计的好得多。

安徽电告：泗县前年的一宗16万元人民币丢失巨案，在“严打”中查明真相，巨款追回；鞍山市的一个卖淫集团被一网打尽。

太原电告：离石县公安局长贺玉印因包庇儿子被开除党籍，撤销职务，其被群众恨透了的两个儿子捉拿归案（中央有指示，在“严打”中，不管谁的亲属、子女，只要有罪，是抓是杀均听候公安司法部门处置，谁出来讲情说理，是干部的撤职，是党员的开除。贺玉印以身试法，该当这个结局。据说，撤职开除党籍的不止他一个）。

重庆电告：290名重罪犯慑于人民民主专政的威力，主动到公安部门投案自首。

杭州电告：重灾区宁波“严打”后的8月份未发生一起重大刑事案件，一般案件比7月份下降34.1%，是1976年以来发案最少的一年。

9月18日江西南昌电告：追捕了半年之久、持枪杀人累累的沈阳“二王”在町江村场35号高地被公安、武警战士击毙！这一电文以特大号外的形式从江西发往北京，从公安部再传到中央书记处、政治局……仅用了几分钟。

中国举世瞩目的“严厉打击刑事犯罪活动”的伟大战役，以“二王”击毙为标志宣告胜利收兵。

第二章　囚车驰出大都市……

监狱爆满后的灾难

一位美国女记者曾经这样写道：“假如你问一个小孩长大以后想干什么，他回答说：‘我想当监狱看守’。这时，你一定会对他的回答感到惊讶，甚至可能想送他到儿童医院进行专门的观察与治疗。”那本《美国监狱内幕》的作者杰西卡·米特先生也这样说道：“只有儿童时代留下精神创伤的人，才愿意当监狱看守。”

在西方人的眼里或许是这样，一个正常人是不会去当监狱看守的。但是，1983年，在中国却是另一种情况，身为警察和记者两职于一体的我曾经目睹这样的现象：成千上万的户警、路警、武警一改自己的职业习惯，来到监牢、看守所，拿起警棍，按动电铃。他们绝非是“精神创伤者”，相反，个个都是自愿申请去的，他们甚至自己也没有想到事情竟这般复杂：

一位在大街岗亭上站了快30年的交警，他第一次指挥调动戴手铐的犯人时，连立定的命令都是用右掌向前，左手折胸的动作——这是绝对标准的“禁行”姿势，可是犯人们不知是怎么回事，连那个三进宫的“歌唱家”也愣了，以为“老公”让他指挥唱歌呢！于是，一个严肃的场面被破坏了。老马路被激怒了，上前给“歌唱家”就是一警棍：“把本子掏出来，罚款！”他永远改不了自己的职业病，“我想回去，还是站大街的顺气”，他由衷地说："看守这活可不好干。"

一位刚从公安学校毕业的年轻女户警，她到看守所分了个最轻松的活——给犯人填写卡片，这应该说是发挥她的专长。可上班头一天就病得爬不起来。医生诊断：由于强烈刺激后引起的恐慌症。年纪轻轻，大学毕业还常常在妈妈怀里撒娇的"小夜莺"，这一天她看到的是什么呢？那记载犯人经历与罪恶的一张张小小的卡片，就像一个个凶神恶煞的魔鬼，她怎么也想象不出世上竟有那样令人发指的残忍和下流、无耻之徒。有 3000 张这样的卡片要填，可她仅填了 3 张就脑瓜胀疼，像要爆炸似的…

他，从新兵连下中队才一个月，就派到女囚看守所。真是怪事，那么漂亮的姑娘竟然不在家里待着，干吗要坐牢？他百思不解。"嗯，你是个小猫儿。想吃肉包子吗？来，快过来？"那个诨号"迷人精"的小妞长得真不赖，她的一双勾魂的大眼睛常朝他扑闪扑闪的，要不是中队长的命令。他准会逃走。"迷人精"说的话他全然不懂，哪来肉包子？啊，她怎么……怎么敞开衣服……露出一对山峰似的白奶子。"你，你想干什么？"他倒退了不下 10 步。她却笑得前仰后合。"报告小猫儿，我要上厕所，带我去吧！"瞧她事多的。无奈，他给她打开"牢门"（其实是一个十几年前留下的"战备洞"），俩人一前一后地走着，她昂首阔步，嘴里哼着山歌；他低头默言，倒像个犯人。走过一个土丘，突然她发疯似的奔跑起来，那姿势真漂亮。"站住！站住！"他急了，迈开流星似的大步子，三下两下地追上了。"你想逃跑？我抓你回去！"他顿觉如临大敌，把枪对准她的后背脊。她，慢慢地转过身，丝毫没有恐惧之感，脸上依然挂满了迷人的微笑，眼睛火辣辣地盯着他，双手不停地在自个儿身上摸索着，一直到全身一丝不挂……他感觉整个世界凝固了，宇宙绝了空气。"拜拜，小猫儿！"一个白净的幻影夹着一个娇滴滴的声音就这样消失了……"你，你手里的枪是干吗用的？”中队长不知如何处置他的部下，他真想按军法惩治，可又一想，假如自己也在18岁时碰到这种事将又会怎样呢？答案始终没有。那个战士后来被调回了原单位。

“快枪毙我吧！枪毙我吧！——”中午，南市区的一个看守所里，突然有人大叫起来。顿时，警铃四起，警察们扔下饭碗，奔向那个四号狱室（一间用水泥和油毡搭起的小屋）。

“我不想活了！我不想活了！警察同志，我求求你，给我一枪吧！”一个二十来岁的年轻犯人，赤条条地躺在地上，口中吐着白沫，胸脯像风箱似的抽动着。转眼，就倒在另一个犯人的脚下……

“快抢救！”公安局长命令医生，转头急问看守长：“为什么一间10平方米的小屋关二十几个犯人，你拿温度计来试试看，没有40度才怪！”

“这还算好的，重犯那边每间关的还要多！”看守所长这样向上司报告道。

“秘书，你马上通知各区分局领导今晚到市局开会！”

分局长会议从晚上8点一直开到第二天凌晨一点半，光是西瓜和汽水就吃掉了两筐。各区的情况比想象的还要严重，全市二十多个临时看守所目前在押人员数量超过普通看守所的三倍之多。特别是8月下旬以来，气温急剧上升，南京是有名的“火炉”，白天最高气温常在39、40摄氏度以上。而大部分的临时看守所利用的都是些通风设备差、又几乎没有半点遮阳避暑条件的破庙旧殿。从“严打”的第一天开始，在押人员中已有二百多名中暑患病，其中有14名重犯和死刑犯还在医院抢救。司法部门每天拿着公诉书和判决书来公安机关要人，而公安机关不得不赶到医院去要人。可在医生面前，再大的法官也只能让步。“既然送到我们这儿来，就得治好了病才能走。我不管他犯了什么罪，在医院病人是平等的！”铁面无私的公安人员碰上了医生就没辙了。

在西安出现了另一种情况，这个淫秽色情刊物及地下暗娼、黑窨泛滥的城市，在“严打”中根据总理批示精神和公安部命令，市公安机关集中力量，几乎捣毁了全部地下卖淫市场，一大批靠卖淫和传播色情书刊为业的犯罪分子被关进了收容所。这些“毒菌”在阳光普照的世界里，他们的传播作用和影响似乎并不那么引人注目，可是当他们一旦获得便于滋长的土壤后，其传播能力十倍、百倍地在亢奋发展。市区的一个看守所收容了453名犯罪分子，这中间真正的淫乱犯罪分子仅十来人。但是，不到20天的收容期间，有人交代说，全所收容人员中起码有一半以上的人参加了鸡奸、手淫等性淫乱行为。此间，在中国不曾流行的同性恋，在这些收容人员中也大有市场。城区的一个看守所里，一个同性恋者听说他的“伴侣”要被枪决，竟然在看守所大闹天宫，结果本来最多判四五年徒刑的人一下成了死缓犯。

北京出现过类似的情况。但是，在这里，更突出的是帮派与帮派之间的公开决战。流氓团伙之间的你争我夺，在平时就十分严重。如今，“严打”一战，使得许多过去势不两立的帮派团伙一下拉到了面对面的对峙状态。8月6～20日的半月中，北京看守所内光发生帮派团伙间在狱中斗殴闹事就达近百起。最严重的一次，竟然有300多人参加，使得本已因人满成灾的收容所增添了更多困难。典型的事件是，19岁的国家建委一局四公司临时工、收容人员赵庆元，入狱当晚就被“老K”团伙的狱霸葛延庆、刘建华殴打致死。此事在犯人中引起轩然大波，京都市民们对此议论纷纷，影响甚坏。

在山东聊城地区，由于看守所大多是临时设置的，缺乏必要的防范措施，加之看守人员紧缺，有时一人一天上二十多个小时的班。人员情况本来就复杂的7个看守所，仅在8月份的十几天的时间里，发生犯人越狱和逃跑事件就达 116 起。担任看押任务的武警战士的枪是无情的，仅聊城一个地区在短短时间里，就有数名收容人员死在正式判决之前。他们中间有的罪行并不重，或许还能说说清楚就可以返家的，但本能的惧怕与抵触心理使他们迈出了犯罪的一步。

社会学家和专政机关对此评价不一。专政机关的理由绝对正确：尽管他们或许原来犯的罪不重，但当司法部门按照法律程序，履行公务时，追究对象有意拒绝或逃避法律就应该严惩。这些收容人员被抓后实施逃跑越狱行为是出于他们的本性，击毙他们无可非议。社会学家则坚持这样说，犯罪是由于社会环境所产生的压力的结果，犯罪者如同一种干酵母，社会环境是热气和水分，干酵母未遇到热气和水分之前是不会发生作用的。“严打”一下关了这么多犯人，而我们的公安司法机关在监狱和看守设置管理上没有跟上，导致许多收容人员能有外在原因触发他产生越狱逃跑等犯罪的动机，无论我们怎样强调当时的客观条件，但这个社会责任不应抹掉！

争执并不解决问题。严酷的现实摆在我们的面前：全国临时增设的看守所收容站 80% 以上不宜关押犯人。连日来，公安部一连接到北京、上海、广州、沈阳等市的报告，因防空洞倒塌、菜窖缺氧窒息而造成收容人员集体逃跑和其他非正常伤亡事故屡有出现。情况日益严重，各地纷纷请求、期待着上级的指示……

9 月 3 日：中华人民共和国主席第三、四号令

1983 年 9 月 3 日这一天，对当时全国在押的收审人员来说是最惊恐的一天。

清晨，中央人民广播电台的《新闻与报纸摘要》节目向全世界播送了两条重要新闻：

——中华人民共和国主席第三号令：9月2日第六届全国人民代表大会常务委员会第二次会议通过《关于严惩严重危害社会治安的犯罪分子的决定》，予以公布施行。

严惩的决定指出：凡流氓犯罪集团的首要分子或者携带凶器进行流氓犯罪活动，情节严重的，或者进行流氓犯罪活动危害特别严重的；故意伤害他人身体，致人重伤或者死亡，情节恶劣的；或者对检举、揭发、拘捕犯罪分子和制止犯罪行为的国家工作人员和公民行凶伤害的；拐卖人口集团的首要分子或者拐卖人口情节特别严重的；非法制造、买卖、运输或者盗窃、抢夺枪支、弹药、爆炸物，情节特别严重或后果严重的；组织反动会道门，利用封建迷信，进行反革命活动，严重危害社会治安的；引诱、容留、强迫妇女卖淫，情节特别严重的均可在刑法规定的最高量刑以上处刑，直至判处死刑。

在押者无不惊恐万状。一个老流氓分子绝望地说："我那点事，要是过去也就判个十来年的刑，这下可算一栽到底啦！"

——中华人民共和国主席第四号令：9月2日，第六届全国人民代表大会常务委员会第二次会议通过《关于迅速审判严重危害社会治安的犯罪分子的程序的决定》予以公布施行。

决定指出：一：对杀人、强奸、抢劫、爆炸和其他严重危害公共安全应当判处死刑的犯罪分子，主要犯罪事实清楚，证据确凿，民愤极大的，应当迅速及时审判，可以不受刑事诉讼法第一百一十条规定的关于起诉书副本送达被告人期限以及各项传票，通知书送达期限的限制。二、前条所列犯罪分子的上诉期限和人民检察院的抗诉期限，由刑事诉讼法第一百三十一条规定的10日改为3日。

用犯罪分子的话说"这是不让人说话，判啥就是啥"。这可急坏了那些有关系的"高贵犯人"。3日！这哪来得及，打电话还得花一两天时间呢！

《新闻和报纸摘要》节目还未播完，全国几千所监狱，看守所顿时一片混乱，叫喊声、嚎哭声，汇成一片……

“哥们儿，快听广播。”哈尔滨第一监狱一个戴着眼镜的犯人一把拉住一位身材高大的同伙。

“扯什么蛋，老子从来不听广播，那都是放屁的门儿——没人闻。”

“死到临头了还那么硬，可我算完啦，家里还有一个有病的老母和两个没成年的妹妹，呜呜……”“眼镜”突然大哭起来。

大个子犯人鼻孔一扇，不屑一顾地瞥了下“眼镜”，心想，怕什么，该枪毙的前几天都拉出去了，咱无非是作作陪客，老子5年前也因拦路抢劫，被判了3年刑，这一次算赶上了。大不了也判个三年五载的，多说些7年吧！哼，那时老子出狱还不到30，哈尔滨依然是我的天下。他自鸣得意地在附近的监室窗外晃荡溜达着，奇怪的是，他发现所有的同伴们个个耷拉着脑袋，连平时他最崇拜和佩服的“太阳岛神”——那个单枪匹马抢劫一车人的“英雄,”此刻也龟缩在墙旮旯，一声不吭。

“喂，岛神，你今天是怎么啦？”他隔着铁窗颇为关切地喊着。

“榆木疙瘩，你没听广播里在说啥？”对方没有好气地回敬道。

广播？广播里到底是怎么说的？大个子这才真的用起心来，跑到那只大喇叭下面：

“……为了尽快把社会治安整顿好，根据宪法和法律，根据党中央、全国人大常委会、国务院的一贯指示，我们必须纠正打击不力的偏向，强有力地行使专政职能，将那些对社会危害大、对人民安全威胁大的刑事犯罪分子，依照法律，该逮捕的逮捕，该判刑的判刑，该劳教的劳教，该注销城市户口的注销……”

“注销城市户口？注销城市户口，这不是一辈子全完啦吗？哎哟我的妈、呜呜……”大个子犯人或许是第一次这样认真地听广播，或许是第一次心灵上受到如此沉重的打击。打这天起，大个子一下像矮了半截，再也没有力气从狱室的水泥地上站起过一分钟，整日两眼呆滞地瞅着那块掉了白灰的泥墙。

人大常委会9月2日的决定在几十万在押犯人中所产生的震动非一两句笔墨所能形容。一位当时在上海第一监狱工作的朋友告诉我，他那里关押的犯人，除去处决的人外，大部分是死缓和重刑犯。9月3日《决定》广播后，所有的犯人都像热锅上的蚂蚁，恐惧与绝望之心使得他们惶惶不可终日，纷纷让看守人员解释“九三”《决定》的有关问题。我的朋友说：这些“三盲”分子（文盲、法盲加流氓）平时不看书不读报，可那几天情况截然不同，几乎70%以上的犯人能把《决定》内容一字不漏地背下来。“晚了，要平时阿拉也能这样多看看报，听听广播就不至于到这个地步！”一位犯人后悔地说道。这个犯人很有代表性。因此，当看守人员向犯人解释政策时，被判有期徒刑的犯人纷纷要求“立功赎罪，争取宽大处理”。有趣的是一部分开始骂这次“严打”干的“比国民党还国民党”；“比‘四人帮’更凶恶”，整天喊屈叫冤的犯人，打这天起再也听不到他们瞎嚷嚷了。一位名叫周放的犯人，是个“三进宫”的坐牢油子。“严打”那天抓他时，周犯根本不在乎，手铐戴上时这家伙竟然提出“今晚还有个约会，高抬下贵手吧，明朝阿拉保证自己到市局去报到！”这几天他可打不起精神，终日趴在床上冒冷汗。看守人员以为他病了，赶忙请来狱医，谁知周放突然从床上跳起来，边哭边嚷道：“阿拉的病啥人也看不好！我、我怕注销户口呀，呜呜……”

应该说，党的这次“严打”战役是英明果断的，政府在对犯人的处置上也是棋高一着，大得民心的。国外一位颇有声望的犯罪心理学家曾对美国的犯罪因素作过一次调查，材料证明，80%以上的犯人的犯罪历史具有连续性，尽管政府采取措施，在他们重新犯罪时一次又一次地将其送入监狱，但这些人的犯罪行为和手段不仅没有收敛，相反犯罪的频率与危害程度更快、更大。他举例说明，加利福尼亚州有个现年54岁的名叫肯尼的杀人犯，1974年至1985年间，他先后残害了7名儿童和妇女。在最近的一次杀人事件中，肯尼的手段之残忍令人发指。可是，警方翻开他的犯罪档案一看，肯尼17岁第一次被关进监狱时，是个连见了血都害怕的"懦弱性犯人"，当他第二次入狱时，肯尼已经变成了一名技术高超的惯偷。据他供认，他的这套"本事"是在第一次入狱期间跟一个老惯偷犯学的。当1978年他第四次入狱时，肯尼已经变成了残忍、五毒俱全的家伙了。肯尼得意扬扬地对警方说："可爱的监狱使我每次都能学到一手绝招。我得感谢那些送我入狱的警察先生们，我进了几所不要学费的大学。"

这个犯罪学家由此得出结论说："监狱常常是暴徒的训练基地和滋长罪恶的温床。要根治犯罪分子的犯罪习性，环境的作用有时比什么都重要。"

中国的监狱以改造和转变犯人的思想和本性为最终目的。但是，我们并不排斥像上述这位犯罪学家所提出的那种现象。全国人大常委会的《决定》，使得那些赖以在城市生存的罪犯从此失去许多纵欲犯罪的可能。难怪当他们听到广播后如此恐惧和惊慌，仿佛从此途涉末日。

"他们一举手，咱们全完啦！"

"反正完啦，干脆，咱们合起来闹他娘个天翻地覆。"

"得了得了，不看看什么形势，还折腾啥？"

"软蛋一个，老子先宰了你！"

"你敢……"

监狱内充满了火药味，一触即发。

“我早告诉你，他根本没有权利享受党所给我——一个副团级干部的待遇！可你偏偏说孩子大了，‘文化大革命’中又受苦了，该有些方便啰……哼，看，现在等着一辈子去啃黄沙吧！”

“你说得好听，当时你离开军区，退居二线时，小军（他的儿子，一个利用母亲留给他的高级住所进行流氓犯罪的团伙头目）连半间房子都没有，让他住大街？”

“住大街总比坐大牢强！”

“这么晚了，你到哪儿去？”

“上公安局……”

“公安局？啊，快去吧，公安局小张是你的警卫员，给他说说，多判几年刑也没关系，可别把咱小军的户口注销！”

“恰恰相反，我是去催小张把你那个宝贝儿子的户口第一个吊销！”

“啊，咱就一个儿子了，你让他去了，咱可怎么活呀？死老头，我跟你拼了！呜呜……”

将军好容易按住闹得死去活来的老伴，抬头瞅着墙上挂着的那幅与儿子合影的照片，那颗渡江战役中受伤的脑袋又开始了发作。顿时，这所别墅，这个家在飞旋、坠塌……

上海。闸北区苏州河畔的一间又狭又矮的油毡房内。刚上一年级的6岁儿子兴冲冲地拿着一份公安局的通知书，跑来找他年轻的母亲。

“妈妈，什么叫注销户口？阿爹做啥要到新疆去？阿爹又去上山下乡啦？阿爹真神气！”不懂事的儿子趴到墙上摘下一个书包，背在肩上，大声唱道：“知识青年上山下乡，很有必要！很有必要……”

“阿拉看侬还唱！看侬还唱！”儿子不明白从来连屁股也不拧一把的母亲为什么今天如此凶狠地毒打自己。儿子啊，你太小，你哪里知道母亲的心此刻正在流血……

是的，他们两人都是知识青年，又是一起报名到新疆插队落户的，那时多光荣！多激动！他是一中的领队，她是铁中的女高音，充满激情和高昂的口号声，使两人肩并肩地站在了一起，落在了一个建设兵团连队，在哈密瓜地里第一次接吻……1979年，已经做了夫妻的他们一起回到了上海。长久的物质与精神的饥渴与贫困，使他回城后一下感到自己缺了许多东西，于是，他开始利用自己积存了多年的“粒子”，向各个阴暗角落和罪恶之渊施放着物欲和性欲的所有能量……她用妻子的温情和女人的眼泪，一次一次地规劝、恳求，可他不听，最终成了“严打”的对象。那天晚上，她突然做了个噩梦，魔鬼举着大刀要掏她的心肝。惊醒后，她似乎感到不幸即将降临。第二天一清早，她刚刚打开门，两个拿手铐的警察已经站在门口，向她亮出逮捕证…

犯属王淑贞：

你丈夫刘义忠因犯流氓罪被判处15年有期徒刑。经政府批准，决定注销其城市户口，请你接到通知后速到派出所办理有关手续。

上海市闸北区公安分局

1983年9月8日

这一天，全国有万数以上的居民家庭接到这样的通知……

奇异的告别仪式

世上有多少悲欢离合，有多少催人泪下、撼慑心肺的壮别。在古今中外积如高山、荡似大洋的书海史册中，人们可以读到征夫与妻妾间的战争离别情；可以读到少男倩女间的鸳鸯离别情；

可以读到父子、母女间的离别情；可以读到壮士、战友间的同志离别情。然而，却很难找到一篇记述罪犯与家属间的离别情。

1983 年，我耳闻目睹了这种不寻常的离别情。

根据人大常委会决定，司法部会同公安部门，做出了将若干大城市在“严打”中判处的死缓犯和无期徒刑等重刑犯遣送新疆的决定，被遣送犯人一律注销城市户口，这将意味着他们永远离开生他养他的故乡，离开那往日的亲人，到遥远的西域漠国渡过残生！

“残忍，真是做绝了！”

那时，我国的开放政策正处起步之际，国外一些别有用心者对我国政府的这一决定大肆攻击，美国的《纽约时报》、合众国际社的《美国之音》趁机打劫，整天在那里“吱吱哇哇”地造谣惑众。

国内也有一些人说三道四。但党的这一决策是符合广大人民利益的，亿万群众无不拍手称快，包括那些犯人的亲属，也纷纷举手拥护，一位犯属说：“送到边疆好，留在城里早晚是个祸害，害社会不说，咱家里人也折腾不起了。一人犯罪，全家不得安宁，这种日子可不能再下去了。”

人非草木，一个正直的法官他可以当众挥笔处决自己的亲生儿子，却无法掩饰骨肉分离的悲痛。一个慈祥的母亲为了平衡良心的天平，能毫不犹豫地将有罪的女儿送至监狱，却难以填补心灵深处的空白。

这是个炎热的月份。树头的知了“嗷嗷”地吵嚷着，好让人心烦哟。白露都过 6 天了，天还是那样闷热闷热的，哪像关外沈阳的天气。

“妈妈，快 10 点了，咋还不走啊？”6 岁的独生儿子摇着母亲的双手，不停地催促着。从早晨起来，他几乎每隔几分钟这样催一次。

"就你急、急，妈还没有把东西准备好呢！"这位名叫肖丽的年轻母亲不耐烦地甩开儿子的双手。儿子哭了，母亲又忍不住地上前抱起他，紧紧搂在怀里……

"妈，你哭了？！别哭，敏敏不催妈妈了，啊！"儿子胆怯地用小手为母亲擦着眼泪，可他怎么也擦不干，那泪泉就像两条小河似的……

肖丽是昨天下午接到市公安局通知的，她的丈夫——那个不争气的东西（她这样骂他），将在后天晚上与他的七百多名被判处重刑的"狱友"离开沈阳，踏上西域之路，今天上午，看守所特地举行一次犯人与犯属见面告别会。公安部局是鉴于以下情况考虑的：谁都有骨肉情分，被遣送的犯人或许是再也回不了这块故乡的土地，让他们与亲人有一次团聚的机会吧！同时，这些在法律——枪口下免了一死的犯人们将面临更艰难的长期考验，需要亲人的安慰与帮助，一句临别前的叮咛，或许会给他今后的生活树起一叶希望之帆。

昨天下班还未掏出钥匙，就见楼道里有位警察等在那儿。

"你是肖丽同志吧？这是通知书，希望你明天一定到场！"警察递过一片白色的纸，转头就下了楼梯。

惨白惨白的，是死亡通知书？

自从丈夫那天被抓走后，肖丽的心跟着也死了，她不想再见他，这辈子全给他毁了！要不是为了孩子，她或许在"严打"的第二天就拿起"敌敌畏"去见上帝了。她受不了单位和街前宅后的一双双刻薄和鄙视的目光，更受不了灌向耳边的一句句胜过利箭的话语。

"她的男人是个'窖孔'，连婆娘的香水，奶罩都往回扒哪！"

"难怪，他瞧她老婆又白又嫩，原来都是靠男人划圈养肥的！"

"可不是，咱一个夏天才换不过三套衣裙，她呀，一天就得换三身……”

她恨死这些烂舌根的，每当听到这些窃窃私语时，恨不得上前拼个你死我活。咱皮肉白嫩是娘肚里带来的，咱衣衫多靠的是挣来奖金买的……可她纵有千万张嘴，都辩不清半句是非，谁让自己的男人不争气，当初她就反对他说的“要富大家都富”的话。咱当工人的，拿钱过日子就行了，跟人家有权有钱的人攀比干吗？他不听，结果陷入了罪恶的深渊而最终不能自拔。她恨他，被抓的那天起就希望政府把他毙了得了。而且她早听人家说，这次“严打”被抓进去的人十有八九逃脱不了枪子，别说他还是个沈阳“金库大盗案”的要犯呢！

他竟然没有死，而且还要被遣送到新疆，公安局的通知书分明这样告诉她。罪孽！他得坐一辈子牢，而我就得当一辈子犯属！瞧这多难听的称呼？作为犯属，她忍受得了一时的生死之别，却忍受不了终身的分离之苦，她恨他，恨得咬牙切齿。可是，当那份像讣告一样惨白的通知书捏在手心时，她的心蓦然一颤，犹如死灰复燃。他没有被枪毙，她的男人还活着，孩子还有爸爸！

她的心中产生了一线希望：给他一个求生的机会，他是能变好的，妻子比谁都了解自己的男人。尽管他的皮肉生了蛆，但骨子里还没有坏。对，得见他一面，而且要好好告诉他，女人没有男人的悲惨，儿子没有爸爸的凄凉，一个家庭失去了主心骨的凄苦……

这一夜她没有睡，把所要说的话编织了一筐又一筐，她发誓明儿个见面时绝不能漏掉一句话，因为这些话对她，对他，对他们的儿子的现在和将来都太重要了。

第二天不到四点钟她就起床了，她把他爱抽的“人参烟”和两瓶“老白干”都准备好了，并且特意亲手烤了他平时最爱吃的二十块葱油大饼……六点半，她把儿子叫起，说该走了，咱们第一个去见你爸爸，可等儿子洗漱完毕、吃完两碗玉米粥后，她却又犹豫了起来：到底去不去呢？不知别的犯属是否也去？单位和宅前街后的人见了是不是又要议论我没有划清界限？唉，这……

“妈，都十一点了，再不去就晚了！”儿子已经催得不耐烦了。

是啊，说的是上午会面。肖丽咬咬嘴唇，“噌”地从椅子上站了起来，一手拎着皮包，一手拉着儿子出了家门。

会面的仪式是在沈阳第一监狱旁边的一片树荫下举行。肖丽万没想到当年曾与王忠林（她的男人）恋爱幽会的场所，如今成了他俩生死离别的地方！老天，你多会捉弄人哪！肖丽的眼泪一下涌出了眼眶。

这种热闹场面是前所未有的。远远的，肖丽就见成群结队的人儿朝那儿走去。从其神色，从其装束，从其手提肩挎的一样样物品看去便知他（她）们同是些犯属，而且几乎都是全家出动，老幼同行。肖丽看到那中间有七八十岁的老太太、老爷爷，也有中年男女，二三十岁的姑娘、少妇，十几岁，甚至更小的男孩、丫妹子，他们、她们大概也都是犯属，或许是犯人的父亲、母亲，或许是妻子、情人、兄弟姐妹，肖丽不再感到耻辱和孤独了。她拉着儿子挤进了人流之中……

这里像个庞大的洽谈处。一切可能占有的地方全被占去。所有的犯人都被戴上手铐脚镣，他们被按号指定到一个地点与亲人见面。真难形容这种场面：痛楚的、悲伤的、怨恨的、后悔的、绝望的、兴奋的、无所谓的……一切都有。

对着门口的第一只方桌上围着六、七个人。老的白发苍苍，小的是两个不足十岁的男娃。犯人是位理着光头的年轻小伙子，他因奸淫幼女犯曾判死缓，站在他旁边的父亲和那个姐姐显然为自己的儿子和弟弟犯这种罪曾感到愤恨与惭愧，连句话都不说。他的妈妈同样不说话，只是在一边不停地流泪，这位犯人曾在别人面前毫不羞耻地吹嘘抓“鸡仔”的本领，可在自己的亲人面前他抬不起头来。除非是弗洛伊德先生，谁也不会宽恕他的这种罪行。此时，只有他的奶奶搂着他的头，老泪纵横地说着："崽子，要是当初你妈听我的话，给你找个姑娘也不至于今天……我的孩子，奶奶从小就最疼你，你四岁那年赶上了一场病，饿得干瘦干瘦的，你爹娘又在外地，城里又闹着武术，奶奶没法子，只好每天到垃圾堆上捡破烂，卖三四毛钱，换回几个鸡蛋给你煮。崽子，你可知道，奶奶整整拣了半年破烂才把你喂得胖胖的，你娘回来问俺给崽子吃了什么好东西，俺说是咱崽子命大福大。这回，你爹娘都说法官会判你立即执行，可俺说，你命大福大，奶奶还能见得着你，这不，崽儿你还好好的……"

"奶奶，我对不起你呀"，"呜呜……"孙子在祖母的怀里号啕大哭起来。命大福大，难道没有被"执行"就命大福大，难道去那个荒无人烟的戈壁滩苟延残喘就是命大福大？不，奶奶是宽慰我，让我从绝望中解脱出来，看到生活的希望……啊，好奶奶，可惜我再也看不到您啦……他哭得更加痛心。

在旁边的另一个犯人却完全不同。没有眼泪，没有悲伤，相反，脸上总挂着若无其事的神色。似乎他是个了不起的英雄。那哭哭啼啼的样儿简直是给哥们儿丢脸。大丈夫刀搁脖子脸不改色心不跳。那李玉和是怎么唱的？"临行喝妈一碗酒，浑身是胆雄赳赳"，对，咱也来一碗，不，来一瓶！他抓起桌上的一瓶原装"杜康"——肯定又是老头儿从宴会上拿回家的，喝！

"喝喝喝！喝得险些把命都送了，你还喝？"旁边的一位干部模样的中年男子生气地夺过酒瓶，转头对旁边的中年女人愤愤地说："我早说让你别带这玩意儿，你还嫌灌他不够？"

一边抹着眼泪的中年妇女听了此话，泪水更加急剧而下，冲着男子说："就你狠心，这一辈子他还能喝上几次家里送的酒？"

"瞧妈说得多有情分，不错，老头儿，前几年我是喝了您从单位里拿回的不少酒，可我没说一句感谢您的话，今儿个，我一去不回了，再也喝不上您的酒了，我也希望您不要再往家拿酒了，因为您已经足足灌醉了一个儿子。哈哈，说这些干吗，你堂堂局长大人比我会讲革命道理，我倒得要好好谢一声妈，临行时还能想到儿子的嗜好。”他又一次抓起酒瓶，咕嘟咕嘟地痛饮起来。“哈哈……谢——谢——妈！”

“走，让这个畜生去沙漠一醉方休吧！”当局长的父亲气得浑身打颤，一把拉住老伴就要走。

“等一等！”母亲心软，回头忙从兜里掏出几张“大团结”，塞到宝贝儿子手里。“儿，妈再也照顾不了你，自个儿多保重啊！”

儿子眼睛朝天，心安理得地接过钱，装在一只烟盒里。

——他是丈夫，又是父亲，从他青春焕发的脸上可以看出作为丈夫和父亲的日子并不长，怀中抱有一个不足10个月婴儿的年轻妻子靠在他的身边，而他却满脸愤愤地别过身子。

“我不想见你……你们！”

“你的心一直就这么狠！呜呜……判了死刑还那么嘴硬。”

“是的，我是死缓——缓期两年执行，所以你们用不着再来见面。”

“你，你就甘心丢下咱娘俩？你不能改造好，忍着性子，争取立功赎罪？”

“哼！改造？赎罪？像畜生一样俯首听命10年、20年、30年？……我做不到！我做不到！”他性子暴烈，生来就不甘屈服。他的犯罪也仅仅是因为一件小事而一时冲动杀了人。烈性又使他咆哮，怒吼。

“你去死吧！去死！呜呜……”泪人似的妻子心一横，抱起孩子呜呜地离开了他。

“走，都走，就剩我一个人，剩我一个人……”他俩眼发直地盯着妻子远去的身影，嘴里不停地自言自语着。“扑通！”突然，他从长凳上滚了下来……

“快快！”快抬到医务室！几名警察七手八脚地抬起犯人。

“爸爸，那个人怎么啦？”一旁有个孩子好奇地问他的爸爸——同是一名犯人。

“他……他害怕到新疆。”爸爸轻轻地说。

“干吗害怕呀，新疆是个好地方，不信？你听，我们托儿所的阿姨教我们唱这首歌呢！”天真的女孩，脱开父亲的怀抱，边舞边唱起“吐鲁番的葡萄熟了……”

“燕燕——！”爸爸猛地把女儿拉到怀里，失声大哭。

“爸爸你怎么啦？你也害怕到新疆吗？那我和妈妈一起跟你到那儿去，咱们去摘好多好多的葡萄好吗？”

“燕燕，不许你胡说！”燕燕“啪”地被妈妈打了一巴掌。女儿“哇”地哭起来。

妈妈跟着哭了，爸爸（犯人）跟着哭了，一家三口抱头靠在桌子上“呜呜”痛哭起来……

顿时，整个探监场内一片哭声……

原定的告别仪式只得延迟了整整两个小时。

夜幕下的行动

扳道工老梁在北京永定门车站干了整整 20 年，他没有一天离过班，没有出过一次差错。就是在“武斗”激烈的“文化大革命”年代，他也照常举着一盏巡道灯，安全地迎送一列又一列火车。今天早晨起来，他突然感到一阵剧烈的心绞痛——这是怎么啦，以前可没有痛过呀！老梁捂着心口，额上冷汗直滴。

“孩子他爹，你今天是怎么啦？”老伴吓得忙从蚊帐里跳下床，给他端来一杯“凉白开”。

“小虎他娘，我……今天好像上不了班了，心头闷得好难受……”老梁拉住老伴的胳膊，双手直哆嗦。

“那你就休一天吧，我给你们站长请假！”

“可我没有病呀，你知道，我的心脏一直是好好的！”他不甘心地想从床上支撑起来，可觉得四肢发麻，怎么也直不起身来。

“唉，人上年纪了，还能像以前吗？”老伴的鼻子一酸，泪水也涌了出来。

是的，老了！自从宝贝儿子被逮起来的那天起，老梁一下感到自己突然老了，眼睛花了，手脚也不麻利了！那天中午，他正在当班，因为惦着独生儿子的事，差一点忘了从石家庄开来的那趟车的扳道。打这，老梁忽然觉得自己好像不再适合当扳道这个差了。当天下班后，这位连年被评为“先进生产者”的老扳道工跑到工段长办公室里，对领导说：“求你办一件事，给我办退休手续吧！”

“老梁，你这是怎么啦？”工段长困惑不解。

今天，他尽管躺了一上午又一下午，可他总预感今晚车站要发生什么事。傍晚时分，他不等老伴下班回家，就搭上 20 路公共汽车，来到永定门，怎么啦，往日人流不息，喧喧嚷嚷的车站今儿个为什么不见一个来往的旅客？倒是站满了腰佩警棍、手握钢枪的公安干警、武装警察。三步两岗，好不森严！一定出了什么事，而且是件非常大的事！

老梁没有猜错。今晚，永定门车站将执行一项特殊的任务——首批遣送新疆的 720 名犯人将在此登车启程。这一天是 1983 年 9 月 17 日。

根据党中央决定，为了严厉打击刑事犯罪分子，稳定“重灾区”的政治局面和社会治安，全国人大常委会要求公安部、司法部必须以最快的行动，最稳妥，最安全的保证，完成这次新中国成立以来最大规模的长途押解任务。落实这次任务的具体省、市有北京、天津、上海、辽宁、河北、山东、河南、江苏、安徽、湖北、湖南、福建、广东、四川十四个。成千上万名死缓、无期徒刑和十年以上的重刑犯将被遣送到新疆。

“必须保证绝对安全！”中央对这次行动一再这样强调。毋须解释，这一任务的本身就是一场严肃的艰巨的战斗。它对捍卫“严打”战役的结果，对整个国家安定团结的政治局面和四化建设都有特殊的影响。况且，那些在“严打”中漏网的犯罪分子——他们中间许多是被判刑犯人的“铁哥儿”“把兄弟”，这些人的疯狂气焰、报复之心不可低估！有人早已写信、打电话给公安部门公开声称要“组织力量，劫持囚车，营救落难兄弟们”。公安部有材料掌握，社会上仍有上万名流窜犯在猖獗活动。他们蓄意制造事端，进行报复，这还不算那些隐藏着的犯罪团伙的力量！百姓们自然不会了解这触目惊心的敌我较量，更何况，被遣送的犯人中有70%以上的家伙对押解新疆有明显的抵触情绪。他们中暗里串通，企图暴动者有之，妄想杀害押解人员，趁机半途逃脱者有之；准备决一死战，铤而走险者有之。

公安部、司法部，还有铁道部领导的心头像装了铅一样沉重。

担负首批押解任务的北京公安局、北京武警总队领导的心里似乎更加沉重，因为这里是共和国的首都，稍有不慎，将会产生不堪设想的后果。

以前，押解犯人是用像装货一般的专用囚车。但这次不行。路途遥远，捆绑在一起的犯人顶不住不说，就是押解人员也难以坚持到底，最后经中央批准，改用普通客车专列。有关部门突击在客车上安置了防逃、防爆等装置……

从何处上车，这又是个棘手的问题。在郊区临时设站？人多路远，警戒困难，难防突变，此计不宜！有人提出北京站条件最好，可否在那儿上车。不行，北京站日夜人流不息，多达十万以上，且囚车进站至出站的几小时间，将有二十多趟列车须作调整，会直接影响全国铁路的正常运转。且从关押犯人的北京第一看守所到北京站，必经前门、长安街、天安门、王府井等首都闹市和中央党政机关要地，此举同样不宜。

永定门！永定门车站离看守所近，且晚上 8～11 点期间，仅有三趟客车靠站，稍作调整，即可解决。更有利的是此处靠近北京南市郊，人流与车辆是北京站的 15%，而其车站面积足可吞吐 2 万余人和 300 辆“大客”。对，天时地利，永定门站最佳。市公安局、劳改局上报公安部、司法部。回答：同意。

一切准备就绪！

13 日，北京市公安局指示武警北京总队组织押解部队。总队党委连夜召开紧急办公会议，宣布成立押解临时指挥部，并决定抽出军政素质过硬的机场警卫支队四中队和四九队二、三大队的部分官兵组成押解部队，由总队参谋长、四支队长、政治委员统一指挥。

14 日，担负押解任务的武警四支队召开党委扩大会，作战前动员。

15 日，北京市委、市公安局、劳动局、武警总队、北京铁路分局、永定门车站等单位召开联席会议，确定行动步骤。

16 日，监狱向犯人宣布遣送新疆人员的名单，当场有三名罪犯晕倒在地，绝大多数犯人表面上接受政府调监，但心里极为不满。有人要求同家人、亲属告别一下。经请示答复：一律不准。

17 日中午，犯人整理日用品，集体办理托运。每人发一只食品袋。下午两点开始，挨个接受安全检查。当场搜出匕首、水果刀、钢锯条等危险物品五十多件。

17 点，晚饭提前开始，饭毕，看守人员给犯人戴上刑具。普通犯人每两人合戴一副手铐，重刑犯“特别优待”，单人独占手铐脚镣各一具。

19点开始上临时作囚车的客车。19点40分，北京市第一看守所数十辆囚车同时启动，向永定门车站进发。囚车像长龙似的通过大街，14辆警车前后鸣笛，围观群众挤满了街道两侧……

与此同时，整装待发的专列驶入火车站。

三百多名武装警察和公安人员迅速封锁了车站所在路口要道。20点30分，犯人在全副武装的公安、武警战士监视下，陆续登上押解专列，对号进入车厢。

公安部、司法部、铁道部、北京市委领导，武警总部李司令员、北京公安局长高克等来到现场，与押解部队指挥员一一握手，询问战况。

21点整，押解总指挥、北京市劳改局长宋干斌向押解部队和专列车长发出启程命令——

“呜——”蓦地，专列一声长鸣，在雄壮的进行曲中徐徐驶出车站，渐渐地消失在黑色的夜幕之中……

“儿子！儿子——”突然，送站的人们听到一阵撕心裂肺的惨叫声，只见轨道上有盏巡道灯在忽闪着。人们上前一看，发现扳道工老梁倒在站台的末端……

他的儿子刚刚从他身边走过。

在相近的日子里，沈阳、天津、石家庄、济南、开封、南京、合肥、武汉、长沙、福州、广州、成都等市的一列列满载囚犯的专列也相继向西域驶去……

第三章　地狱与天堂之旅

“呜——”列车带着铿锵的节奏，向西驶去。“严打”战火燃烧后的都市恢复了宁静，而万里铁道线上的战幕却刚刚拉开……

入座者并不对号

“快看，长城！长城！”

沉闷的车厢里，突然有人叫了一声，于是，整个囚车活跃了起来，犯人们个个伸长脖子，眼睛转向夜幕中的巍峨群山。那起伏的长城，雄伟的八达岭，在往日，或许有人开着“奔驰”专车请这些人去，他们也不一定“赏脸”。今天绝不一样，没有一个人不是瞪着眼珠，全神贯注地死死盯着，仿佛要把长城刻在脑神经的每一条沟沟洼洼里。他们知道，这一生也许再也见不到它了！

“天啊，总算出了首都！”这里是另一个车厢。这趟车的最高指挥官，武警总队李东山副总指挥长长地松了口气。他解下腰间的手枪，疲乏地倒在了一张临时搭起的小铺上……不易呵，要在伟大首都北京市中心一下转移这么多的重刑犯，历史上是第一次。何况，社会治安尚在不稳定之中。趁着刚刚松口气的间隙，李副总指挥随手从一叠厚厚的档案中抽出一本轻轻地翻了起来。这是一号车厢的犯人档案卡——

赵　刚　24岁　杀人犯　死缓　捕前系海淀区某厂工人；

李小卫　21岁　强奸犯　死缓　捕前系国家某科研单位资料员；

邱光明　22岁　盗窃犯　无期徒刑　捕前系东城区某宾馆服务员；

张　军　19岁　杀人犯　死缓　捕前系丰台区某建筑公司工人；

马建民　17岁　纵火犯　无期徒刑　捕前系朝阳区

待业青年；

……

副总指挥“啪”地将档案袋扔在了茶几上，茶杯里的水溅了一地……

歹徒！畜生！亡命徒！如此小的年龄，竟一个比一个凶残，暴虐！我倒要看看都是些什么嘴脸，难道他们不是吃娘奶长大的，而是吃的豺狼胆，对，到一号车厢！

他走了进去。“谁是赵刚？”

车厢内的劳教干部指了指第三排靠窗口的那个犯人。

一定是个满脸横肉、充满杀机的家伙。那张判决书上说，此人三年前曾与中科院的一名女打字员恋爱，后因女方的父母嫌其是工人而不愿让女儿与他保持关系。赵犯从此怀恨在心，1981 年至 1982 年间，曾先后多次冲到女方家，扬言“杀个鸡犬不留”，闹得姑娘全家被迫连搬三次家。1983 年初，赵犯又一次获悉女方的新居宅后，趁着夜色，带上两把菜刀，闯进姑娘卧室，将姑娘的父母、弟弟从被窝里拉出来各砍数刀，然后扬长而去……副总指挥盯着那个光瓢一般的头颅，想象着杀人犯的狰狞之容。

怎么，是他？——一张憨厚的脸，一副老实巴交的样儿！这……怎么可能呢？但他确实是赵刚，一个险些“立即执行”的杀人犯！

“李小卫？！”

他讨厌这类犯人，那都是些体魄强健，欲壑难填的色狼。以暴力满足自己一时的性欲，使受害者终身戴耻抱恨，甚至绝望轻生。“吃饱了撑的！”老百姓的话不是没有道理。在挖野草、吃糠皮的困难时期，就不曾听说有几个拿女人去泄欲的。而今，富了，钱多了，物欲不再重要了，性欲成了某些人的第一需要。有人能不惜代价，不择手段，利用黑色的夜幕，显赫的地位，富有的财产，甚至在光天化日之下，都敢施暴泄淫。不分对象，不管人伦，不讲天良。李小卫该是个什么样的强奸犯？判决书上写得很简单："1983年1～3月，他先后5次独自潜入某工厂的女浴室，奸淫和猥亵4名妇女，其中2名是少女……"

"见鬼，哪像只狂暴的色狼、倒像只窝囊公鸡！"副总指挥又厌恶又惋惜地凝视着13号座位上的那个小鼻子小脸、两眼皮耷拉着的李小卫。真不明白这号窝囊货竟有哪般力量和能耐去搞女人！答案或许只有从"心理意识"理论的鼻祖弗洛伊德那儿能找到。老先生认为，人的基本欲望是寻求欢乐与逃避痛苦，当趋乐避苦的动机和行为受到挫折时，攻击与侵犯便成为一种最原始而普通的反应，如果个人的需要和欲望不能满足时，便产生了一种挫折感，将挫折感转变为攻击方式去对待他人和社会，便产生了犯罪。李小卫生来就是个见了大姑娘就脸红的"软蛋"。他的防御力太差了，小学时连女生都敢欺负他。后来他长大了，外表与其他的小伙子无大的区别，唯独见了异性就心惊胆战，说话也不利落。他为此苦恼。到过许多医院，诊断结果，一切正常。姑娘们没有一个愿意和他在一起的。他感到世上没有再比自己更自卑的了，常常独自一人躲在阴暗角落里试验着男人的功能。一天，他无意中听到一个关着灯的小窗里传来女人的嬉闹。他好奇地上前一看，原来是个女浴室。突然间，他浑身火烧火燎，爆发出一股前所未有的勇气。他借着月光，破窗而入……仅仅几分钟后，他突然感到自己是真正的男子汉。从此，他激动得夜夜睡不着觉……中国的法院很少为李小卫这样的"病人"会诊过。自然，身为军人出身的副总指挥更难了解这只"窝囊公鸡"的病情。

"张军！"

"到！"17号座位上，"嚓"地站起一个浑身散发着青春活力的小伙子，随即是一阵“丁零咣当”的响声。死刑缓期执行者一律戴着手铐脚镣。

“张军，你为什么要杀人？”囚车上本不该问这个，可他实在憋不住了。

“报告政府，因为那小子侮辱了我的父母。”杀人犯理直气壮。

“所以你就杀死了对方？”

“是的！”

这小子！要不是犯了死罪，副总指挥真想上前拍拍他的肩膀，说：“跟我当兵去吧！瞧那气昂昂、虎威威的模样，准是块好料！唉，可惜哟！”

“你不知道杀人是犯法，要抵命的！”

“我知道。”

“知道还这样！”老头子火了，那火中分明带着爱怜之情。他想起了自己的儿子——一个与这位死囚犯一般个头、一般年龄的待业青年。儿子也常常这样，明明知道是件不值得赞赏的事，可他偏偏去做。他真不明白如今的年轻人是一种什么样的思维方式，连犯罪也是清醒和有意识的。

那个名叫马建民的犯人，整个样儿就是个毛孩子，满脸稚气，两眼圆溜溜地瞪着眼前这位年长的警官，内心充满着恐惧之感。

无期徒刑！这就意味着他的一生将在监狱里度过。那要多长时间，十年？二十年？半个世纪？或许更长……“唉——！”副总指挥的胸口闷得发慌，他真想把法官找来，说一声：“干脆给他一粒子弹，干吗让他一辈子活受罪！”

“报告长官，饶命吧，我有罪！我有罪……”罪犯突然举起双手，向副总指挥畏惧地哭喊着。

“判决那天起，马犯常常这样疯疯癫癫。”

“让医生检查过没有？”

“检查过，一切正常。”

“正常？你再看看这车厢里的所有人，一个一个地看！”他自己也不知从哪儿窜出的一股无名火，瞪了部下一眼，“呼呼”地出了一号车厢。

不，太不正常了！一号车厢的70名犯人中，17～30岁的就占85%，其中死缓犯18名，无期徒刑的27名，其余的也均是15年以上的重刑犯。在“严打”的战役中，人们庆贺挖出了一个又一个犯罪集团，在愤怒与欢呼声中将一批又一批罪犯绑赴刑场，送至监狱，然而，有多少人曾冷静地想一想为什么会有这么多年轻的犯人，这么多重刑的犯人！这说明了什么呢？除了他们自身的责任外，难道社会与家庭就没有责任了吗？在大庭广众中，他们是千分之一,万分之二，可在监狱，在囚车，他们是多数，绝对的多数，是个、十、百、千、万数以上单位的“原子核”，或裂变，或聚合，都会产生难于估量和遏制的影响。

唉，愿天下安宁，愿恶人变得善良。副总指挥拉上窗帘，缓缓地合上眼皮。囚车仍在“吭锵吭锵”地轰鸣中西行……

仇人间的交易

“丁零……”中队长李耀明刚刚和衣倒下，突然，头顶的警铃骤然响起。有情况！“呼”！李耀明从铺位上直起身。他揭开一角窗帘，外面黑乎乎的辨不清是什么地方！大概快出张家口了吧！

“一一三,一一三,三号囚车有情况！请立即赴位！”短程电话机里传来支队长的急促命令。

“是。一一三马上赴位！”

三号囚车厢紧靠李耀明所在的警戒车厢。他把手枪交给门卫哨兵（武器是不让带入犯人车厢的），推开车门，只见车厢内乱糟糟的一片。犯人们吹口哨的吹口哨，踩在座位上直嚷嚷：

“窒死我们啦！还不快打开窗！”

“打开吧，要不老子就要动手啦！”

“都把我们葬在车上不成？”

……

“吵什么？！统统给我坐下！闭上嘴！”李耀明不觉怒从心头起，这些枪口边的鬼魂，真不知自己有几个脑袋！怎么，想开窗，然后一个个逃跑？想得倒美！那威严的目光咄咄逼人！车厢一下平静了下来。可是，犯人们依然低声嘀咕着：

“他是憋的，这样下去咱们也活不了多久！”

“可不，七天七夜，谁受得了这份罪！”

“一死了事，省得到新疆服苦刑……”

李耀明扒开一个个伸出观望的“秃壳”，走到出事的车厢进口，这里，只见几名公安人员七手八脚地扶着一个口出白沫、脸呈灰色的犯人正往这边走来。

“赵军！他怎么啦？”李耀明一眼认出这位曾与自己几番较量的杀人犯。此刻，杀人犯一点没有凶相，连胸脯都停止了起伏。

“他死了，自己用毛巾闷死的！”

“多长时间了！”

“刚发现。”

“快，把他放在这个座位上。”李耀明一手拉起三名犯人，让战友将断气的赵军横体放下。他学过医，知道窒死的人的心脏在短时内尚未失去功能。只见李耀明动作飞快地扒开犯人的上衣，按着他的胸脯，一起一伏地做起了人工呼吸。一下、两下、十下、二十下……车厢内所有的人屏住了呼吸，只有满头大汗的李耀明喘着大气。三十下、五十下……“死人”的脸色缓缓变白，鼻孔间透出几缕像烟丝般的气儿。啊，有救了！车厢内顿时活跃起来。

杀人犯缓缓睁开眼睛。

这是什么？闪闪发光，鲜红鲜红，啊，国徽、红旗……啊，解放军，是解放军救了我！赵军两眼迷茫：是的，记得那天睡得特别死。傍晚，他从海河边乘凉回家就打起了呼噜。梦中，他突然听到地动山摇，随即是“轰隆隆”“咔嚓嚓”的几声巨响，后来就再也不知道了。一天后，他醒来睁开眼睛一看，这是怎么啦！我怎么躺在一堆乱砖碎瓦中！头顶是个“△”字形的大梁！好熟悉的大梁！对，这是咱家东墙，也是我住的那间屋的大梁呀！天，我家的房子塌了！爸爸妈妈，还有弟弟、妹妹呢？我的上帝——！这时，他听到头顶上面有许多人声。他想喊，可嗓子像塞满了棉絮；他渴，他饿，一点儿没有力气，后来又昏过去了。再后来，他睁开眼睛时，见两名身穿白大褂的解放军站在他的面前。

“地震，唐山出现了大地震，咱天津也倒了许多房，你家的屋也倒了……放心，我们中队把你们全家人都救了出来。就你妈和弟弟的腿断了。”一位解放军轻轻告诉他说。

“解放军——恩人哪！”20岁的刚性小伙子突然抱住两位年轻的战士，“呜呜”地大哭起来，他觉得自己的第二次生命是解放军给的，他索性将名字改成赵军。

怎么啦，我怎么打起解放军来啦！公共汽车上，为了让哥们儿看看自己的能耐，他竟然将一名孕妇推下车，自己占据了座位。关你们什么事！一位军人上来说理，他挥起拳头就打……他被送进了监狱，判了4年。他后悔怎么打起自己的救命恩人解放军来了？混蛋！混蛋！拳头像雨点般落在了自己的脸上。他骂自己的心给狼吞了，发誓从今天起一定要为恩人做好事。就在这时，同室里来了个奸污过5位军人妻子的强奸犯，那小子很得意，不时地向狱中的“小哥们儿”传授勾引军人妻子的“诀窍”。“老子再让你在解放军头上拉屎！”一次他实在憋不住了，愤怒地举起一只床腿，将那小子的脑壳一劈两半。为此，他被判处死缓，又列入了押往新疆的名单。宣判那天，有病的父亲一听这消息，找来一根绳子，将脖子套进了绳圈……好端端的一家人，如今只剩下两残一少，日子怎么过呀！赵军身在监狱，心里一个劲在想着缺腿断臂的妈妈和弟弟，他更可怜年仅13岁的妹妹，全家人的生活重担从此就要落在她那纤弱的肩上。“我浑！浑——！”他发疯地揪着自己那宽厚、坚实的胸肌，悔恨一身强健的躯体竟给家庭带来的是灾难和无边的深渊。枪毙我吧！枪毙我吧！他不止一次拉住看守监狱的警卫战士，恳求给他一颗子弹，一次，他见身佩手枪的中队长李耀明巡监过来，猛地扑上去抢下了枪，然后对准自己的脑袋扣动扳机，好在枪里没有子弹。赵军一不做二不休，挥起拳头就打，想以此激怒对方，然后借对方之手而置自己于死地。多少愚昧的想法！中队长李耀明根本没有还一下手。昨天，当囚车驰出津门后，赵军的整个精神世界崩溃了！死，反正是个死，何必葬身于戈壁沙滩！主意笃定，赵军一上车就寻找能了结自己生命的机会。然而他失望了！整个车厢都在全副武装的武警和公安战士的监视之下，那车门和车窗全用铁条封着，囚车的防范措施比牢狱更为严密，连挂衣帽的铁钩子都给卸了下来。赵军苦于找不到一样能结束自己生命的器具。用手铐？！不行，那样会惊动看守人员。唉，可怎么是好呀！他拉开上衣纽扣，把整个胸脯露在外面，他觉得整个车厢闷得喘不过气来。对，有了！无意间，他瞥见挂在头顶的毛巾，顿时计上心头……“不行！”仅仅是2分钟不到的时间，赵军就口出白沫，两眼流泪，大气不打一处出，仿佛奔跑了30里路似的。他赶紧把堵在嘴上的毛巾藏在屁股底下。抬头一瞅，还好，谁也没发现。

“喂，哈拉巴（黑话：无能的犯罪分子）！想长睡？哈哈，干吗不找当家的（黑话：犯罪团伙头目）！”有人用胳膊捅捅他。这个混蛋！赵军转头一看，原来就是那个被他将脑壳劈成两半，后被医生救活的强奸犯，在昨天上车时，从另一个犯人嘴里知道，这小子出院后又因在狱中搞同性恋被判无期徒刑，他隔着他的座位坐着。“哥们儿，比爷儿有出息呀！”他向赵军挖苦道，两眼充满着仇恨。赵军知道，如果他俩关在一个监狱，总有一天不是那小子杀死他，就是他杀死那小子。不过赵军不怕这个，他感到奇怪的是那小子什么时候坐到了自己的身边。他想在车上就让我见阎王。唉，何不干脆来个将计就计，一则了了那小子的复仇心，二则也解脱了自己。对，就这样。赵军把毛巾递给他，说：“帮兄弟一把。”那小子先是一怔，随即得意地一笑。“不后悔？”“不后悔。快动手吧！”“一杆见底？”“少啰唆！还有别的？”……列车穿过夜幕飞驰向前。这一对仇人借着列车的振荡声，以特殊的方式，勾销了他俩之间的怨仇。车厢里，谁也没有注意这场只有上帝才清楚的荒唐交易。强奸犯最终以胜利者的姿态，直了直身子仰在靠背上闭目养神。杀人犯则活像只死猫，佯装熟睡的样儿倒在了对方的胸前……挺住！挺住！开始，赵军还能顶住，渐渐地，他觉得再也坚持不住。那小子的力真大，他才是真正的杀人犯！赵军意识到自己快要完蛋了，因为他的脑袋，他的胸腔，七窍都在膨胀、爆炸……他本能地用手反抗起来，可是，软绵绵的，一点劲儿也没有。唉，人生多么无聊，多么恼人。杀人犯！上帝，多可怕的桂冠！好没出息呀，来世一定要做个堂堂正正的英雄好汉，像咱津门大侠霍元甲那样……

“我、我闷……让我死、死吧……”赵军双手揪着胸脯，有气无力地挣扎着。

“我也闷！快开开窗吧！”“把玻璃砸了！”“砸——！”车厢内，犯人一呼百应，趁机又大声嚷嚷起来。

李耀明的心头不由窜出几条火龙。这帮家伙存心想找茬。他强压心头之火，沉着地思考着眼前所发生的一切：杀人犯赵军确有自尽动机，可是这车厢内有电扇，又有通气道，尽管天热发闷，但绝不会造成窒息。那么，是赵军自己用毛巾窒息昏迷的？丰富的公安经验告诉他，人的求生本能是很难做到这一点的。李耀明不露声色地观察了坐在赵军身边的几名犯人的表情，一张张跟着起哄而颇显阴沉的脸，唯独赵军身旁的那个犯人仰头闭目地呼呼“大睡”着。

“王奎元！”突然，李耀明猛叫一声。

“到！”那个“睡”着的犯人一下睁大那双狡黠的眼。

“站起来！”

“干吗，政府？我还要睡觉哩！”王奎元若无其事地半伸着懒腰。

“你骗不了我！”李耀明上前一把将王奎元从座位上拉起来，在他的屁股下面发现了一块毛巾。

“这是怎么回事？”

王奎元一看事已败露，“扑通”一下跪在地上。“报告政府，是他活着不耐烦，求我给他……”

“没想到与赵军有不共戴天之仇的王奎元这么善心！”

“我……”强奸犯——如今他又是杀人犯，无话可说。他和赵军一起被几名武警和公安人员押到前面的警卫车厢。

车厢内的犯人们目送着同伙，哀声叹气，一个跟一个地闭上了眼，但谁都没有睡……

“广州四虎”的哀叹曲

天底下难寻这样一个家庭：一家四兄弟同进牢房，同被押至新疆。想当年，这家父母为了养活这四个仔，吃尽人间辛酸苦辣。为父的累得背脊成弓，为母的双乳干瘪如削。十几年后，父亲的汗水和母亲的血乳却把这四个黄皮仔喂得个个虎背熊腰。那些缺子断香火的人家多么羡慕这一家。但是，“灵魂医院”的诊断结果却令人发毛：畸形发育，必须立即手术。

老实巴交的双亲开始还不肯相信，当派出所的同志找上门来说他们的儿子拦路抢劫了一位港商的巨款时，他们瞪大了眼睛说：“咱家的仔干不出这事。那年老二独自捡了5元钱都不敢用。”这是事实。可如今，那颗纯真的童心早已被狗吞掉了。就是这个老二，年前见一位初到广州来做生意的河南人，便上前左说右吹，一下骗走了人家5000元血汗钱，逼得对方投河自尽，而他却恬不知耻地说：“别人能住白云、吃酒家，我为什么不能？有钱大家用，这才叫大公无私呢！”四兄弟像一根藤上的四颗毒瓜，而且其能量远远超过了一般犯罪集团。他们同心协力，诡计多端，百战百胜，且从不内讧。窃商店，左右掩护，中间出击，前后配合，神出鬼没；盗仓库，老大放哨，老四探风，老三老二翻墙砸锁；行骗术，更是赛过江湖老手。此处有一幕可供参考：

某大街。有一外地行人在前走。老三突然走到此人前面，有意掉下一块“金表”，并且连着有公章有售价的发票。

外地人上前几步，发现“金表”，猛然一惊。见左右无人，赶忙拾起。天，真金！发票上的价格是16000元整。手表厂家为广州“环球钟表厂”，哈哈，发大横财啦！外地人得意忘形，双手捂着剧烈跳动的胸口。

突然，有人从背后上来将表抢了过去。

外地人急了，道：“这是我捡的！”

后来居上者（原来就是老二）死口咬定：“是我拣到的，应该归我！”

“我先拣到的！”“我先拣到的！”两人你争我夺，各不相让。

这时，走来两位干部模样的人，见状十分亲切地问：“喂，你们吵什么？”

外地人面红耳赤，如此这般一说。本地人同样表情、言语更加激烈。

“表是我拣到的！”两人口径一致，誓死不变。

“这样吧！”稍稍年长的那位“干部”说：“这表都不是你们的。理当归还失主，但眼下也找不到失主，问题不好解决。我看这么办：如果你们谁要这块表，就付另一方 8000 元钱，这样不是谁都没吃亏？”

话声未落，本地人马上表态：“表我要，我同意付他 8000 元！”

外地人一听也憋不住了。他虽不愿这样做，但一想此表价值 16000 元，毕竟还能白白拣了 8000 元，这等于几年的工资呀！想到此处，外地人从包里“啪”的扔出整整八叠“大团结”——那是他全家十年来的积蓄。说：“钱给你，表归我！”

“痛快！”干部模样的拍拍那位本地人肩膀：“怎么样，是你拿钱还是拿表？”

“我……我拿不出这么多钱！”本地人显得很尴尬。

“那么你收钱，把表归这位先生。”

“好的！”“中！”交易很快做成。

待外地人一走，四兄弟抱着“大团结”，几乎快疯了。

“哈哈哈，世界奇闻，乡巴佬用 8000 元买了块铜片！”老四说。

“老二出主意，头功应该记他！”老大说。

“不，大哥今天的表演起了关键作用，理当重赏！”老二、老三道。

他们的剧情设计和表演应该说是比较出色的，可惜，他们干的是丧尽天良的事。聪明的才智成了埋葬青春、危害社会的润滑油、久而久之，钟氏“四虎”的大名传遍整个广州市，乃至香港，澳门的市民也无人不晓。“严打”的红色风暴将这四只“虎”一起关入了牢笼。法院判处他们以下徒刑：

老大钟镜堂有期徒刑 13 年；

老二钟永堂无期徒刑；

老三钟永成死刑，缓期两年执行；

老四钟富添有期徒刑 13 年。

四兄弟被一起押上遣送到新疆的囚车。

“唉，这一下算全完啦！”老大长叹一声，似乎内心的良知在发生某些作用。他自知身为兄长而对不起三位弟弟。尤其是三弟，才二十刚出头，就判了个死刑。

“大哥，别唉声叹气的，老子不怕这个，活着一天就得想法跑出去！”老三满不在乎，从登上囚车的那一刻起，他就压根儿没有想在新疆等死。“只要咱兄弟四人同心合力，哪有干不成的事？”

“得啦，这儿可不比广州，你瞧这前后左右都是拿喷筒的三爷（武装公安人员）。”老四毫无信心，搅起手铐，闭目仰在靠背上。

老二火了，他一直看不惯老四那股丧气劲。“咋，你小子 13 年后出去照样吃香喝辣的，我这一辈子就待在监狱等死不成！”他越想越生气，一脚重重地踢在老四的小腿肚上。

“啊——！”老四像上屠台的猪似的大声叫起来。他哪受得了这平白无故的欺压，抬起手铐就朝老二头上砸去。“你这猴仔，当年要不是跟你去碰堆（黑话：在商店、菜市场偷东西），老子今天就不会跌了！”

老二不甘示弱，迎头痛击。兄弟俩大打出手，惊动了车厢内的管教人员。

“住手！”语音未落，警棍已到。老二和老四一下趴倒在座位上……老大和老三连忙分别将自己的弟弟扶起，狠命地掐着人中。

昔日名震羊城的“四虎”，此刻，沮丧地蜷缩在一起，又哼哧，又叹息，全无那往日的威风……

“王子”与“许大马棒”

这一节车厢都是些半轻不重的犯人。说半轻不重，是因为他们大多是被判刑十年左右的犯人，比起死缓和无期徒刑者，当然要轻得多。他们的车厢也要显得活跃些。犯人是两人一对地坐着。出于安全考虑，看押部队要求犯人的一切行动都得统一进行，譬如同上厕所，同去洗脸，同时开饭，这使得不少犯人大为恼火。“瞅准机会，半途溜走”。他们从登上囚车的那一刻起，就有人这样盘算着。如今，多一个人就多一份累赘，弄不好，还会误了大事，丢脑袋。瞧，18 号座位的那个五大三粗的犯人，名叫许天星。他这会儿坐着，心里却一直在为昨天的事生气哩！昨天下午，他在上厕所时，正巧那个门锁失灵，押解人员又尚未发现。那时，他完全可能跳车逃跑，气的是就在这时，那个与他同戴一副手铐的粉面小生竟然因为被踩了一脚而大嚷起来。公安人员为此一下发现了隐患。这位满脸长着麻子、人称“许大马棒”的家伙能不怨恨吗?

他要报复，报复这个据说是高干子弟的浑小子!

“喂，王子! ”别人都这样称呼这小子。“许大马棒”的嘴里充满了讥讽的味道 :“听说殿下砸盘子、拿大活（搞女人、不正当两性关系）很有本领呀! 可为什么见了生路就连脚杠都硬不起来呀! ”

他是真正的王子! 生性高傲，目不斜视。(其实在过去他的斜视能力最强，舞会上那些女人常常被他的一瞬之斜视而弄得神魂颠倒，欲火中烧)，尤其是那白净的脸蛋，有神的眼睛，魁梧的身躯，潇洒的风度，即便是此刻闭目养神的姿态，也无不透着美男子的魅力。只有从那紧缩的眉际才能见其心灵深处那股难以释放的颓废与失落之感。是的，一切都完了，什么受人称道的“将门虎子”、令人羡慕的军校教官，还有那灯红酒绿的舞会，身放奇芬异香的众多女性……远了，统统的远了。昨天，就像一场梦，那人的基本道德、性的廉耻，连同灵魂一起被天狗吃掉了。如今，同这些无赖、“地痞”同在一个车厢，坐一张靠垫，戴一副手铐，真是岁月才几何，转眼两重天。他讨厌透了自己的“旅伴”，那张煎饼似的大麻脸，瞅着就恶心。更令人不可容忍的是这个“许大马棒”，每天蛮横无理，动不动就口吐秽言。你听，这个奶头山上的土匪又在满嘴喷粪。

“警察同志，我请求与这个无赖分开，不然我将抗议！”他的口气依然是军校的教官，以致使值班的那位警察惊异非常，等他反应过来后，轻蔑地反问道：

“你抗议什么？”

“我抗议他的不文明行为！”

“哈哈……不文明！我们都不文明，就他文明，连搞女人都预先准备好了避孕套！”

“王子”被包围在一片讥讽和哄笑之中，他脸色通红，双眼冒火，往日的高傲、自尊到哪儿去啦！我是军人，就绝不做被人嘲笑的弱者，19岁时我就冒着生命七进七出，从坑道里救出过几条人命！那才叫险，可我连眼睛都没眨一眨。你们算什么！一帮头脑里装糠、肚子里兜着屎的下等人！一批本性残忍，愚昧无知的无赖！看我以军人的名义惩罚你们！他像战场上的猛士，奋然从座位上跃起。面对敌手，愤怒地举起拳头……可是，拳头在半空中停滞了，始终没有落下。绝非惧怕，绝非一时改变了主意。这一瞬间，他猛然发现了自己举手的时候，另一只手也高高地举起，并且停在同一个位置。啊，手铐！手铐将一双高贵的手与一双卑微的手连在了一起。一副铮亮的刑具，摧毁了一颗高傲的心，一副手铐就是一个等号，等号的一边是王子，另一边是无赖。我，与他，和他们都一样，是犯人！囚徒！他闭上了眼，拳头无力地从空中落下……

“开饭啦！开饭啦！”突然，他被车厢内的一阵喧嚷吵醒了。

又是馒头、咸菜！他毫无兴趣地重新闭上了眼。

“王子，吃饭，吃呀——”座位对面的一个小犯人关切地将他摇醒。

王子摇摇头，又闭上了眼。

“可你三顿没吃了，这哪行！日子还长着呢！听说到新疆尽吃玉米面！不吃怎得好！”

“可不，老子头次上学（进牢狱）硬充着好汉不吃棒面菜粥，三年毕业后瘦得像只猴。连先前跟咱贴着肚皮分不开的‘尖嘴儿’（卖淫的女流氓）也捂着鼻子不愿见我！”一个三进宫的老囚犯颇有感触地说。

是啊，不吃能行吗！十年后不放干了吗？那时别说姑娘，就是老太婆见了咱也会恶心。王子的那根最敏感的神经刺疼了。顿时，他的肚子也感到饿了，极度的饿！吃！那双美丽的眼睛蓦地发出两道贪欲的寒光。我的那份饭呢？又是“许大马棒”抢去了！

“啪！”两个拳头一样大的馒头到了他的手。进了他的嘴。末了，他又伸出手，将“许大马棒”半咬着的那个馒头也夺了过来。……没有牛奶，没有果酱，面沫在嘴角纷纷掉下，而他依然大口大口地使劲嚼着……吃！一切从这里开始！吃，绝不再让别人占自己的便宜！

犯人们被王子的举动震惊了！一旁的“许大马棒”更是张着嘴巴半天合不拢。

“哥们儿，要是真饿，我这儿还有两个！”他从脏乎乎的口袋里又摸出两只馒头，塞给王子。

“吃，把前两顿一起补上！”王子创造了一生吃馒头的最高纪录，同时，也落下了两行有生以来最心酸与耻辱的泪水：高贵不再存在，我也是犯人！唉，让上帝重新塑造亚当与夏娃吧！

逃跑尚未成功

囚车已经进入第三天的旅程，犯人们的情绪似乎开始平静，相反，神经高度紧张的押解人员此刻却显得异常疲乏和劳累。

“03，03，请注意，一号命令你们按原定方案进行！”3号囚车的值班分队长肖然的微型对讲机里传来支队长的声音。

“03明白，按原定方案进行。”

肖然放下对讲机，若有所思，然后转身朝身边的几位看押警察使了个眼色，那几位顿时心领神会。“来来，玩几圈！”他们脚对着脚，腿叉着腿，开始玩起扑克。

“哎，老公玩五十四啦！”犯人们感到手心发痒。纷纷探过头来。在车厢的中部座位，则有几个犯人在窃窃私语，脸上露出几缕不易觉察的得意劲儿。

“当家的，到时候了！”一条“黄鱼”（他通体瘦不拉几，而且嘴巴微微上翘），用肘捅捅紧挨自己身边那尊“闭目养神”的“树墩”。

“什么地方？”“树墩”没有睁开眼皮。

“出包头有三支烟功夫。”

“西山咀，还有45分钟到。”“树墩”的心里像装着一份地图和列车时刻表。这个津门大抢劫集团头目，沉默了两天一夜后，终于开始了他的“宏伟计划”，那双耷拉的眼皮也慢慢地透出一条缝……谁能料到，在这小小的车厢里一场敌我双方你死我活的特殊战斗正在无声地进行！

还在囚车出发之前，监狱看守所就得到情报，有个反革命犯罪团伙，在遣送新疆的犯人中正在预谋策划一次逃亡暴乱行动，何时、何种方式却一无所知。天津市公安局、劳改局给押解部队的特别指示是：采取一切措施，坚决粉碎逃亡阴谋！押解指挥部分析了敌人采取行动的三种可能：一是在上车时趁混乱之际行动；二是囚车长行途中找机会行动；三是到达目的地时最后挣扎。天津的遣送犯人是从茶淀劳改农场押至火车站上车的，整个行动井井有条，无空子可钻。且犯人们在临上车前除了全部铐上刑具外，逐个逐个进行搜身检查，一切利于作案的物品全部收缴，就连犯人私有的打火机也被集中在一起。第一种可能被排除，囚车顺利安全启程。

情报有问题？囚车押解指挥部在火车启程一小时后立即召开紧急会议。这些富有公安、侦察经验的同志一致分析认为，敌人是狡猾的，尤其是这些已判重刑的垂死分子，他们决不甘心束手待毙，万不可掉以轻心！

应该说，囚车的防范措施是严密的，除了犯人戴刑具外，且看每节车厢内外的武装设置就令犯人们不敢轻举妄动。犯人车厢的前后门各设两个武装哨，日夜值班，每三节犯人车厢中间就有一节是警戒车厢，配有一个武警分队。整个囚车前后均由机枪开道和武装押解。除此，机动分队养精蓄锐，随时准备对付突变。囚车的门、窗是经特殊加固的，犯人唯一能走到的场所——厕所也设置了专门防范措施。

“蹬大轮！有戏？”

“点多，亮不开！”

“等着睡大觉？”

“唉，谁想睡呀？”

“那就唱个戏吧！”

“嗓门疼。不过，倒有个好戏！”

“啥戏？”

“二龙戏。”

“不是外码吧？”

“哪里！那可是排号的！”

“好，唱吧！”

肖然刚想甩出第二轮牌，上衣口袋里的那只微型窃听器突然传来上面这段话。没错，“树墩”和“黄鱼”又在行动了！肖然猛地站起来，将牌从半空扔到茶几上。“我打这张牌！”说话当儿，他的眼睛朝车厢中间一扫，奇怪的是没有发现异常。“树墩”照常闭目养神，“黄鱼”还是那样神唠唠地左说右聊。倒是在远隔他俩座位的那个姓朱的犯人站起身来，报告说要解手。一切很正常，朱犯从厕所出来前后五六分钟，样子是解大手。

“猪头，解啦？”

“闷着疙瘩难受，通了舒服！”

“黄鱼”显得非常活跃，刚与朱犯对完话，又转头捅捅身边那位睡着了的死刑犯。说：“葫芦，你憋着不难受？干吗不去通一通？”

被称作“葫芦”的死刑犯赶忙揉揉小眼，瞅了下窗外的夜色，咧咧嘴，冲着“黄鱼”说：“放心，你老大误不了事！”

死刑犯打了个哈欠，伸伸懒腰，晃着那个葫芦般的大脑袋，也进了厕所……

肖然一直注意着时间，他抬了下手表，已经 15 分钟了，“葫芦”怎么还没有出来！他赶忙示意一旁的李班长过去看看。

李班长遵命随即起身，就在这个时候，车厢里的犯人不知谁起的头叽里呱啦地唱起“少林少林”的那首歌，“葫芦”也仿佛得到什么讯号似的在这当儿提着裤子从厕所里跌跌撞撞地跑了出来。

这一切肖然全看在眼：一定有鬼：他带领公安干警不动声色地来到厕所。这里一切并无异常，玻璃是关着的，窗外的铁条一根不少，亦无断裂痕迹。再看厕所的左右侧壁和顶部夹板也完好无损，难道判断有错？肖然的目光落到厕所的瓷座垫上。奇怪，刚有人拉大便，为什么瓷盘上毫无秽痕？再细看，也不像刚被水冲洗的样子。那么，“葫芦”蹲在厕所里十几分钟又在干些什么呢？

“老肖，你看！”一位干警在瓷座垫盘上发现了秘密。肖然弯下身子一看，发现固定这只瓷座垫盘的十几只铆钉全已“飞”了。他双手抓住瓷盘稍一用力，顿时露出一个足能一人进入的窟窿！

“犯人已经开始了行动！”

“李班长，你在这儿把守！老王，老曾，咱们走！”肖然与另外两名公安人员从厕所走出，站在车厢走道，神情威严地一声令下：“全体起立！”

“丁零咣当——”犯人们大不情愿地从座位上起身，眼睛却一眨不眨地盯着肖然。

“张浩奎，出列！”

“嗯—是！”“葫芦”紧张地从靠窗的座位上站到通道中间，额上汗如豆粒，直滴前襟。

“刚才你到厕所干吗去了？”肖然问。

“解、解手呀！”

“解手？”肖然“嘿嘿”一声冷笑，断然喝令道：“把裤子脱掉！我倒要看看你的后窟窿眼是干的还是湿的！”

“哄——”车厢内大笑起来。

“政府，这、这……”“葫芦”的脸顿时像涂了猪血的大瓢儿，又急又恼，说不上半句话。

“快脱！”在三双威严的目光下，死刑犯张浩奎无可奈何地伸手解裤带，可不等他裤子落下，那裆里却掉出一把三角起子。

“这是怎么回事？”

张浩奎“啪啦”一下瘫在地板上再也站不起来：“政府，我罪该万死！罪该万死！”

张浩奎被押到审讯室，这家伙一口咬定是自己想逃跑而作的案，其余一概不说。

囚车指挥部和肖然分析，张浩奎拆毁厕所瓷垫盘并非独立的行动，种种迹象表明，是个预谋的团伙行动。否则，为什么肖然刚令本班长到厕所观察久解未出的张浩奎时，车厢内突然唱起“少林”歌，显然这车厢内有人为张作案报警。再者，张上厕所是经“黄鱼”提醒后才去的，难道这里就没有名堂了？

肖然决定将计就计。囚车指挥部同意了他的方案。于是，他把张浩奎押回三号车厢，并当众宣布：死刑犯张浩奎不服判决，独自蓄意制造事端，企图越车逃跑。根据有关条例，列车押解指挥部决定将张犯的作案事实，待抵达目的地后，建议司法部门重判张犯。现将张犯特别看押。“咔嚓——啷！”一具三十多斤重的铁镣铸在张犯的脚上。这位死缓犯仿佛听到“立即执行”的判决，一下晕了过去……

肖然的这一招迷惑了敌人，“黄鱼”等人以为他们的行动没有暴露，依然在犯人中间左右搭讪，不断用黑话传递一个又一个阴谋。

肖然将这一情况报告了指挥部，随即得到了从“黄鱼”身上开刀，掏出“苦胆”，彻底粉碎敌人逃亡计划的指示。

“黄鱼出列！”

“是……是。”“黄鱼”猛地听到管教干部在喊自己的诨号，赶忙应道。就在此时，他的两腿肚上感觉一阵钻心的疼痛。他马上明白了怎么回事——有人用钉子刺进了他的肌肉！

“你负责把车厢里的卫生打扫一下！”肖然的意图是想抽出一根“底线”，让阴谋集团失去一道中间环节。

谁知“黄鱼”像吃了熊胆似的竟敢断然不从，还嚷嚷道：“老子一辈子没伺候过人，想借高梯子朝别人头上撒尿？哼，老子不干！”

好一个狂妄的家伙！肖然心头的火“噗”地窜到嗓门眼。“小李、小张，把这小子给我押起来，送到审讯室让他享受享受！”

“啪啪！”两名武警战士左右一挟，像老鹰抓小鸡似的将“黄鱼”押出了三号车厢。没想刚进审讯室，“黄鱼”扑通跪在肖然跟前，呜呜地大哭起来：

“我明白了，我要跟政府走……”

“你……”肖然茫然不解。

“你们不把我铐起来，他们就要打死我！”黄鱼一五一十地把那些预谋策划逃亡行动的幕后人的罪行全部抖了出来：

原来，以大流窜犯、铁路抢劫集团头目“树墩”和另外三名死刑犯为骨干的家伙，早在天津茶淀劳改农场时就策划了一起囚车逃跑计划，凭着他们熟悉陇海沿线铁路和多年在火车上行窃的本领，准备在押解新疆途中行动。由于同车的犯人中大多数不愿到新疆服“苦役”，因而“树墩”等人策划的逃亡计划在犯人中一下发展了几十名“积极分子”。他们选择了包头至兰州地段行动。今天就是他们的决战时刻。由于“葫芦”的厕所行动暴露，“树墩”怀疑“黄鱼”不可靠，心狠手毒的家伙想在决战前除掉“黄鱼”。

“他们的作案工具哪来的？”

“咳，俗话说，犯人的裤裆是百宝箱。咱们这些人都有一手对付你们检查搜身的功夫。”“黄鱼”随手从耳朵里摸出一圈薄薄的锯条。“这不，你们能查得到吗？”

“树墩他们的下一步行动是什么？”

“你们细细去检查一下他们座位周围就知道了。”

“一班，二班，紧急集合！”肖然转身将十来个正倒休的战士从铺上赶了起来。“马上到三号车厢！”

三号车厢。二十多名全副武装的武警、公安战士荷枪实弹，一个座位一个座位地检查。果然发现有三个窗口的玻璃已松动，六条茶几腿被锯断，以及十几根用毛巾和裤带纽成的绳子……触目惊心的敌情!

“许志钧，你这个幕后头子该将事情说说清楚了吧! ”肖然一把上前将“树墩”从座位上提起来。

“阁下，我不明白你的意思。”

肖然的右手一下摸到了腰间的手枪上，他真想扣动扳机，打碎这个顽敌的狗脑袋。可他终究压住了这股火。

“意思?! 哼，你想干的意思已经有你的同伙全部交代了! 怎么样，还想在枪眼下抵赖?”

肯定是该死的“黄鱼! ”“树墩”的牙齿咬得“嘎嘎”响。突然，他转过身子，右手往心口处一按。“啊——”地大叫一声，便倒在地上。手快眼明的肖然“啪”地提起死猪一样沉的许犯，在他胸前一摸，原来是把雪亮的水果刀!

阴谋策划大逃亡的“树墩”自杀未遂，却疼得直在地上打滚……

“政府，我们投降! 我们投降……”车厢里，三四十名站着的犯人“扑通扑通”地跪在肖然和他的战友面前，纷纷求饶，自动缴出了一件件作案工具。

这时，囚车的窗外突然映出一片灯海。一曲雄壮的大刀进行曲震荡着整个列车。“银川”——站台上两个醒目的大字跃入所有犯人的眼帘，继而又见一排排持枪列队的武装警察将整个车站和囚车团团围住，那进口处是两挺乌黑的机枪……

大漠的恐惧

车出银川，步履似乎异常缓慢，列车在不断爬坡……窗外，再不见那一排排葱绿掩映的崇山峻岭，也难见一排排一闪而过的厂房与街道。囚车进入了沙漠地段……

黄沙、秃丘、直腾云天的青烟，一望无际的荒凉……

车厢内的歌声与喧嚷声戛然而止，玻璃窗上贴满了一张张平板的脸和一双双呆滞的眼睛。犯人们的共同结论是：西域漠国，比想象得更大，更荒凉，更可怕。

“大漠孤烟直，长河落日圆……”一个穿着囚衣的诗人在吟咏，但壮丽的诗篇在他的嘴里却像悼文一样哀婉悲凉。他爱大漠，从小就想做一名地质队员，渴望去拥抱那广袤无边的大漠身躯，去吮吸戈壁深处的甘乳。后来他当上了一名业余诗人，虽然他没有到过沙漠，而童年时代的理想一直在他诗中燃烧。沙漠给了他无数创作的灵感，他也写下了许多令人陶醉的沙漠情诗——那些在爱情的沙漠中寻求甘泉的姑娘因此而频频坠入他的怀抱……沙漠创造了他，也毁灭了他。如今，沙漠又给他安排了墓地。

“落日圆，落日圆！哈哈哈……我的情，我的爱，我的一切将在沙漠中圆了！圆了——！”诗人的话永远是诗，可惜他并不是一个真正的诗人，而倒是个典型的叶公先生。

“我渴！我渴！快给我水——！”犯人周伟突然张开双臂，像死神追赶着他。

“这是水，你快喝吧！”一位年轻的管教干部端来满满的一杯茶水。

“这不是甘泉！这是污渣！有毒！有毒！我不喝有毒的水呀……！”周伟两眼死盯着绿色的茶水，像见了毒药似的惊呼不止。

“见鬼，明明是茶水，怎么会有毒！”这位管教干部第一次与犯人打交道，他不明白眼前这个小子在闹什么鬼花招。“不信，你看。”他说着端起碗，“咕嘟咕嘟”地自个儿一饮而尽。

这下不打紧，犯人见此更加惊恐万状，双眼瞪得像核桃似的冲着旁边两位犯人：“还不快叫医生？他要死了！他要死了——！”

“哈哈哈，死不了，倒是你自己快见阎王了！”犯人们哄堂大笑。那位年轻的管教干部也忍俊不禁，跟着乐了。

“乐！还不快去叫医生！”他不明不白地让上司熊了一顿，更加乐了：“找医生？队长，你也相信他的话？”

“笑！到时候有你哭的！”队长真的火了。“你知道周伟为什么嘴里喝着水却喊渴！你明明给他一杯茶，他却咬定有毒！”

“这……”

“病！沙漠恐惧症！”

“真有这病？”

“有。传说唐代有一批沙场上出生入死，皇宫中不屈不折的虎将良臣，被女皇武则天发配新疆作苦役，不到三年，这批顶天立地、叱咤风云的忠良猛士，不是疯了，就是自个儿用刀挖掉眼睛，砍掉腿，活活地折磨成废物后孤独地死去……”

“这样严重？”

“到前面的车厢看一看你就会明白了！”

这位管教干部来到6号车厢，一下被眼前的情景所惊呆：在第三排座位上，一个犯人没命地用头撞击着茶几，那额上，颊上几乎全是血，可谁也劝不住他。后来，几个管教干部只好用麻绳将他横一道、竖一道地捆绑在座位上。他的两眼肿得像馒头，耳朵紫红紫红的，可他嘴里却在不停地傻笑着。坐在他旁边的那个犯人则像久渴逢甘泉的远足者，捧着那颗血淋淋的头颅舔着。

“沙漠里的甘泉，过瘾！过瘾呀！喝，都来喝呀！”他边舔边喊着。

车厢里，几十双眼睛呆呆地瞅着眼前这令人心碎的一幕……许久，不知谁“哇”的一声哭，顿时，整个车厢“呜呜呜”地一片哭声，那声音充满着绝望、痛心、后悔……

“伙计们，你们听过沙漠的故事吗？”一个浑厚而亲切的声音，副总指挥来到了犯人中间。

沙漠的故事？野兽，魔鬼，人吃人？犯人们厌烦地嘀咕着。

“不，真正的沙漠，绝不仅仅是荒凉与野蛮。其实，它是一个令人陶醉和销魂的文明世界。或许大家不会相信，可美国人最时髦的周末假日旅游莫过于举家到沙漠逍遥，这绝对真实。沙漠世界里有许多神奇的地方是别处无可比拟的，沙漠能治病，能消乏，在沙里躺上一时半刻，会比你在大海游泳更舒心畅怀。沙漠里有无数人间仙景，那到处可寻的响沙，就是一绝。当你拥抱和抚摸一个个沙丘时，大漠就会响起一阵阵美妙的音乐，像来自天外，又像来自地心。都说江南苏杭美，要我说沙漠里的魔鬼城才是真正的美！”

“啊，魔鬼城？我不去！我不去——！”

有人抱头钻到座位底下。

“哈哈，不用害怕，魔鬼城是被枉冠了一个可怕的名字，其实那是个壮丽无比、百般奇妙的上帝造物。李志伟，你是青岛长大的，你见过海市蜃楼的美景吗？”

“见过一次。”

“怎么个美法？”

“反正……见了一次能舒服半辈子。”犯人李志伟的话，惹得车厢一片哄笑。

“好！这下你可赶上了。戈壁滩的沙市蜃楼要比大海上的海市蜃楼美百倍，小老弟，你的后半辈子还有什么值得发愁的？来，领大家唱个歌！”

“对，唱个歌吧！”

车厢内顿时呼应起来，只见李志伟红着脸，站到了座位上双手在空中有力地挥动起来——

……吐鲁番的葡萄熟了，

阿娜尔汗的心儿醉了……

一支支优美动听的旋律，使犯人们暂时忘记了周围的一切，李志伟扳着手指：大概不下十首歌了吧？

最后的 48 小时

“各车厢注意，请检查一下你们所剩的食品与水。”玉门关站刚过，囚车指挥部就向各车厢下达指示道。由于气候和环境等影响，专列在进入新疆境内后，已经连续几次不能按时到站，致使囚车出现了预想不到的困境。

首先是水：兰州之前，由于气温炎热，蒸笼似的车厢像一只只巨大的吸水器，一次加水却满足不了 3 小时的用量。车出兰州，尽管沿途的小站“特优”囚车，每次加水时从车站站长到职工连自个儿办公室里的水壶、铝锅都提了上来，也无济于事“是给犯人的？哼，我还以为是前线下来的英雄呢！呸，给他们撒一泡尿水吃就不错了！”他们这样骂骂咧咧，却依然毫不吝惜地将自己每天限量的一份水倒进了犯人的缸子里。

其次是食物。由于启程时所带的均为夏季食品，未过三日，许多东西腐烂变质，臭气熏人，指挥部不得不下令将其一筐筐鲜果蔬菜扔出车外。剩余的饼干与罐头，也因为断水而成了望叹之物。

“报告 01 号，一号车厢的水源已断，只剩下六瓶罐头和两箱压缩干粮。”

“二号车厢请求，在下一站补给水源与食物。”

“三号车厢已经有人休克……”

“车长，到前面一站还需多长时间？”囚车 01 首长、押解副总指挥，此时脸色异常。

“如果不晚点，还有两小时可到天湖站。”车长像背书似的报告说。可他又说：“这一站我们不停。”

“下一站是哈密？得多长时间？”

“正常运行 5 小时 20 分钟！”

“这么说，我们还得准备渴上半天……”

“这是万幸。如果……”

“如果什么？必须准点到达哈密！”老军人正想发作，像对他手下的士兵一样。可又一瞅车长穿的是老百姓服装。他拍了拍年轻人的肩膀，语气变得温和些：“车长同志，一定要想法赶点，否则会出事的。”说完，他拿起对讲机：

“各车厢分队长到我这儿开会！”

囚车指挥部的紧急会议迅速作出决定：在这困难时刻，全体押解人员必须以高度的革命警惕坚守岗位，密切注意敌情。同时，要发扬人道主义精神，各车厢所剩的水源和食品全部集中起来，定量使用。共产党员和干部要以身作则，用自己的模范行动关心犯人，稳定其情绪，保证最后的战斗胜利！

于是，一只只军用水壶，一个个罐头瓶，还有啤酒、人丹，以及一个诱人的“绍兴老窖”罐子……搬进了车厢，送到了犯人手中……

“雷子（犯人骂公安人员的黑话）他们有酒喝，咱们连口水都喝不上！”

“到了新疆的苦窖（监狱）还不知拿什么给咱爷们开心呢！”

“我们要求一样喝水！一样有酒喝！”

饥渴的罪犯们瞪着一双双血红的眼睛，拉着嘶哑的嗓门高嚷着，仿佛这个世界上谁都对他们落井下石。

“三杯，你喝了三杯还不够？！”一位火性的小战士实在憋不住了，“呼”地上前一把揪起那个闹事的家伙。

“你……你们喝着牛奶有劲就打人啦？”这家伙见战士的嘴角边留着几滴发白的汁液，便更加起劲地煽动起来：“喂，弟兄们，车上有牛奶，咱们向老公雷子们要牛奶喝！”

“对，要牛奶喝！”“要牛奶喝！”

小战士气得浑身哆嗦：“牛奶？哼，老子这儿倒有牛尿喂你们这帮畜生龟儿子的！”

“政府骂人啦！打！打呀——！”犯人们一拥而上，挥舞着拳头向小战士发泄。

“住手！”老军人出现在车厢，横眉竖眼。“吵什么你们？牛奶？哪儿来的牛奶？”他看看小战士嘴角的白痕，不觉为这场误会而好笑。

“李建平，把吃的东西给他们看看！”

小战士一阵迟疑，最后还是把口袋里的半截牙膏拿了出来。

“你们都看到了吧，战士们吃的是这个！”政委把半截瘪了的牙膏高高地举在手中，目光灼灼逼人。“是的，也许你们根本不会想到，可事实就是这样。我们车上的全体押解人员包括车长、服务员、司机，都把自己的那一份水省下来给了你们喝，而他们有的已经六七个小时没喝一滴水，靠的一支牙膏、几粒人丹在挺着……”他拿起那个“绍兴”酒壶，说：“这是咱们支队长的酒，可他是用来泡药的，就这个他也拿出来给了你们……”老军长还想说，他的士兵有的站哨时间长达十三四个小时，没喝上水，没吃口饭，可谁也没有吭一声。今早查铺查哨时，他发现好几个人的胸前、被上都是大片大片的血。老军人吓了一跳，他慌忙叫来医生，医生说这是高原反应，全车已有三分之一的人由于连日执勤劳累而出现这种流鼻血的现象。是啊，战士们该休息了，该吃几瓶补血糖浆！可他的部下回答他说，警戒任务重，班倒不过来呀。至于水，除了犯人车厢有些外，其余的早断了……与你们这些畜生相比，我们的战士多好哇！老军人的眼里噙着泪花，他忍不住地冲着犯人骂道："你们、你们的心肝全黑了！"

"呜——""嘎吱——！"

"怎么，又是中途停车？"

"报告首长，前面有大风袭击，正以每小时12公里的时速向我方向移动，情况紧急！"列车长上气不接下气地前来报告。

"大风时会有什么情况？"

"降温，有时温差三十多度！"

"就是说一下会从现在的三十多度降至零度以下？"

"是这样。如果遇上暴风就更糟。俗话说，戈壁一阵风，乱石满地跑。前年有一列进疆的客车，半途遇上了暴风袭击，结果死伤和被冻坏的旅客不下几十名。我们囚车没有防风御寒设备，不知……"

支队长手一挥，他不想听列车长后面的话。作为指挥者，他明白这前不着村后不着店的地方，一旦遇上暴风寒流的袭击会发生什么事情！一切都会有可能，囚车的玻璃一旦被打碎，安全装置被破坏，犯人们趁机逃跑，即使不跑，或许也会一个个被冻僵……安全！安全第一呀！

指挥部采取了紧急措施，由副总指挥带各车厢管教人员坚守在列车上，支队长带领武警机动中队穿上仅有的几十件大衣，一律下车，进行外围警戒。队伍刚刚拉开，老天就翻了脸。转眼间，天昏地暗，狂风大作，那一望无际的平展沙滩蓦然腾起无数条挟着乱石黄沙的巨龙，一下将囚车吞没了……

"哎哟、冷、冷呀——！"车内的犯人蜷缩一团，牙根直打架。

"哗——啪啦！"突然，一连串的尖厉的破碎声。"不好，玻璃碎了？"

"救……救命呀！"5号车厢靠窗的一个犯人惊呼起来，他的额头长了个馒头大的肿包。“我的妈，这么大的石头都飞进来了！”他抓起一块鹅蛋大的卵石。

“跳，快跳！”身边，一双魔爪抓起他的胳膊。

“上哪？”他揉揉眼，见是他的“大哥”。

“大哥”指指破碎了的玻璃窗。是啊，好机会，可外头的狂风……他犹豫不决。

“胆小鬼！”“大哥”噌地直起身子，像泥鳅似的猛地将头伸出玻璃窗……

“找死？！”窗外，一枝乌黑的枪管突然对准了他的脑壳。

“冷、冷冷——”开始，缩回头去的他感到手脚哆嗦，浑身起鸡皮疙瘩，再后来就一切都麻木了……狂风依然在呼啸，可他不知为何竟然慢慢地暖和起来，心也热了。他抬起沉重的眼皮，久久地凝视着。突然，“哇”的一声哭了。原来，那扇玻璃窗上有个魁梧的身躯正将它严严实实地堵得密不透风。是支队长！是支队长和他的许多战士……

风，终于停了，沙漠又恢复了平静。几百名犯人安然无恙，只是担任外围警戒的武警战士中间有许多人扎上了纱布、涂上了红药水。囚车经历了一场严峻考验，又重新扬起高傲的头颅向前飞速驶去……

……红旗坎、火焰山、吐鲁番、三葛庄，啊，到了，前面就是乌鲁木齐！

五天五夜！历经北京、河北、山西、内蒙古、甘肃、宁夏、新疆八个省市自治区，行程 3390 公里，首批遣送新疆的 720 名犯人全部安全抵达目的地！

这一天，许多不曾文身的犯人在自己的手臂上刺了“1983.9.12”七个阿拉伯字。

这一月，大漠先后接受成千上万名新来的主人！

这一年，戈壁沙漠一下成了犯罪学界瞩目的地方!

中国西部监狱，从此开始了它的伟大业绩！历史从此也为那些担负押解任务的武装警察和公安干警们记录了值得颂扬的一页!

腾飞吧，苍龙

有鳍有须，能呼风唤雨的神物。《辞源》上这么写着：据说，它大如山丘，力敌天陷。且有与自然万物一样众多的种类，诸如天龙、地龙、水龙……并在同属类间，还彼此存在着相克之忌。

浩瀚的戈壁沙漠上，流传着这样一个神话：据说很久以前，这里有大批催耕造福的水龙王居住着。那时，这地方青山密林，碧水荡漾，牛羊遍地，绿荫满坡。后来，凶悍暴戾的沙龙突然闯入戈壁，将水龙王赶入地穴，独霸了这美丽的绿野。从此，沙漠茫茫，溪流枯竭……

一年、两年、百年、千年……奇迹真的出现了！

1976 年仲秋，在千里戈壁滩上，成千上万的牧民们传颂着两大奇闻：内蒙古北部发现 17 条纵横千里的古河道；草木不生的乌兰布和沙漠底下是个“地下海”！消息万分激动人心，饱受干旱之苦的牧民欣喜地说：造福的水龙王又回到了戈壁，荒芜的沙漠将出现绿洲。

这不是神话，是实实在在的事儿。不过，那为戈壁引来“水龙王”的并不是人们传颂中的神仙，而是人。他就是我国第一位运用信息论在地球物理探矿中为祖国填补一项空白的地质工程师赵庆龙。

天上的云，地下的金

母亲一共生了 5 个孩子，一溜烟尽是些没把的丫头。那天，正在往南的讨饭路上，突然迎面刮起一阵龙卷风。母亲只觉腹部剧痛。黄昏，在一所破庙堂里生下了他。父亲兴奋得直喊天：“孩子他妈！孩子他妈！多亏那阵龙卷风。瞧，咱有小子啦！有小子啦！”为庆贺巧遇龙卷风而得子之喜，双亲给他在赵姓后面起了个大名——叫“庆龙”。

父母除欣喜外，更在指望“小子”将来能飞黄腾达，做个有出息的人。可小龙对私塾里的“之乎者也”甚厌，常带着一帮顽童在课堂上恶作剧。一天，老师正摇头晃脑地讲着“人，非愚昧之动物也。须有志，更有向。老者一生呕心沥血，意在期望诸位同学来日皆成呼风唤雨之龙也……”正说这里，忽听门外一声“龙来啦！”老师抬头一看，见一个形如妖魔之怪兽直立在窗口，吓得直往教桌下躲藏。顷刻间，那“怪兽”摘下首饰，变成了小庆龙。“哈哈……真是个叶公好龙也”。老师气得七窍生烟，教棍举过头顶。“你，你……不可教也！”

无法无天，上了三年私塾就辍学了。母亲为儿子补着破衣，一边叹息着：“盼你成为一条龙，可你……”小龙眨眨眼，一本正经地说：“娘，我长大一定做条真龙，能呼动天上的云，能探出地下的金……”“尽说些没边没际的话。”小龙见母亲不信，急了：“没……没有。洋鬼子能做到的，我也要做到！”“洋鬼子？”“嗯”小龙点点头。

原来，小龙的老家——河北保定山区是个自然资源丰富的宝地。1943 年，日本侵略军占领后，在此肆意掠夺。一天，小龙正在山上拾柴，见几个戴眼镜的洋鬼子，拿着一个三只脚的什么玩意儿，在量量划划。没几天，洋鬼子又调来一台大钻机。那钻头“呼呼”地直往下钻，不一会儿，钻头提起，带出几块黑乎乎的疙瘩。洋鬼子“咿咿呀呀”地划亮一根火柴，黑疙瘩顿时火苗直窜。这事过了没几天，一支浩浩荡荡的洋鬼子队伍开进了小山庄，整个山庄顿时变了样。满山遍野，打钻的打钻，挖坑的挖坑，不几日，连小火车也通了，听大人说，日本兵在这里发现了挖不完的“乌金矿”。小龙觉得玄了，一架三条腿的东西，怎么能看清好深好深地底下的宝贝呢！从那起，一向逞能的小龙仿佛一下觉得自己再不是天底下最能的人了。他独自苦恼地躺在山坡上，想着：

天上的云，是没影的玩意儿，地下的“金”才是真宝贝。对，我要做条能够开掘地下好多好多宝贝的真龙。

从此，不管外出砍柴，还是割草，小龙总是在屋后面的山上转来转去。他模仿鬼子的那个洋玩意，用树枝支了个三脚架，身子伏在地上，期待地底下的宝贝出现。可他每次都失望了，哪有什么宝贝！树枝叉被一脚踢到了深渊里。小龙扫兴地倒在地上。“就这样完了？不，洋鬼子能办到的事，为什么我不能办到？对，他们靠的是那个洋玩意，我……”小龙灵机一动，眼睛笑成了一条缝。他从地上跳起来，直奔最要好的伙伴——四崽子家……

一个风雨之夜后的第二天一大早，“乌金”矿的日本宪兵队突然包围了山寨。乡亲们不知发生了什么事。只见凸着肚子的独眼矿长，挥舞着指挥刀，“咿咿呀呀”地大发雷霆。原来，昨夜矿上的器材仓库遭人抢袭。这还了得，不等于挖了“乌金”矿的眼睛吗？是谁闯的这大祸？洋鬼子在庄上搜查了半天，没见影子，便把全村二百多人赶到打谷场，架起机枪勒令交出“土八路”，不然“统统死了死了的！”正在众乡亲们面临一场血洗时，小龙从人群中站出来，若无其事地对独眼矿长说：“东西是我偷的，没大伙的事！”鬼子一看是个十来岁的小孩，气得直嚷“八格牙路”。几个鬼子连推带拖地把小龙扔进事先挖好的土坑里。小龙知道这下完了，敌人要活埋自己，咱这条龙再别想有啥折腾了。听着母亲那撕肺裂肺般的哭喊声，小龙两眼的泪水也止不住直往下淌……正在这生死关头，只听一阵嘹亮的军号声，飘荡在山谷原野上。“啊，八路军来了！”小龙睁开眼睛，见自己正躺在当县中队长的爸爸怀里，不觉心里一酸。忽儿又揉揉眼，拉着爸爸的手：“快，跟我去看那洋玩意！”

在村后山上的一个“猫耳洞”内，小龙和四崽子抱出了5架日本鬼子用的经纬仪——这洋名是小龙以后才听人说的。然而，就这顽童时代的一桩小事，竟使赵庆龙以后的几十年走上了一条富有传奇色彩的路。

“我要用信息论找矿”

1950年，国家地质矿产部来到赵庆龙的家乡招工。当年他才18岁，作为第一代新中国的物探地质队员，被选送到地质矿产部举办的物探培训班学习。

开学典礼上，蜚声中外的李四光部长对学生们说道：物探，就像神话中的“金钥匙”，只要电极指向哪里，哪里就会从地下冒出宝藏。这形象的比喻，就像一幅五彩缤纷的幻景，无时不在赵庆龙的眼前浮现。他盼望有那么一天，自己能掌握这把“金钥匙”，为祖国开发出无数宝藏……他拼命地学习，只有小学三年级文化程度的他，只用了一年半的时间，就掌握了老师教的物探知识和技术。他踌躇满志，渴望早日接受实战的检阅。

1952年，中央决定开发华北某钢铁基地。钢铁大军浩浩荡荡开赴长城边陲，组织了一场声势浩大的会战。赵庆龙随着建设的“先行官”——国家物探大队来到基地。矿前线指挥部举行隆重的欢迎仪式，矿工们像款待贵宾一样迎接物探队员们的到来，在住宿条件十分紧张的情况下，让出了仅有的一座破庙。赵庆龙和队友们垫着矿部特拨的毛毯，全身热乎乎的。他们明白，矿领导和工友们是把物探队员当作一双双能透视地穴、探明宝藏的眼睛，对他们寄予厚望啊！

一切准备就绪，就等物探为他们指明含铁层了。一个月、两个月……时间无情地流逝了七个月零二十天，基地指挥部虽然先后收到物探大队送来的一份份资料，进行了实地钻探，但铁矿却像有意跟人捉迷藏似的，图纸上看得见，地底下又摸不着。

“废物！一群废物！耽误了这么长时间，花了那么多代价，连个含铁层都找不着，给我撤！撤！！”基地总指挥怒气冲冲。

在机器轰鸣、山崩地裂的沸腾工地上，物探队员像一群败兵，从前线灰溜溜地退下阵来。

赵庆龙难过得一把拉住队长的衣袖：“你说，我们的物探就这么不顶用？”

队长喟然长叹：“咱们的资料，没一份不是经过仪器测录和人工精密计算的。”

“那为什么探测的结果分明是含铁层，实地钻探又偏偏找不着？”

“唉，咱们中国物探技术落后，几千米的地下，千变万化，谁摸得准？”队长卷起一管旱烟，闷闷地抽起来。

几个月前，赵庆龙对物探工作寄予了多么美妙的希望啊！此刻，仿佛一下从霞光万丈的云端跌入漆黑一团的深渊，心里凉透了。身为一名找矿的队员，却无能探明地下宝藏，他感到莫大的羞愧、耻辱，简直无地自容。他伏在残留的古城墙上，痛哭失声。

就这样甘心了？不，科学历来就需要人去探索。难道就没有一门技术能准确无误地把大自然的奥秘揭示，让地下的宝藏袒露于人世吗？有，肯定有……赵庆龙用手抹干眼泪，掏出一把小刀，在墙壁上划下一行醒目的字：不到长城非好汉。

“长城”——科学的境地！

伙伴发现，赵庆龙变了，变得沉默寡言。回到北京，队友们都回家休假，空荡荡的宿舍只剩下他一个人。他从资料室抱来大捆大捆书籍，寻找着有关勘探找矿的新技术。他发现，现代先进技术日新月异。50年代，苏联宇宙飞船已飞向太空，美国的潜艇也开始周游地中海。然而，世界上竟还没有哪个国家可以准确无误地揭示地球内部的奥秘。“地球是个梦”，连科学巨父爱因斯坦也这样叹息。在迷茫的视野间，赵庆龙没有失望。一天，他从图书馆里意外地发现了一本书，那是英国著名物探学者麦克米兰的《论信息研究》。著作的卷首对“信息论”作了精辟的论述：人类与自然和动物界的媒介中，信息是第一和最亲密的使者。人类一切已知，是信息的功劳，而一切未知，也必将依赖于信息。唯有信息，才能真正解释大千世界的所有奥秘……赵庆龙念着念着，眼前顿时迸出一道道希望、闪光……

物探大队重新整训的第一天，血气方刚的赵庆龙向大家宣布道：“我要用信息论去找矿！”

“什么？信息论——找矿？！”同事们喧嚷，教师们震惊，对世界现代科技颇为注意的几位专家，则认为赵庆龙不自量力。

“信息论是当代最新的边缘科学，涉及高深的现代数学，如傅氏级数、傅氏积分和变换，矩阵和褶积理论，以及同它有关的概率论、工程控制论。小赵，这些你都知道吗？”一位好心的教师问赵庆龙，赵庆龙摇摇头，脸“刷”地通红。

“我说老兄，你上过几年学？”几位喜欢捉弄人的同事问道。

“三年。”

“头条新闻。一个初小生竟想摘取伟大物理学家奥勃鲁切夫都望而生畏的科技桂冠，那诺贝尔奖奖金不成了一块人人可以啃的土豆了吗？”

“哈哈哈！”

“……”

“砰——！”一只粗壮的拳头猛力地击在桌子上，玻璃粉碎，茶杯滚落。赵庆龙被激怒了：“有什么可笑的！人家卫星都上了天，而我们拾着别人丢下的破铜烂铁，到处瞎摸，有矿找不到，无宝的地方空费劲。作为一名找矿战士，你们有脸，我可没脸。我这辈子要是不把信息论用上，我赵庆龙不是龙，是熊！”

看着赵庆龙那严肃认真的神态，没有人敢再笑了。那一次，赵庆龙一病半月未起……

信息，力和爱的波……

据说，童年时代的普希金是个“语无伦次、感情近乎木头的肉疙瘩。”一次，老师在课堂上课，普希金则把头钻到桌子底下。老师走过去问他干什么。普希金回答：“在作诗。”老师接过一看，什么“牛奶、咖啡和铁勺……”“写诗？你这样的朽木之脑也能写诗，那世界不倒退为远古的冰寒时代了！”没想到，老师一句刻薄的话，竟成了普希金以后成为世界诗圣的催化剂。古今中外，有多少著名人士的成名是靠反作用的力量。于是，培根总结了这样一个哲理：奇迹，常在被人耻笑的厄运中诞生。

赵庆龙走的就是这条路。

不过，他觉得当时他夸口实在也是太大了。以致今天当我采访时，他本人回忆起此事时，也还觉得自己当初确实“不知天高地厚。”

信息这个名词，人们并不都很熟悉。其实，作为一种自然现象，人们谁都非常熟知。从宇宙诞生的那天起，天崩地裂的地壳运动，排江倒海的冰川冻土，还有鸟类的啼鸣、走兽的咆哮、原野间的虫声、夜空间的闪电、人与人之间的言语……无不是信息属性。作为人类活动的特殊现象，它已有几十万年的历史了。从古猿产生智能开始，人们相互间以最初的眼神向另一方表述自己欲行所为的低级本能，到今天遥控指挥宇宙飞船的尖端科学手段，人类对它的运用，已渗透到军事、政治、文化、工程等广阔浩瀚的领域之中。然而，作为一门专门学科，并将其理论运用于实际之中，还不过是刚刚开始。

1948年美国学者香农才正式创立了这门边缘科学。此后，信息论这个专用名词才逐渐为世人知晓。也许是因为它的理论深奥莫测，人们始终对它有着不可思议的神秘感。有多少专家、学者，曾壮志凌云地欲达“信息之宝殿”，结果常以临阵生畏而退下。

当初，同行的讥讽也不能算过分刻薄。谁不知赵庆龙的文化底子仅仅能应付“文盲班”的考试罢了。既然“海口”已经张开，就得干下去，男子汉嘛，谁愿受人奚落！赵庆龙为了攀登其信息论的“万里长城”，给自己制订了一个宏伟规划。第一步是攻书；第二步是实践；第三步是研究。这三步计划各用10年，共计30年。他躺在床上一个人盘算着：争取在50岁之前，摘下这颗现代科学的明珠。

30年，这在人的一生中几乎等于二分之一时光，然而，在科学历史的长河中，它仅仅如流星一闪。赵庆龙知道凡事总得先紧后弛。要不就一事无成。于是，他不得不把别人三年学的课程，一年内全部学完。1953年，他学完了初中课程，第二年又把全部数理化高中课程学完。“神了”！年底，赵庆龙探亲回家碰上父亲战友的一位当记者的儿子。对方见他在啃微积分，惊讶不已：“两年前，你连π是多少都搞不清，嘿，如今竟然计算起无穷大了。”那记者半开玩笑地作弄赵庆龙，站在他对面审视道：“来，让我对你作番肖像观察，看看你是否与卢瑟福有着同一副神童的脸庞。”

赵庆龙笑了起来：“什么神童，称我饭桶倒挺合适。我只知道把知识往肚子里装，撑得鼓鼓的，脸有什么好看的……”

“不！”伙计突然张着一双惊奇的眼睛：“你的脸上有着异常的症状，不信你自己看……”

“天，这难道是我？”赵庆龙对着镜子，吓了一大跳。一块块大如指板、小如芝麻浅紫略带猩红的灰斑，布满了两颊，将一张英俊、稚气的脸变成了奇色异样的“怪面”。赵庆龙痛苦地抚摸着充血的脸膛，一副敏感而多情的眼眶里顿时溢出两颗黄豆似的泪珠。那泪珠里正晃动着北国的一个个火日寒夜……

那是两年前的事，为了开发东北金矿，赵庆龙所在地质队奉命到黑龙江漠河一带普查。素有“北极”之称的漠河，位于中苏边境的原始森林之腹。这里，每年三分之二的岁月是在西伯利亚的寒流中度过的。勘探队为了减少野外工作的累赘，规定每人只许带一个背包和几件野外作业必备品。赵庆龙想，我正在攻书，书箱不能随身带那还学个啥？他请求队长通融让他带书箱。队长毫不留情地对他说，要不轻装，进了森林你就别想出来！赵庆龙摸摸头，说：“那……我背包不带，光带书箱。”“你疯了，零下几十度的天气，几百里不见人烟的野林里，你……”队长真想狠狠地训斥他一顿，可看看这个“读书不要命”的小伙子，心又软了。后来竟破例地批准赵庆龙多带一只书箱。

大伙看着赵庆龙每天背了个大书箱跑野外怪累的，就轮流帮他背，但要求赵庆龙包晚上的值班。赵庆龙欣然允诺。值班时间，正好可以看书。他实实在在是个书迷。白天工间小憩，别人拣起雪团逗乐，他却哈哈手，从怀里掏出书本来看；晚上，大伙儿呼呼入睡了，他一边值班，一边打开书籍，在烛光下开始了阅读、运算……出发时带的一书包蜡烛用完了，十几节手电池的电耗尽了，学习不能停止，他从漆黑的床头走到帐篷的小窗口，轻轻掀开帷布。外面好一场大雪！那漫山遍野的大小松柏、桦树，裹着素洁的银装，大地犹如白昼。赵庆龙两眼猛地一亮：啊！雪光，这北国特有的“长明灯”，呵，正好伴我读书。他兴奋地挟起书，将大衣往身上一裹，悄悄地掀开篷帘……

清晨，队长起床见小赵的床铺空着，急忙招呼几名队员起来找人。这时，篷帘开了，滚进一个“大雪球”。

“啊——是小赵！”原来他已经冻得失去知觉。同志们赶忙把他抬到床上。

赵庆龙醒过来了，他睁开眼，见队长正在流泪，一面正给他揉脚，不在意地说：“队长，刚才我是困了。你瞧，昨夜我把高二的物理课本学完了……”

队长火了：“下次再这样玩命，我把你的书全烧了！”

物理课本学完了，脸上却留下一块块灰斑……

北国的寒冬难熬，一到夏季，从朽木腐草中钻出毒蚊恶虫，使人更难忍受，叮一口便是个指头大的疙瘩，大热天非得用被子严严实实地裹好方可入睡。赵庆龙自制了一套“防蚊装”。看书时穿在身上从头到脚裹得严严的，然后再钻进蚊帐内。防范尽管严密，成群结队的小咬、瞎蠓依然把他的手脚和脸部咬得斑斑点点，又疼又痒。一次赵庆龙正在蒸笼般的帐篷里看书，突然从外面飞进一大群瞎蠓，急雨似的向他袭来。赵庆龙关上帘，抡起家伙就扑打。这时，炊事员正好过来，赵庆龙端着脸盆里的瞎蠓说：“伙计，把它们用油炸一炸，看到底谁吃谁！”真是新发现，油炸瞎蠓味道还真不错，队友们兴致勃勃地饱餐一顿。

就是在这样的环境下，赵庆龙仅用了两年时间学完了中学的全部数理化课程。然而，他明白，这仅仅是开始。在通往信息论的道路上，中学课程只能算婴儿吃上的第一口奶，要长大成人，还须学会自己穿衣、独立行走……正是路漫漫其修远兮。1955 年，赵庆龙不等兴安岭留下的灰斑从脸上脱尽，又抱起《高等代数》《泛函分析》《理论力学》《数学物理方程》等堆积如小山的大学数理书籍，随地质物探队转战到距漠河万里之遥的云南个旧锡矿。艰苦、流动的生活没有影响赵庆龙自修大学的课程和工作。他干的是跑极，每天背着几十斤重的线架，在同一条测线上来回地奔跑。他边学习，边在实际中捉摸那神奇的千变万化的电测磁场。他反复将书本上的公式和理论，拿到工作中运算验证，又将工作中的所得数据、图像，推解为书本上的习题证明。队上分的香蕉，他放在床上顾不上吃，全烂了；可恶的蚂蟥爬到了鼻孔，他都没有知觉。“赵庆龙精神失常了！”消息从队上传到局里，为此还闹出了一场老局长专程探望“赵疯子”的笑话。

一天，赵庆龙和队友们在野外，紧张地拉极跑点，突然天际卷起一片乌云。大伙儿见势不妙，纷纷跑开避雨，唯独赵庆龙仍在工地上收拾线圈。他摇着摇着，眼前猛地闪出一道白光，只听“轰隆”一声霹雳，他倒在了地上……等他睁开眼睛，发觉自己躺在医院里。后来医生告诉他，那天遭雷击后，人被抬到医院昏死了四天。经过多方抢救才脱险。他摸摸左臂右肩和脸部，都绑上了厚厚的纱布，怪不得那样疼。天灾，给他留下了一块明显的记号——左脸颊上多了块长条形的黑疤。他的“天打佬”的雅号就这样传开了。

养伤期间，赵庆龙依旧手不释卷，整天在病房里研究他的“信息”。

有一天，一位年轻女护士见他床头放着一本本大厚书，问道：“小赵，你是哪个大学毕业的？你老是念叨信息、信息，那是什么玩意呀！”

“唔，怎么说呢！”从最初萌发奋攻信息论到现在，赵庆龙接触和遇到的尽是些冷嘲热讽。今天，从姑娘那热切的眼神里，他得到了一种前所未有的慰藉，他仿佛第一次找到了知音。平日笨拙的嘴，此刻变得灵巧起来：“应该这样认为，从宇宙万物存在的那天起，信息就诞生了。它包罗了自然界一切事物间的媒介、传递、讯号等互相联系的活动方式。它是声、是音、是光，也是波。对，是波。譬如说，你的目光，当盯着我的时候，就产生了一种波，这种波就是信息，是一种发热传情的波……”

“哎哟，别说了！”姑娘瞪了他一眼，脸色绯红。“真是该死的

‘天打佬’，你研究这干吗？”

赵庆龙这才意识到自己举例不恰当，脸涨得通红，赶忙解释：“不不，我研究的不是这类波。是……是一种能使埋在地底下的矿藏被人一眼就能辨别出的波，就像你们医院的 X 光一样，只要对人体照一下，就能看清五脏六腑。”

“真神……”姑娘炽热的目光，久久停留在一个方位上。赵庆龙被这强烈的光束，烧得火辣辣的。他的心弦猛然一动：“啊，信息，难道这……”

“需要这书吗？”三天后的一大早，姑娘从白大褂口袋里悄悄掏出几本书，往赵庆龙床头一放。

“麦克米兰的《信息论浅说》，还有斯利平的《象形信息论》……”赵庆龙欣喜若狂：“这书我找了好几年，你从哪儿弄来的？”

“你别管。”姑娘狡黠地笑笑，“如果你需要，以后我可以专门给你送来你需要的……‘信息’！”

赵庆龙万万没有想到自己在天灾致伤住院的日子里，竟然会遇见天使，他痴呆呆地盯着温柔美貌的蒋素兰，半天才吐出一句话：“你就是信息，最美的……”

这对痴男痴女就在邂逅中奇特地相爱了。三个月后，赵庆龙伤愈出院，被调到某地质队，开赴贺兰山区。1957 年元旦，年仅 21 岁的蒋素兰带着一片深情，离开了美丽富饶、气候宜人的南国，来到西北沙漠的帐篷里与赵庆龙喜结良缘。

甜蜜的爱情，产生着神奇的力量。赵庆龙有了爱人的帮助，更像骏马添上了翅膀。他废寝忘食，如饥似渴，常常为弄懂一个公式，一道题目，累得吃不香，睡不着。新婚之夜，他突然想起物理场论中的一个公式未推导完，便抓起笔，趴在桌上算了起来。深夜两点，难题依然未解开，急得直在“洞房”里打转。怎么办？他想起队上的周焕然老师，于是裹起大衣就往门外走。清晨 4 点，当他抖落满身雪花回到“洞房”时，新娘还呆呆地坐在床头等他。一股热流冲上心头，赵庆龙的喉咙哽塞了：“素兰……”

戈壁牧羊人

赵庆龙以惊人的毅力，发奋学习，仅用7年时间，自学完中学、大学课程和11门现代数理专科，不能不算是奇迹！进入60年代初期，赵庆龙的知识底子和实际工作能力，在同行中已是佼佼者了。才智的蓓蕾争相竞放。1961～1964年期间，他结合物探工作，接连创造了7项被国家有关部门确认的科研成果，连续4次被评为部和省级劳动模范、先进工作者，并担任了地质队的党委书记。

此时的赵庆龙，正像起跑线上的马拉松队员，实力雄厚，精力充沛，一旦赛枪鸣响，就如飞箭出弦。他决定将自己的步子正式移到十年前曾经遐想的国家空白科研项目——信息论找矿上。

信息论涉及的理论烦琐高深，其研究的过程几乎全是推导演绎的过程。英国有家研究公司，曾配置了12套最现代化的大型电子计算机供信息工程的研究人员使用。而当时的赵庆龙，别说是大型计算机，就是一台手摇计算机也不具备，他只有笔和纸。他每天就靠他的脑子和这两件武器研究“信息论”。笔尖磨秃了，废纸堆成了山。乘呀，除呀，算呀，写呀，他不知道什么叫疲倦，什么叫劳累，他只有一个心眼儿：要尽快掌握“信息论”，把烦琐高深的理论，应用到实践中去。

1966年夏，赵庆龙在一顶低矮阴暗的帐篷里写出了“信息论在物探工作中应用”的论文初稿。这近百页的文稿，凝结着攀登者的多少汗水和心血。那天，他早早吃过饭，带着论文，兴冲冲地跑到队部，想让总工程师提提意见。临近大门，一阵高过一阵的口号声，犹如暴风骤雨，劈头盖脸地砸来——“打倒反动学术权威赵庆龙！”“揪出躲在阴暗角落的成名成家狂！”他呆了：这是怎么回事？习惯了被人捉弄的他，以为又有人在嘲弄自己，然而他细细一看，情况不对：那一张张脸谱分明是受着特殊刺激的怒容。他感到惆怅和不可思议。

“笑话，我连小学的文凭都没有，凭什么把我划为反动学术权威？”在游街的卡车上，赵庆龙双手举起挂在脖子上的大黑牌，朝围观的人们大声嚷着。于是一场气氛严肃的“牛鬼蛇神批斗会”，就在一片哄笑之中不欢而散。

“有这么便宜？哼，让他尝尝厉害！”造反派头头从鼻孔里连哼三下，带着十几名打手，赶到赵庆龙家，将屋里所有的书纸付之一炬，又把几件瓶瓶罐罐砸了个粉碎。自然，那凝结了十几年心血的文稿，更逃脱不了厄运。赵庆龙回到家，看着泪痕满面的妻子和两个吓呆了的孩子，又看看地下一片狼藉的废墟，两行泪水像断了线的珠子。他踉跄地走出小屋，双膝跪在沙地里对天大嚎：“自修苦学，为国效力，何罪之有？！”在那人妖颠倒的岁月里，是无人能对此做出回答的。他不服，处处抗拒。结果，招来的却是更大的灾难。他不明不白地被打成“走资派”“反动学术权威”而进了牛棚，后来又被送到大漠边的一个农场。在戈壁卵石滩上，他拉起笨重的古罗马式木犁，干起“采邑”奴隶般的体力劳动。塞外大漠虽是“沙尘茫茫”“极目楚天”，但赵庆龙抱定“科学无界、知识有用”之真理，在遭人非难之时，依然瞅准一切可乘之机干着自己的事。资料没了，他边劳动边将数以百计的公式、定理，逐一追忆，又悄悄打开小本来记上。日复一日，冬去春来。整整两个年头，他将研究信息论的一些基础资料又重新从脑瓜深处搬在了纸上。但要想正儿八经地搞研究，谈何容易，尤其是要避开“管教人员”的那双眼。赵庆龙苦于没个“世外桃源”。也正巧，就在这时，农场买了300只绵羊，有个放牧的差事。赵庆龙不知好歹，便毛遂自荐了。他想找个“避风湾”以求得半分安宁来学习攻关！

一天，赵庆龙正赶着羊群从贺兰山西侧的草地回归，途中突然狂风大作，黄沙夹着卵石，漫天飞舞。眼看着羊群要被沙龙吞没，他拼命抓住“头羊”不放。羊群随着狂风恶沙的性儿飘滚，最后被卷到十几里外的一个蒙古族牧地。羊群得救了，赵庆龙疲乏地倒在老额吉（蒙语，大爷）送来的毡子上。他正想喘一口气歇歇，忽然发现资料包丢了，这还了得！他拔腿就往外跑。

黄沙漫漫，何处寻觅！赵庆龙拾起一根树杈，就着月光，一跌一拐地顺着起伏的沙丘往回跋涉着。他翻过一道又一道沙梁，终于在白天避风处找到了资料包。赵庆龙伸出冻僵的双手，一把将布包搂入怀中，泪水顿时湿了前胸。他想转身往回走，忽觉两腿一软，身子一下倒在沙中。嗓子怎么这么疼！唔，眼睛也花了！不好，准是病了。不能倒下，倒下就要死在大漠上，生路只有一条——赶回牧场。他拼力地站起来，然而又倒下了，最后只好用四肢爬。平展的沙滩上，出现了一道深深的沟印，十米、百米……赵庆龙再也爬不动了。他想喊，喉咙像塞着棉絮，喊不出声。难道就这样完了？！信息论还没个头绪，我怎么能轻轻松松地躺在这儿当“木乃伊”呢？不不，无论如何得闯出荒漠的魔掌。怎么办？

啊，有了！成败在此一举！他吃力地脱下皮大衣，划亮火柴，将皮大衣慢慢地点着，漆黑的戈壁上升起了一团熊熊的火光……火光被一群路过的蒙古族牧民看见了，他又一次逃避了死神的追捕。

从龙宫那儿来

1974年，赵庆龙刚从医院治好肺病出院，人民解放军水文地质部队来地质队征调一批技术干部，赵庆龙被选中了。

“赵工，咱们部队非常需要你这样的人才，祖国水文事业非常需要有真本事的科学工作者。”部队长老姜以期待诚挚的目光注视着赵庆龙：“国家一百九十多万平方公里面积的边远山区，严重缺水，地下水资源情况又没弄清，各项建设无法上马。周总理在病中亲自提议成立水文地质部队，来帮助这些地区解决当务之急。赵工，你搞的那个信息论能用来找水吗？”

赵庆龙从对方的眼神里明白了一切。多少年来，他为研究信息论呕心沥血，却不为人所重视，现在，姜部队长的一句话，使赵庆龙热血沸腾，虽然他还不能保证信息论能通过自己的手直接应用于我国地球物理勘探领域，尤其是具体找到水源，但他坚信，随着科学的发展，这是可能的。失去的时光要补回，总理的期望得实现。他等的不就是这一天吗？他激动地站了起来，向部队长重重地点了点头。

“好，给你两年时间集中攻关！”

两年，730天。对一名科研工作者来说，时间太短，太宝贵了！赵庆龙立即夜以继日地投身研究。当他按他的理论把“信息量 $\mathrm{Log}z>0$ 时，地下就有水，$\mathrm{Log}z<0$ 时，地下没有水”这一研究成果公之于众时，竟引起哄堂大笑。摇头的，挖苦的，无所不有。好吧，让实践来检验吧！

1976年仲秋，地处云贵高原历史名城遵义附近乌蒙山区的百里苗乡，流传着一则新闻：有一名解放军“水师”（苗家人称找水的神仙）用一只手臂粗的“大针”（物探用的电极棒）能找到地下“水龙王”（暗河）。人们沸腾了！希望、祝福和怀疑、猜测交织在一起，人们心里不由得想起那悲苦的往事：

这乌蒙山区自古就是个“滴水贵如油”的穷地方。以田养生的苗家人，世世代代卖儿卖女卖牲口，只因缺活命的水啊！打井要靠“水师”。那时的所谓“水师”不过是些骗子，哪里懂得打井！吃个够喝个够，脚下抹油——溜了。苦就苦了苗家人，请过多少“水师”，水，点滴未见，只留下一个几十丈深的黑咕隆咚的大洞。苗家人伤心地叫它“白血洞”，因为多少人的血，白白地为找水流淌在洞里。如今，人们听说又来了个“水师”，都想亲眼见见，如果是真的，请他吃粽子；如果还是骗子，就送他上西天。

“哝，他就是水师！”人们围聚在“白血洞”旁边的部队施工现场，指着赵庆龙，窃窃私语。一位苗族老大爷走到赵庆龙面前，上下打量了一番：“你，能找得到咱苗家盼了八辈子的水龙王？”

“能！”

“在哪？”

“就在这‘白血洞’里！”

“什么？”一提“白血洞”，在场的人一阵惊呼。年岁稍长的都记得，解放后不久，有支考察队来到乌蒙山区，听了“白血洞”的传说后，贸然决定闯一闯这神话中的鬼域。结果，三名苏联专家和两名陪同人员进去后再没出来。从此，“白血洞”更给人增添了一层恐怖感。

解放军要进“白血洞”的消息激动着苗家人的心。那天，洞周围聚集了好几百人。人们怀着不安的心情，期待着一场凶吉难卜的战斗。

上午9时许，赵庆龙和5名干部战士组成的勘察小组，带着干粮、手电和测量器材，顺着黄果树皮的软梯，向洞内鱼贯而入。

神秘的古洞一片漆黑，凉飕飕的气流不断从里面冒出。方才还是汗淋淋的身子，即刻起了一层鸡皮疙瘩。待下到百米深的一个平台，回首望洞口，其形犹如中秋高悬的明月。赵庆龙和队员们心里明白，此番进洞，与其说是信息论找水成与败的验证，倒不如说是生与死的搏斗。

越过平台，是个高不足30厘米，宽不到50厘米的“猫耳洞”。洞底，淤泥满地；四壁长满狼牙虎刺。区区百米之距，他们却整整爬了两个小时，衣服刮破了，皮肉被刺伤。洞里三步两弯，时而狭窄，难以通过；时而宽阔坦荡。幽谷深涧，奇壁怪石。他们手攀脚蹬，躬腰曲背，艰难地往里进。十几个小时过去了。他们换上新电池，吃了点干粮，继续向洞穴深处进发。路，越走越险。在越过一个30多米高的陡坡后，通道消失了，眼前仅剩下一条上不见顶，下不见底，中间只有一米多宽的大裂隙，黑乎乎的洞穴冒出缕缕青烟。

“鬼门关！”望着黑洞，大伙面面相觑，不寒而栗。技术员老王走到赵庆龙跟前：“我跑了20年地质，还是头回见这样的险情。”几位战士报告电池、干粮将要用完。是进，还是退？

电筒光下的赵庆龙，脸色铁青。此刻他想得最多的是暗河。根据物探资料和计算结果，按信息论分析，在“白血洞”里隐藏着一条可观的“水龙王”。可为什么“水龙王”至今还不见行踪？赵庆龙眉头紧锁，他打着手电，又细细地在裂缝四周观察了一遍，然后扭头对大伙说：“根据洞穴地貌分析，这‘白血洞’是个典型的岩溶发育区。岩石的水蚀现象相当明显，暗河很可能就在前头，我们设法找到它！”

“可咱们又没长翅膀，怎么过得去这道关？”

是啊，怎么过去呢？赵庆龙走到裂隙口，足足停立默思了三分钟。

“老王，把剩下的电池分我一半。还有，这日记本和粮票。万一……请转交我爱人。”

“不行不行！那太危险了！”战士们着了慌，七手八脚拉着赵庆龙不放。

“谁说不行？”赵庆龙大声吼着“我研究信息论25个年头了，你们明白我的心吗？”

众人呆了：他在流泪。

在视事业如生命的人眼里，什么最重要？成功。一百年前，瑞典大发明家诺贝尔为了试验炸药，出生入死四百多次。他的哥哥和几名助手，都因为帮他试验而死在实验中。有人劝他再不要试验了，诺贝尔不听，他视死轻如鸿毛，他要的是炸药的试制成功。1867年9月3日，他终于在马拉湖上试验炸药成功了。此刻的赵庆龙想的是什么？死？他已经有过几回了。日本鬼子刺刀的威逼；雷公电击的天灾；长白山下的深渊，他都领教过了。要不是八路军，现在的骨头也早该黄了。死，他不害怕，不畏惧。但他胆寒、后怕的是那苦心经营的信息论成为泡影。这是第一次的验证，闯！闯过去！！对地质找矿战士来说，活着，是捡来的命；死了，是走完的路。

他紧了紧腰带，将地质包往肩上一挎，电筒咬在嘴里，猛地在裂缝中间张开手脚，四肢像两根钢钎。死死钎在两边的岩壁上，凭着全身力气，一点一点地向前挪动着。洞内的空气凝固了。大伙儿的心“怦怦”地惊跳着。不好，赵庆龙手足下脱落的岩石，发着一阵阵令人心惊胆战的“嗖嗖”响声。

一分钟、两分钟……

一米、两米……

“轰隆——！”猛然间，一声巨响，只见裂缝两侧的绝壁上，那松动的岩石突然塌落，可怕的一幕终于发生了……

“赵工！”

“赵工——！”

任凭勘察小组的同志怎么叫喊，赵庆龙没有回答。他——去了！

消息传到地面，一直守候在洞口的众多苗家男女，非常悲痛。人们怀着失望和痛楚之心，默默地离去。只有那位老大爷不肯走，他坚持要为“赵解放军”守灵三日。一连三天，部队的同志陪伴着老大爷，默悼自己的好战友。

第三天傍晚，天黑了，真该走了。突然，苗族老大爷挣脱两位战士的手臂，大声欢呼起来：“瞧，赵解放军回来啦！”

是老大爷眼花了？非。赵庆龙真像从地狱里冒出来的，浑身黄泥，满脸血迹，双手拄着树枝，一拐一拐地从山那边摇摇晃晃地走过来……

原来，在一块岩壁突然松动塌裂时，他躲闪不及，掉了下去，后来，便失去了知觉，醒来时，发觉自己竟然还活着，只是浑身动弹不得。他用手轻轻在身边一摸，啊，原来掉在一片软乎乎的青苔淤泥里！他猛然想起勘察小组的同志还在上头，便赶忙从摔在几米外的地质包里摸出一支蜡烛，点燃后往头预照去。天！巨大的裂缝深邃无底。他想喊，喊不出声。“八”字形的裂壁，上攀是不可能的。等死？不，那样太懦弱和可怕了。听，洞内好像有什么声音！他屏住呼吸，熄灭蜡烛，机警地倾听和窥测着周围的一切。

“轰隆隆——”“轰隆隆——”炮声？不像，这千米地下哪来兵工厂！那是什么声？他强忍着筋骨疼痛，拖着一双伤腿，奋力地朝响声处走去。“轰隆隆”“轰隆隆——”声音越来越大，直震耳鼓。赵庆龙爬过一个陡坡，又连转三个弯，忽见眼前闪现出一道犹如闪电般的光泽，他赶忙揉揉双目，定神一看：啊，原来是条巨大的暗河。那光柱，就是暗河从三十多米高处流向底洞所形成的落差瀑布。瞧，多壮观。湍急的水流，一泻数丈。撞击在石级上的波涛，如烈马奔腾咆哮，其势如乱石崩云，惊涛拍岸。赵庆龙凝视着这气势磅礴的情景，心潮汹涌。这一发现喜得他如醉如痴。他伸开双臂，飞步扑进浪花丛中。“找到‘水龙王’啦！”“我的信息论管用啦……”多少年的夙愿终于实现了！他情不自禁地独自举臂欢呼，欢呼声在千米幽洞深处久久回荡。

此刻，赵庆龙完全忘记了全身的伤痛和饥饿、疲劳。他操起罗盘，铺开纸，测流速，绘河貌，取水样……为了弄清暗河的来龙去脉，他顺着水流在黑洞中搜索了两天一夜，获得了一条全长7.3公里、每日涌水量达15000立方米暗河的全部地质资料。

乌蒙山区又沸腾了！人们从四面八方会聚到“白血洞”，争相品尝从龙宫深处取出的珍泉水。苗族老大爷抖着喜悦的白须，给赵庆龙端上一碗殷红的鸡血山茶酒。赵庆龙从不沾酒，可此刻，他却慨然捧碗痛饮。这是初胜的庆功酒，也是出征的送行酒。

他第一次感觉自己醉了……

理想，在广袤的漠野

勤奋者的收获是令人满意的，运用信息论找水，赵庆龙获得了可喜的成就。从1976～1980年，他在我国著名的岩溶干旱区的云贵高原和湘鄂西一带，同部队地质科学工作者一起，找到55个面积达13万平方公里的富水地域，发现2300条地下暗河，为中国地质找矿史掀开了一页新篇章。

在春城昆明市举行的中断十几年的中国地球物理学会首次学术报告会上，来自全国各地的专家、学者和有关科研单位的代表，齐聚一堂，赵庆龙的论文《信息论在物探中的应用》，震动了整个地球物理学界。著名地球物理专家、70岁高龄的中国地球物理学会副理事长翁文波老教授，拉着腼腆的赵庆龙走上讲台，兴奋地说道：“40年代有人在广义体系论中提到过信息论的应用问题，今天才有人把它引进地球物理勘探中来，这是我国基础科学的又一个可喜的进展。”哗……掌声震荡着会议大厅。“这个成果是值得庆贺的，更使我感到震惊和欣喜的是，这个科研成果竟出自赵庆龙这样一个只上了三年学的人之手。这是奇迹，奇迹！”

赵庆龙被破格接纳为中国地球物理学会会员，部队荣记他二等功。他的事迹在报纸电台发表后，从各地飞来的贺信足足装了几书包。1981～1982 年中，他先后被邀请到地质、冶金、水电、煤炭、城建、铁道、交通等系统和大专院校、科研单位讲学二百多次。

普查戈壁沙漠的新战斗正在召唤，部队又要出发了。浩荡的铁军，赶着长长的骆驼队，兵分三路，直插内蒙古高原的腾格里、巴丹吉林、乌兰布和大漠的腹地。驼铃在深深沙海里“叮当”作响，赵庆龙又在思索什么呢？瞧他那异常激动的脸庞，仿佛每根汗毛都在欢跳。怎能不兴奋？刚才团长给他捎来一封中国科学院来的信。翁文波老教授惦记着这位“泥腿子”出身的信息论研究者，准备介绍他到中国科学院物理研究所从事信息论研究，征求他的意见。太理想了！研究所有最先进的大型电子计算机，有每天十几小时的工作时间，再好不过了！机遇，对一个人的命运是何等的重要！决不能放过这个机会。部队刚在地处乌兰布和边缘一个小牧村留宿，赵庆龙按捺不住内心的激动，独自跑到村边的沙丘上，借着月光，一遍又一遍展开翁老的信，浮想联翩，喜不自禁。

“呜呜……呜……”

谁在哭？！哭声低抑、凄切，将赵庆龙的美妙神思冲得一干二净。他顺着哭声走去。月光下，一位穿袍裙的蒙古族妇女蹲在地上，不停地抽动着双肩。

“你怎么啦？”赵庆龙轻声问。

呜呜、呜呜……那人哭得更厉害了。

赵庆龙走近一看，见是位不足20岁的少女，他脱下军大衣，轻轻披在那姑娘身上。小姑娘感动地抬起泪眼，向这位好心的解放军同志诉说了自己的不幸。姑娘名叫海腾花，是本村人。前月刚从旗中毕业，本想考大学，谁知老父亲忽然将她从学校拉回家，要她嫁一个35岁的二婚男子。海腾花不同意，老父亲狠心把她赶出了家门。

“好糊涂哟！”赵庆龙一把拉起海腾花，“走，找你爸去！”

姑娘的父亲老扎布，是个刚强汉。17岁时就被穷哥们儿举荐为村主。老扎布所在村是个旱滩，多少年来，乡亲们为缺水而背井离乡，四处流浪。一个好端端的百户大村，解放时只剩下了18户人家。水，是老扎布的心病。年轻时，他曾发誓要为村上的乡亲们找出泉水。他把自己的家产全卖了，请人打井，结果没见水。老扎布不死心，一连聘了两个闺女把得来的彩礼全部用来打井，还是失败了。老扎布一病就是5年。党的包牧到户政策下来后，老扎布眼看着村上一家家包牧户，因缺水纷纷离去，难过极了，他从床上爬起来，拦住众多乡亲：“你们先别走。水，我就是拼了这条老命也要把水从地心里找出来！”挖井的钱哪儿来？老扎布下狠心卖他心爱的三女儿……

“咱有啥法子，同志！没有水，谁都活不成哪！”老扎布老泪纵横，像罪人似的在赵庆龙面前俯首低语着。

是他的过错吗？不，老扎布的心是金子。水啊，你这戈壁的魔神，何时出现呢？赵庆龙捧起一掬黄沙，心潮澎湃：祖国，西起新疆的塔里木，东至内蒙古的海拉尔，沙漠占了很大面积。在这广袤、干旱缺水的沙漠里，有多少海腾花在哭泣，有多少老扎布终生遗憾，有多少人烟在消失。水，一切都因为水啊！

“老赵，调往地科研究所的手续已经办好！”干部股长跑来告诉他。

赵庆龙摇摇头，将调函和口袋里的信纸，一起深深地埋在沙子里：“海，是龙的天地。这沙海，是我赵庆龙的天地！”

他没有食言。短短两年中，他同战友们用信息论第一次揭开了乌兰布和这神秘世界的面纱，在一万多平方公里的大沙漠底下发现了一个巨大的“地下海”。此外，还在腾格里、巴丹吉林、毛乌素等戈壁沙漠中，探明了一批隐藏丰富水源的地下古河道，其中一条正好流经老扎布的村子。赵庆龙为海腾花父女定了个勘察点，又调来一台钻机。只不过半月的时间，一股清澈泉水“哗”地从井底喷出地面两丈高。戈壁有了水，一个又一个“塞北江南”星罗棋布出现了，沙漠从此有了春天。

这震惊中外的奇迹，引起了联合国沙漠研究中心的注意。一支考察团万里迢迢从北美专程来到乌兰布和。他们在一个“帐篷城”内找到了赵庆龙，进行了长达6小时的学术交流。

“赵先生，像您这样卓有成就的信息论研究专家，竟在这可怜的16世纪帐篷中度过黄金般的年华，这是多么的不幸。”考察团顾问、美国物理专家B博士临走时，拍拍赵庆龙的肩膀，说道：“假如您愿意到美国，我的公司将为您提供一切研究方便。我可以断定，不出5年，您的信息论研究在美国将引起世界瞩目……”

“谢谢您的好意，”赵庆龙客气地说，“不过，我在这里很好，戈壁虽然荒凉，但它是我理想的天地！”

“理想天地？”B博士耸耸双肩，不可思议地直摇头。

赵庆龙迎着微微吹荡的春风，凝神眺望着无边无际的沙漠原野，微笑着……

啊！腾飞吧，苍龙！

缉私大王

那十年中，“钱”这个字并不值钱。人们不敢正视它，而且常常被人在前面加上一个“臭”字，谁把它当回事，谁就是“私心”、搞资本主义。这几年它可走大运了。“时间就是金钱”这个响亮的口号，加速了时代的步伐，同样也加速了许多许多过去惯于懒散的人们的脚步。毫不夸张地说，今天的社会里，没有一个人不看重它，当然，出发点并不完全一样。“向钱看”本身并没有什么令人生畏的，真正令人生畏的是有些人把钱看作“命”，甚至比“命”更有百倍的价值。于是，自编自演起一幕幕惊心动魄、骇然听闻的闹剧来。

走私!

——轻轻松松，反手一转，“大洋”哗哗……

没有比这行当钱更来得快，来得猛，来得刺激。于是，老老少少，男男女女，从北到西，像饿狼般的一齐扑向南边。这些人的心涂了墨，眼睛却是红的。海水终于混浊了，“南窗”也不再是清净的了。

“严厉打击走私贩私”——中央的号召从1978年开始一直喊了几年，但是，这个地方却纹丝不动，“平安无事”，冒险家依然洋财大发。麻袋装钱，寄钱用秤称，简直不足为奇。“晋江是海中之国，谁也别想瞎搅！”不止一个人这样狂妄叫嚷。自然，这些出言不逊者的话不无道理。晋江，自古以走私贩私著称，它的对面，是“自由世界”金门岛。那些走私分子挖空心思，想方设法要利用我们工作上的漏洞钻空子。

就这样任其泛滥、逞凶？永久地放任？武警福建总队参谋邱国鉴不相信。他向领导提出到晋江当缉私队长，捅捅这个马蜂窝。1981年冬，领导批准了他的请求。从此，晋江海面上，扬起一面猎猎飘荡的红色战旗。缉私队成立了!

一

“哈哈，小菜一碟，照干不误。”走私分子根本没有把邱国鉴放在眼里，他们不相信一个拿六七十元的“土老帽”能蹚平晋江的海。

这天傍晚，暮霭四起，海面上，那若隐若现的渔火，闪闪烁烁地跳动在幽幽的烟波上，笼罩着一种夜的静谧气氛。此刻，在梅林海边缉私队驻扎的哨所里，邱国鉴还未曾歇息。他独自伫立在瞭望台的栏杆前，时而仰望月朗星稀的天空，时而凝视苍苍茫茫的夜海，那神情似乎是在沉思默想着什么。是的，从小在海上摔打长大的邱国鉴，岂能被大海表面的平静所迷惑？他深知这样的冬夜，海上往往气候多变，稍有一丝疏忽，就会让无孔不入的走私分子有机可乘。

果然不出所料，没过多久，海上起风了，而且呼呼的海风越刮越猛，像聚集着一股可怕的力量。很快地，大海变得狂暴起来，那被狂风抽赶着的浊浪，如虎似狼地朝岸边猛扑过来，咬啃着滩边一排犬牙交错的礁石丛，发出一阵紧似一阵的嗷嗷轰鸣，仿佛郁积的怒气全部在这儿释放了。附近海面上，挤挤攘攘的货船、渔船早就纷纷进泊梅林港避风，渔村里家家户户也已掩门熄灯了。

“乌拉岛附近发现走私船，缉私队立即出海追擒！”果然在此刻，邱国鉴接到了上级的情报和命令。

在这月黑风高，浪猛涛狂之夜，邱国鉴率领着战友急速登上缉私船，朝激荡癫狂的港外海域驰去，黑压压的夜空罩着黑沉沉的大海，肆虐的暴风猛烈地呼啸，凶狠的怒涛张牙舞爪地咆哮。风浪犹如张开血盆大口的猛兽，仿佛要把这条 240 匹马力的机帆船一口吞没似的，缉私船忽儿被抛上高高的波峰，忽儿又摔入深深的波谷。那与船舷冲激起的涛柱像冰雹一般猛砸在船上，驶出还不到 20 海里，船身左右摇晃已达 45 度。然而，它却执着地向前挺进，全然把安危置之度外……

老邱被战友的拼搏精神深深地感动了，双眼透出更加坚毅明亮的目光。这是为船上的战士、民兵不屈不挠的顽强意志所感染！抑或是对他们默默无声的激励？可是，在这与大海展开殊死搏斗的时刻，谁也顾不得去思索、体味，似乎只有同心协力斗风浪，完成出击追擒任务，才是彼此默契的心情与强烈的愿望。

他聚神凝视迷蒙的前方，舷窗外，依然是一片夜海茫茫、浊浪滚滚。这位 15 岁出海捕鱼、20 岁应征参军，有着长期海上生涯的老战士，思绪翻滚如眼前的夜海滔滔，他倏地想起 1958 年“炮战”时，在围头半岛也曾经历过这般的战斗情景。那时，他才 20 岁出头，在炮兵部队的“海上武工队”任小队长。在“炮战”的间隙，越海擒敌、海漂宣传品，往往也都选择“云压夜海、浪击黑天”的有利时机，而每一次，他和战友们总是凯旋……后来，他又被选送到东海舰队学习，练就了在海上驾艇开船的硬功夫。三十个寒暑春秋，他都是在这风吹浪打的颠摇世界度过的。而今，在新的斗争形势下，邱国鉴又站在一个艰巨的战斗岗位上，但依然离不开大海。想到这一切，庄严的使命和强烈的责任感驱使他由然奋发，只觉得一股豪情在胸中沸腾、激荡……

四个多小时过去了。始终像铁铸一般伫立在船头指挥台上的邱国鉴，终于发现在乌丘岛附近迷蒙的海面上，有一抹船影正孤零零地抛锚停泊在那里。

“注意，正前方发现目标！”邱国鉴精神抖擞，迅速发出命令，“加速前进，追上去！”

少顷，走私船发觉了，便有如惊弓之鸟，慌忙起锚逃窜。

缉私船紧紧追了上去。海面上，两只机帆船在波谷波峰间一跃一跃地前逃后追，200 米、100 米、50 米……双方距离在不断地缩短、接近。“嗖，嗖，嗖”，海上倏然升起耀眼的红绿两色曳光弹，接着我缉私船上的武警战士端起冲锋枪，“砰，砰，砰”，朝前方海面上一串点射，霎时激腾飞溅而起的簇簇浪花，紧紧咬住了走私船。

“停船！停船！”邱国鉴拉开高音喇叭，厉声地用闽南话发出命令。

惊恐的走私船被迫停航了。

不料，正当我缉私船停机欲靠拢之际，狡猾诡谲的对方突然加大马力，一掉头又玩命地逃窜而去。

老邱火了，大喝一声：“快转舵！追上它！”

走私船故意在海上耍花招，停停跑跑，跑跑停停，凭借着狂风恶浪，一直不让缉私船靠拢。邱国鉴见此情形，不禁眉头紧蹙，犀利的目光透出几丝焦躁。这当儿，掌舵的梅林大队民兵营长李正汉机智地加大马力，猛朝对方的船尾冲砸而去，随着一声轰响，只见走私船的尾部被猛撞得塌陷了下去。

“好！好！”邱国鉴顿时为老战友的这一绝招连声喊了起来。

然而，受创伤的走私船仍然负隅顽抗，拒不停航。邱国鉴发狠地接连两次下令撞船，走私船的螺旋桨这才瘫软无力地停止了吼叫。

缉私船迅速地靠上前去，待一个浪头把两船推到最近处的一瞬间，老邱箭一般冲出驾驶室，“嗖”的一声，以熟练而出色的“跨帮”本领，第一个腾空跃上走私船，随即转身接过甩来的缆绳，把船给牢牢地拴住了。几乎与此同时，缉私队的战士、民兵以迅雷不及掩耳之势，一个个跃上走私船，威风凛凛地持枪出现在吓得魂不附体的走私分子面前……

战斗结束了，满船的黄金、白银、电视机、收录机……价值三十多万元。然而，这夜海猎获，对于屡经鏖战的邱国鉴他们来说，仅仅是无数次类似这样浪尖擒获战斗的一个插曲。而大海镌刻出他那“缉私先锋”的英姿，又岂止仅在烟波浩渺的海面、滔滔的浪峰波谷之间……

二

一个深秋的黄昏，在晋江县祥芝公社东埔村的海边，邱国鉴正漫步在他家乡湿漉漉的沙滩上。沙滩上，留下了他那两行深深浅浅的脚印。此刻，正值涨潮，他望见骚动的海面汇聚起一股激浪，朝滩边峥嵘嶙峋的礁丛扑打而来，那沟痕纵横的礁岩，一块块布满了蜂窝状的小孔。他知道，这是被海浪咬噬的。尽管礁岩坚硬，但无情的浪亦能整块整块地把它啃碎，甚至化为细屑沙沫，这便是大浪淘沙啊!

老邱沐着湿润而又略带腥味的海风，默默凝视着眼前浪打礁丛的情景，似乎幡然领悟了其中所蕴含的奥秘而深邃的哲理。

社会与大自然有时确实会产生惊人的相似之处。闽南沿海愈刮愈烈的走私歪风，不就恰如这海浪一样，以强烈的腐蚀性，冲击着人们的灵魂！在晋江，这股歪风最猖獗之时，非但不少村镇田地荒芜了，中小学课堂里的学生所剩不到半数，就连一些党员、干部也置国家利益和党性原则而不顾，竟邪念横生地混迹其间。霎时间，私欲横流，拜金主义沉渣泛起，一切“向钱看”，一切为“捞钱”，金钱的诱惑力使不少人跌入难以自拔的旋涡，被生活的大海无情地席卷而去……

想到这一切，他不由地站住了。打从以“党需要时站不出来，就白挂了党员牌子”而来到县缉私队起，在这块生他养他的故乡土地上，邱国鉴深深地感到那股“金钱弹”溅起的浪头，并不亚于海上的九级风浪！而要战胜它，靠的是什么呢？骁勇的拼搏？

还是坚韧的抵御……此刻，他显然为自己仿佛得到的某种启示而激动起来，他希望能找到一些生活中深刻难忘的往事，来证实这种启示对于自己的人生赋予了更深远的意义。

邱国鉴的心潮久久难以平静。早在去年，当他奉上级之命，到设在梅林港的缉私队走马上任之时，就给自己和家里人立下“约法三章”：不收礼受贿，不贪污，不买走私品。然而，筑起挡风墙，并不意味着世上的八面来风就能绕道转向而去。这不，前些时候，在围头角海上抓获一条走私船，据掌握的可靠情报，船上匿藏有多达800两的黄金。可是他几次带人搜查，翻尽舱壁夹缝、油箱、灶膛等边边角角，也只搜出黄金128两，白银160两，还有一些白药、当归等，大量赃物仍无觅处。

怎么办？邱国鉴深思熟虑后决定：没收船只，严加看守，继续组织搜查。

可是几天过去了，搜船工作并没有取得突破性的进展。而偏偏就在这几天里，来找老邱的“说客”络绎不绝，有老家来的干部、族亲、群众；有多年的朋友、同事、熟人。这些沾亲带故的，动之以情者有，求之以赂者有，但都被他一一回绝了。

那些结股贩私的人憋不住了。那个与邱国鉴相识的船老大亲自登门找到他，开门见山地说：“船是由我开出海被扣的，就求你让我上船一下吧。”

老邱一点情面也不给：“被扣的走私船未经处理，谁也不能上！”

求情无效，那伙人只好使出“绝招”。

一天上午，船老大又来了。这回干脆得很，一见面也不转弯抹角，就低声诡秘地说道：

“阿鉴哪，只要你高抬贵手，把船放了，那些未搜出的‘货’，保证分一半归你怎样？”

他见老邱不答话，眼珠一转，继续道：“老熟人嘛，说话自然是算数的。咱们可是抬头不见低头见，你何必那么认真呢！”

啊！黄金，诱人的黄金！眼下，只要邱国鉴略微点一点头就可以神不知、鬼不觉地发一笔大财，过一辈子王公贵族般的奢侈生活！

可是，“燕雀安知鸿鹄之志哉”，在邱国鉴的人生词典上，是绝对找不到旧社会权势者巧取豪夺的贪婪字样。一个共产党人的坦荡胸怀、赤诚之心，纵然是金山银海也是无法换取的！

面对金钱利诱和许诺，邱国鉴骤然变色，霍地挺身站起，目光咄咄逼人：

“收起你们这一套吧！我是黄金不贪，原则要保！”

船老大碰了一鼻子灰，慌忙溜之大吉。

几天后，邱国鉴终于从船上绞捆而成的缆绳中缝，搜出所遗留的全部黄金，并按规定如数上交，留给自己的只是两袖清风……

三

哗哗的浪潮扑向老邱默默站立着的沙滩，一个浪花溅湿了他的裤管。他慢悠悠地离开海边，沿着一条窄窄的石板路，走进渔村的暮色里。长期在海上颠簸的人，对洋溢着宁静和欢乐气氛的家庭生活，往往充满强烈的渴望和眷念。别看邱国鉴身着戎装，炯炯的目光总是流露出一派军人的特有的威严，闽南沿海一带走私分子闻其名而胆战心惊，但他却也是个感情丰富而细腻的男子汉。每当出海猎获归来，或在紧张战斗、工作的余隙，老邱异常想念他的家庭。

是的，老邱是有一个令人羡慕的美满幸福的家庭的。只要他在家，孩子们总喜欢亲热地缠在身边，似鸟雀一般喋喋不休。特别是那个老四——8岁的小养女阿赤，一降临世间就险些被她亲生父母送去“当海军”（当地把女婴扔进海里溺死的陋俗恶习），是老邱和他妻子硬把她抱养了过来，如今长大懂事，更是乖得透顶，总是用红彤彤的脸蛋儿偎在老邱胸前，“阿爸！阿爸！”地叫个不停。妻子蔡桂，这个才四十出头，质朴、温存、善良的渔村妇女，更是真心实意地爱着老邱。多少年了，她一边在渔业队当会计，一边毫无怨言地承担着繁重的家务，以女人特有的柔肠关心、体贴、支持自己在外工作的丈夫。她深知老邱干起工作不顾命的犟脾气，而且又患有慢性肝炎、十二指肠溃疡等疾病，所以每次得知他要回家，便早早杀鸡鸭炖猪肚的，好给丈夫滋补身体。这样一个和睦美满的家庭，怎不叫老邱感到温暖，并时常撩起一种深深眷念的心绪呢！

更为难能可贵的是，自从邱国鉴挑起缉私队工作的重担，有人登门“拉关系”“走后门”纠缠他时，妻子总是恰如其分地出面给顶了回去。有一次，队里有条船走私被扣，船老大知道找邱国鉴没用，就在蔡桂身上打主意：

“阿桂呀，你是晓得的，如今买条船实在不容易。求你在阿鉴面前说个情，把船放了，咱全家一辈子都感恩戴德呀！”来人哀求道。

“老邱的事我管不了，他的脾气你也知道嘛！”蔡桂不冷不热地回答。

“你说不成，我还求谁去？大妹子，还是行行好吧！”说着，他掏出500块钱放在桌上，转身欲走，“这点小意思，莫见笑呐。”

“不行！你快把钱拿回去！”

蔡桂把钱往那人手里一塞，径自上楼去了。

船老大无可奈何地怔在那儿，他以为阿桂嫌钱太少，故意推辞呢。

这天傍晚，船老大见蔡桂从队里回家来了，就急忙带上早备好的1500块钱找她："大妹子，你和阿鉴夫妻恩爱多年，这个情还非你去说不可，凭你一句话，咱就不致落得倾家荡产啊！"

蔡桂见他又将一大沓钱塞过来，死皮赖脸地啰唆个不休，倏地大发脾气：

"你就是跪在这里烧香磕头，我也说不得这个情，还是趁早把钱拿回去，别再来这一套！"

说着，她把钱一扔，干脆连推带拉地把船老大轰出门去，"啪"的一声，让他尝个闭门羹……

多好的妻子啊！老邱回家问清缘由，瞧着正在灶膛边烧火的阿桂，那被灶火映红了的脸膛，那纯净、柔和的目光，他的心里顿时涌上了一股暖流。从此，他在海上再冷，也感到心里暖融融的；再累，也感到身上还有一种巨大的力量；再黑，也感到自己的背后，有妻子那双明亮的眼睛，犹如一片灿烂的阳光……

可是，今天家里怎么突然变得这样冷寂呢，当邱国鉴迈进门槛时，除了小阿赤依然扑进他的怀里外，三个大孩子沉默不语，妻子阿桂泪眼通红。这冰冷郁闷的家庭气氛，使邱国鉴感到自己在回家路上那种愉悦眷恋的心绪陡然消失了。

此刻，老邱默默地靠在藤椅背上抽烟，那袅袅缭绕的烟雾很快就弥漫了整个房间。他渐渐地意识到，不久前那场海上的"风暴"，已经卷进了他的家庭——

晨雾渐渐散去，碧波粼粼的海面上，邱国鉴和战友们在抓获两条走私船后，正驾着厦门海关900匹马力的201号缉私船胜利返航。当进入深沪湾附近海域时，他发现前方海面上有两条灰白色的双桅机帆船，正与一条显然是台湾的渔轮停靠在一起。老邱举起手中的望远镜，一眼瞥见：有十多个当地渔民模样的人，正围聚在台轮上进行肮脏的走私交易。不由使他心头蓦地一颤的是，从望远镜里辨认出，其中一条走私船恰恰是他老家东埔大队的，而站立在船头的竟是自己最小的亲弟弟！

邱国鉴怔住了。人非草木，孰能无情。瞬间，童年生活的许多情景像闪电一般出现在他的眼前：他 9 岁丧父，为了帮助母亲抚养几个弟妹，15 岁那年就停学下海捕鱼，每天在风涛中出没，用他那瘦瘦的小肩膀挑起了生活的重担。每当他出海归来，站在海滩上久候的小弟弟总是张开两只小手，像小鸟似的扑了过来。后来弟弟成家了，当哥哥的他该有多高兴呀，不但为弟弟张罗奔波，而且给钱弄物，以尽手足深情。多年来，他和弟弟的感情始终是很融洽的。怎料走私歪风一刮，连自己的骨肉同胞也见利眼红了起来……

此刻，邱国鉴心里明白：在望远镜里发觉走私船的唯有自己一人，倘若不露声色，放过手足至亲的弟弟是轻而易举的，而且也不会留下任何的蛛丝马迹。是追？是放？一切完全取决于自己呀！

然而，眼下的情况，他岂能违心顾全这手足之情？在邱国鉴的心灵天平上，党和人民的利益是重于一切的。

老邱竭力使自己镇静下来，便毅然把这情况当即告知艇长和梅林民兵营长李正汉。

“转舵，加速前进！朝走私船包抄过来！”

缉私艇犁开一道道雪浪，飞驰急骋而去。

……鸣号！机枪点射。走私船瘫住了。

当走私分子发现邱国鉴在艇上，顿时不那么战战兢兢了。不看僧面看佛面嘛，他弟弟也在走私船上，哪能不刀下留情？！

这伙人趁搜查之前，不约而同地把藏在各自身上的黄金，暗地迅速转移到老邱的弟弟身上。

可是，邱国鉴早把这一切看在眼里了。眼看着亲弟弟利令智昏，在结伙走私中愈陷愈深，此时他真是悲愤交加，心如刀割啊！

搜查开始了。弟弟向哥哥投去恳求的目光，似乎只要哥哥稍微递来一个眼色，他就能够得救。然而，哥哥只是用严厉的目光，狠狠地瞪了他一眼，便愤然转身而去。

船被扣，黄金没收，亲弟弟被抓。这下子，乡邻们惊呆了！族亲们哗然了！邱国鉴的家里更是风波迭起！

似乎一切都乱了套：母亲整天怨骂声载道，弟媳妇们冷嘲热讽地奚落："哪见哥哥当医生，哥哥屁股却烂了一半！"有的还愤懑地宣布与他从此"断绝关系"。妻子阿桂更是里外受气：家门口便是全村唯一的大水井，一年四季清泉汩汩，永不干涸。每天从早到晚，汲水声、洗衣声连同热忱、亲切的问候声总是连绵不断。而今，她一开门，迎接她的，只是一张张冷冰冰的面孔，一道道仇视的目光；她一关门！那一声声恶言秽语更是利箭一般从门缝里射了进来：

"哼，当心他的脑壳！"

"没尾巴的乌龟，早该断子绝孙！"

"叫天雷把他轰死，落冰雹砸烂他家厝盖，看他来世还敢不敢作孽！"

善良的阿桂从没受到这样的辱骂。她头疼欲裂，想回娘家清静几天，不料，娘家人也把她给骂了回来……

还算她心够宽，那一连几天几夜的狂风暴雨，做嫂子的她，担心小叔被抓后，未修的旧房漏雨，她心里揪得发痛，便忍辱负重地几番登门，唤小叔过来暂住，不料"砰"的一声，大门紧闭，拒她于千里之外。想到她们日子难挨，两次让孩子送钱去，可人家却瞪起白眼不要呢！真谓比邻咫尺，若隔天涯。这位心地善良淳朴的女人，叫她如何忍受得住呀！

巨大的打击和压力接踵纷至，阿桂感到实在难以支撑下去了……

夜晏更深，窗外泻入幽幽的月光，不远处传来大海"哗——哗——哗——"的潮声，搅得老邱愈加心绪不宁。他缓缓地站立起来，漫无目的地在屋里来回踱步。

不声不响地独自侧身躲在床上的蔡桂，此刻自然也未能合眼。她听着丈夫烦躁的踱步声，终于忍不住转过身来，透过涤纶帐子朦朦胧胧地望着老邱的身影出神。当她把湿湿的目光，停留在这张令人喜欢而又惹人生怨的脸庞上，一股深深蕴藏在心头的眷爱之情油然而生，便倏地坐了起来。

老邱发觉了灯下妻子苍白的脸上依然沾着泪痕，眼珠儿红红的，便心疼地坐到床沿上。

阿桂猛地把丈夫紧紧抱住，翕动着嘴唇，潸然泪下道：

“阿鉴，我实在忍受不了呀！你……回家吧……我、我情愿……养活你一辈子哪！”

老邱抚摸着妻子瘦削的肩膀，倾听她声泪俱下的哭诉，不由得鼻子一阵发酸。

他想到1963年，当他和阿桂结婚时，刚和弟弟们分家，分给他俩的，只有“半爿陋房一口锅，两副碗筷一张桌”。那时工分不值钱，婚后又接连生儿育女，经济上十分拮据，但夫妻之间始终毫无怨言。如今，党的政策犹如春风吹进了渔村，日子越过越红火。他虽然工作多年，工资不低，但比起阿桂在渔业队当会计的收入，还只能算是一个零头。倘若他躺倒不干，回到家里，阿桂说到做到，是完全可以养得起他的！

然而，阿桂呀阿桂，你想过没有，你的丈夫可是一个堂堂正正的共产党员、武警战士！海上的风浪压不倒他，黄金的诱惑对他失去魅力，如今，他又怎能遇难而退，在“人情网”面前失去节操呢？

老邱知道自己的妻子是通情达理、深明大义的，便动情地说道：

“这些日子来，你和孩子们受了那么多委屈，我心里也不好受。躺倒不干，当然不会得罪人，可咱们国家呢？国家的事情谁来办？害国害民的事谁来管？”

然而，阿桂仍伏在他胸前，继续哭诉：

“如今，亲戚朋友、街坊乡邻全都得罪了。我不怕人家咒你，可你也得顾顾咱们这个家，连你的弟弟也不再相认，往后——”

“亲弟弟走私，我若不去抓，背后照样被人咒死！他还年轻，往后的日子长得很呢，将来总有一天，他会明白，哥哥抓他是为了教育他、挽救他。到那时，不但不咒你，还会感谢你呢！”

平时不善言辞的邱国鉴连自己也不知哪来这么多话语，而且又说得这样合情顺理。说着说着，他自觉心里好像石头落地般轻松了许多。

体贴入微的安慰也是一种力量。这会儿，阿桂不再言语，她紧靠在丈夫宽阔的胸前，静听着丈夫那颗对党对人民赤子之心的强烈的跳动，终于，她抬起头来，擦去泪痕，信赖地望着丈夫，温存地笑了……

夜更深了，窗外依然传来大海“哗——哗——哗——”的潮声，邱国鉴不再感到心绪不宁了。此时，他听着身边已进入梦乡的妻子发出轻微的鼾声，竟觉得这与大海的潮声和谐均匀地融合在一起了。而且他还感到，这似乎是对自己的亲切呼唤！呼唤他走向大海，勇敢地站立在漩涡和礁丛之上，接受一种涤荡心胸、净化灵魂的特别洗礼！

四

战斗仍在继续。

随着反走私斗争愈演愈烈，邱国鉴和他率领的海上缉私队正面临着更加严峻的危险。那些走投无路的走私分子，已从暗地顽抗步步升级到铤而走险，公然聚众围攻、大打出手，妄想逃脱他们灭顶之灾的命运。

这年冬末的一天上午，海上风起云涌，猎猎飞扬着红色三角队旗的缉私船，在祥芒角海面紧紧地盯上了一条内地走私船。当两船在波峰浪谷之中不断地缩短着距离，海漫起攫住心弦般的紧张气氛，一场晋江海域上最激烈的缉私战拉开了序幕——

“哒哒哒哒，哒哒哒哒”，缉私船上的机枪喷火了，海面上激溅起一簇簇银色的浪花。

走私船置若罔闻，无视我方鸣枪警告，跌跌撞撞地继续逃窜。我缉私船加大马力，紧追不舍。

片刻间，只见走私船突然歪斜笨重的船身，擦过一个狼牙似的岬角，绕进潜流湍急、礁丛嶙峋的狭窄海面——

啊！布袋澳，凶险的布袋澳，古往今来，令多少渔者闻风丧胆的布袋澳！

走私分子的这一冒险的举动，显然是早有预谋的：澳口狭小，而缉私船大、吃水深，很难驶进。纵使硬冲，这一带海底暗礁四伏，稍有疏忽，便叫你人仰船翻，有去无回！

难道眼睁睁地让走私分子逃之夭夭？缉私船上，武警战士和民兵们的视线全都集中在邱国鉴的身上，期待他做出最后的决策。

只见老邱迟疑片刻，便毅然夺过船老大手中的舵盘，沉静地说道：“我来开！”

他脸色严峻，但目光中流露出一片自信。他知道自己熟悉这一带海底情况，只要胆大心细，是有把握闯过去的。

走私分子惊慌了，他们望见缉私船居然威风凛凛地逼进澳口，澳内霎时慌乱纷呈，杀机四伏。

岸上，滩边，黑压压的人群，正乱挤一团地抢卸、转移走私货。惊恐的情绪和迅速的行动奇异地混合于他们身上，几乎不到一个小时，竟将四万多码布料和大批的自动尼龙伞、丝棉被等货物一卸而空了。

与此同时，两个年纪三四十岁的家伙，正发疯一般地嘶喊起来：

“快呀！快把缆绳、破渔网封住澳口，叫他们休想进来！”

随即，早已备好的小舢板像海鳗一般游进了澳口……

缉私船上，邱国鉴很快就发现了走私分子所下的毒手。怎么办？硬冲？船底螺旋桨势必被破渔网死死缠住；一旦抛锚，岂不是让走私分子拍手称快？退回去吗？不，退却等于助长走私分子的嚣张气焰。倘若让过这一回，便会有第二回、第三回……那海上缉私战线不就被打开了缺口？不行！得设法冲进去，咱宁可豁出条命！

他迅速做出决定：上小挂机船，排除水下障碍，闯进去！

邱国鉴态度坚决，亲自率领两名战士跳上挂机船，不顾一切地冲了进去。

此刻，布袋澳两岸的石坡、小山头上，走私分子连同煽动纠集来的一大伙人正一个个或手持棍棒，或抱起石头、土块，摆开了你死我活、誓不两立的架势。果然，当邱国鉴驾着小挂机船进入澳口时，石头、土块连同指名道姓的咒骂声，便劈头盖脸地抛砸过去。邱国鉴此刻镇静异常，指挥小挂船左避右闪地继续挺进，并迅速动手撤网。岸上的人见状，扔掷得更凶了，石块如雨一般倾落而下，声嘶力竭的辱骂气焰嚣张：

“姓邱的，你敢撤网，别怪这乱石没长眼睛呀！”

“你胆敢把船再开进来，老子就叫你有来无回！”

面对剑拔弩张的袭击，船上的战士建议道：“是不是先退避一下？”

“不！”邱国鉴毫无惧色，严厉地下令，“鸣枪警告！”

随着一阵枪响，那伙人霎时被震慑住了。只见一颗飞弹掠过海面，从岸边一块岩石上反跳出来，正好擦破一个起哄者的臀部。

这下子，那伙闹事者便骤然一哄而散，几个色厉内荏的为首分子，也在一片混乱中拔腿逃了。

邱国鉴抓住这有利时机，迅速拆除了水下的障碍网，小挂机船顿时如箭一般飞驰进澳。少顷，那条被抛下的走私船，终于被老邱他们拖出了布袋澳口……

然而，斗争并不就此偃旗息鼓。海上风浪平息了，岸上风波却又接踵叠起。由于飞弹伤人，当天下午，那些居心叵测的走私分子以为仍有稻草可捞，趁机扩大事态，纠集数百名不明真相的群众，团团围住了梅林港的缉私队驻地，扬言要找邱国鉴“报仇”！

院子里，黑压压一片，挤满了乱哄哄的人群。有好几个所谓的“代表”竟气势汹汹地上楼来了。

老邱见来者怒形于色，心想一旦顶撞起来，事情就更棘手了，便默不作声。

“把凶手交出来！不然我们就上告！”

蛮横的口吻，惹怒了梅林大队民兵营长李正汉：“你们这样闹下去，一切后果谁敢承担？！”

那些“代表”还是有恃无恐地纠缠不休，老李气愤不过，当场叫来民兵把为首闹事最凶的家伙给绑了起来，谁知这下子那伙人却蜂拥而上，把李正汉围住了。

邱国鉴见事态严重，忙叫人给那家伙松了绑，并让战士领这些人先到营房休息，紧张的气氛暂时缓和了下来。

可是，楼下院里、门外，一小撮别有用心的家伙仍混在人群中起哄、谩骂，气焰嚣张。正值僵持难解之际，地、县公安部门领导同志闻讯连夜赶来，当场采取果断措施，把几个带头闹事者扣押起来，那些受骗上当的群众才纷纷离散。一场由海上到岸边聚众围攻的闹剧，终于渐渐平息了下去……

南疆的海，有着迷人的力量。1980 年以来，邱国鉴带领的缉私队坚持原则，不徇私情，出色完成查缉走私贩私任务，查获走私船六十余条，价值1300多万元走私物品，还有大量的黄金白银，他被公安部、武警总部分别授予荣誉称号和二级英模勋章。

“海上李向阳”——邱国鉴的业绩在南疆海域传颂。这是一个令走私贩私者胆寒的名字。

在那遥远的地方……

——来自新疆某劳改农场的报告

从北京出发，踏上西去列车的那天，我真有点后悔为什么要承担这个采访任务。到这没有天、没有地，一程比一程更疯狂的寒风、黄尘、沙丘、戈壁……大漠，去采访那里的劳改犯。但是，在行走同一条路的另一批人就不这样想了。同行的李干事告诉我，那次有个从北京来的犯人，人称“天不怕，地不怕，老子娘儿当龟要”的“京城一霸”，竟然见了这无边无际的大漠，一下跪倒在看押战士面前，像小鸡啄米似的磕头求饶。刚出兰州第二天，他就歇斯底里地抓着自己的脸，将头狠命地撞向车厢挂挡的三角铁。那淌出的血，他大口大口地吞着，又大口大口地吐出……他得了“恐惧症”。据说，从内地来的犯人中有三分之一的人患了这种病。

荒芜的世界，恐惧的生活，对这帮多少年来以耻为荣、骄奢淫逸干坏事的犯人们是怎样一种冲击呢？

我在石河子北部的B劳改农场那里所见所闻，真是让人激动不已。还是从这儿说吧——

金子，对“惯偷犯”总有特殊的诱惑力。然而，前后的性质不一样

住在北京的人大概还记得几年前发生在王府井某银行的一件事吧。有个惯偷犯为了盗窃金库，带着窃具，在污水沟里整整藏了16小时，后又躲在冰冷的地板下，埋炸药引爆保险箱。结果金子偷窃未成，那惯偷犯的半个脸和一只耳朵却被炸掉了。而今，这个惯偷犯来到了大漠深处的B劳改农场。

B劳改农场有条金沟，听人说，早先，左宗棠举兵平息阿古柏叛乱时，曾派兵到此挖金筹饷过。B劳改农场设在这里的目的，就是为了将这颗沙漠明珠呈献于祖国的四化大业。

淘金工地上，囚犯们两人一对，手持木溜，赤着肩膀，躬着

腰杆，在欢畅的小河里，不无节奏地摇啊摇，滴滴汗珠，泛起金浪滚滚。

“快来看哪，这块金真大！”

“哈，我刨到‘金娃娃’了！”

他们忘了自己是囚犯，为丰收的喜悦欢呼着。是的，像顾金龙这样一个惯偷犯，过去虽然经过他之手的金子不下百两，但他真不知金子是如何出来的，而只知道为金子去冒险、当奴隶。如今，他是全场的淘金“把式”，有一天就采了八两三钱。

关于顾金龙，我从一名战士中听到这样一个故事：

“哎，大哥，凭你的本事，一年混下也不难当个百万富翁，怎么样，咱们握手合作吧，”一天，一个黄金走私犯教唆说，“这儿管得松，每天下班你就把一天淘的金子悄悄咽进肚里，过岗后再喝几口烈酒吐出来，我包你百事如意。”

顾金龙鼻孔哼了一声，气愤地提起这位小兄弟的衣领。“走，咱们到场部谈谈你的偷金术吧！”

八月，是大漠的黄金季节，农场的淘金生产，此时也进入旺季。人们发现，每日晚霞降临许久之后，工地上总是还有人躬着腰，在一个劲地筛着簸子。

一位囚犯向看押分队长报告：“顾金龙，每天下班最后一个走，凭他的本事，哪一天也得淘上半斤八两的，可这星期他的定额从未完成，准是有鬼。”

“当当——！”收工铃又响了，分队长有意留在最后。暮色中，他见顾金龙整个身子几乎贴在凹凸的乱石地皮上，双手不停地扒拉着。分队长飞步站到他的面前。

“报告分队长，瞧，我的估计没错，这条河沟是个东西斜向，从地貌看，它是一个冲积构造。金子比重大，因此，沙金的富矿带有可能在乱石层之下。这一星期我仔细琢磨着，果然不出所料，一米至二米之间的沙层中含金量高出地表层两倍以上。你来看，这条沟的凹凹里，五簸沙石，准有两把黄金。颐金龙双手捧着足有二十多颗如同黄豆大的金粒，对分队长说。

素有“铁面人”之称的分队长望着眼前这位晒得全身脱皮的囚犯，第一次这样激动：“小顾，你为农场立了一大功！”

或许是“金子”这个字眼，对今天处在人们已经渐渐树立起了经济价值观的时代，我特别想听听农场是怎样改造囚犯和管理这门特殊行业的。李干事似乎明白了我的用意，爽朗地笑道：“你是否怀疑囚犯中就有偷金的？哈哈，这肯定免不了。不过，这不是什么难题。”

李干事很风趣地给我讲述道，开始时，囚犯们听说农场就是个埋金的地方，不少人嘴里没说，心头却在美滋滋地做起发财梦：挖它个“金娃娃”，然后想法逃跑，逃不出去，就把金子偷偷藏起来，等到期满，携金而归，不是又可享受人间荣华富贵、天伦之乐了！哈哈，豁出去了，干它十年也值得！可是，一到工地，囚犯们拿起木簸箕干了一天，竟连针尖儿那么大的金子也没见着，才知道金子可不像想象中那么容易得到。一个惯偷犯深有感触地说：“过去我伸手就是一大把钱。有一次，光偷到金子就是三斤二两。到了淘金场，我才体会到当初那位失主为什么在丢金后悬梁自尽。”后来，农场请了当地的淘金能手传经，囚犯们这才慢慢摸到了门。慢慢地，他们也能一天淘上绿豆那么大小的金粒，甚至三四两的金块。多了，就有人起歹心，囚犯中间自有偷贼高手，他们将金子放进舌根儿、指甲板，或人体的隐侧处，可以毫不费劲地躲过检查的战士眼睛。对此，农场采取了高明的方法，他们既不实行降低人格的赤身体检，也不利用专政的刑罚工具，而是在全体犯人中开展互帮互学、互监互督的比学赶帮超竞赛。这一活动开展后，使歹心邪念被正义之风所压倒。有个偷金能手把金子藏在肚脐眼里，自认为可以瞒天过海，可他却瞒不了同囚室的人。结果，检举揭发者得到了重奖，玩弄把戏者受到了处分。

当我赶到工地时，正值下班之际。只见一队队排列颇为整齐的囚犯们，扛着簸箕和锹、铲，有条不紊地按着顺序走到几名战士面前，报交一天的劳动成果。我看到墙上贴着一张大表，几名淘金指标领先者正为自己的战果得意着，而另几名则不服道："等着，明儿不超过你，咱甘愿在沙地里挨一夜冻。"

"好！敢打赌？"

"敢！""哈哈……"一阵欢快的笑声，送走晚霞一片。

见此情景，我禁不住面对大漠心头无限感慨起来：啊，沙漠，谁都说你荒芜、贫瘠，今天我才发觉，在你宽阔的身躯里，同样闪烁着点点斑斑的金子！不是吗，荒芜与繁荣，贫瘠与肥沃，好与坏，都随时在变化，这就是自然界包括人类在内的大千世界里一条璀璨的哲理！

"再过二十年，我们可以自豪地说：囚犯是过去的事。现在，我们是西部的主人……"

入夜，古漠一片寂静，然而，我却不能入睡。如果说白天看到囚犯们为多淘金子争先进的情景而万分激动的话，那么此刻，我却为另一个问题陷入了深深的沉思之中。煤油灯在简陋的房间内闪烁着，而我的眼前闪回着那一队队囚犯的身影和他们的肖像。啊，他们是那么年轻，有的甚至一脸稚气，人数又是那样的多。从农场文书那里知道，在几千名囚犯中，30 岁以下的就占 90% 以上，而绝大多数又是在 20 岁上下……多好的青春岁月！可是，他们却在这荒漠深处穿着囚衣，剃着光秃秃的脑袋，接受思想改造。无疑，他们中间不少是恶棍和败类，但更多的却是历史孕育的畸形儿。无视法律，不懂法纪，单纯无知，遇事冲动，上当受骗，精神颓废，造成了他们今天的这个结局。从刑期看，到2000年大部分人可获得释放，那时他们才40岁上下。原籍的户口被注销了，后半辈子的路该怎样走呢？难道他们没有想过，或者不想吗？如果想了，面对严峻的现实与未来，又该怎样一番心绪呢？这帮可恨而又令人怜悯的年轻的囚犯们！

“是啊，这才是我们作为农场劳教管理人员最难而又必须重视和解决的问题。”睡在我对面的王场长靠在床头，嘴里不停地吸着烟卷。从他那瘦削而严峻的脸上，我看到了一位党的劳教管理人员身上所负有的责任感。

“……到去年六七月份，经过一年多时间的锻炼，犯人们对这儿的环境和生活基本适应后，情绪也慢慢地稳定了下来。然后，当他们不再为皮肉的痛苦所折磨和困扰之后，对自己的前程考虑则渐渐地多了起来。这种心绪从开始的忧虑，发展到后来的恐惧和绝望。人啊，就凭一线希望活着，如果没有了这一点，该与一具活僵尸又有什么区别呢？”王场长深叹一声，沉重地说着，“过去，他们对人民确实有罪，然而在今天，他们是有权利考虑问题的，这从人的觉悟而言本身就是一种希望。当然，也就是在他们开始觉悟的时候，身上才会像一场噩梦过去后大出冷汗。许多人难以经受这样的考验，他们在深渊的崖边上诅咒、绝望地哭泣着、挣扎着……5号囚室的北京犯人就是一例。入狱前，他曾手持菜刀，借着夜幕的掩护，威逼和伤害过6名青年妇女。‘夜狼’是他在京城的绰号。1983年7月，他被判处死刑，流放到遥远的大漠。妻子与他离婚了。李晓杰追悔莫及。他双手揪着胸口的黑囚衣，面对荒漠绝望地号啕大哭。来到监狱的第二天，他抓起铁铲，对准自己的脖子……幸亏一名看守战士手疾眼快，才免于一死。但他的心几乎彻底地死了，他整天整夜地嚎叫，乞求看守人员马上给他一枪。‘死，死，快让我死吧！’李晓杰成了监狱的‘活死人’。像他这样的人不止一个。一个人身上的污点可以洗刷，但挽救失去了希望的灵魂可是件不易的事。那么多年轻的犯人，他们在无望的痛苦中挣扎着，盼望着有可能的出路呀……”我的心头一阵震撼。王场长眼眶有些湿润。

“作为一名管教人员，我的任务是看押，可一同这些年轻的犯人在一起，我就深深地感到要干的何止是这些。犯人是人，并且是一代年轻人，虽然刑期十年、二十年，但他们今后所要走的路比这更长，即使是死刑犯，他们也想痛改前非，力争从死亡线上求得生存呀。然而，他们又都是些被注销城市户口的重犯、要犯，如何改变这种严酷的现实呢？是党，还得党的政策。”王场长显得异常激动。“党的三中全会精神确实深入人心，我们地处边远的劳改农场也感到了这一点。根据上级指示，今年初，我们在全农场中开展了一次‘坦白从宽，立功赎罪兑现’的活动。这一活动，在犯人中引起强烈的反响。犯人们纷纷向场部检举和揭发过去的犯罪同伙，或者提供线索，为有关部门破获那些过去的无头案件立了大功，农场为数百名重犯、要犯立功或减刑，包括对死刑犯也一样。上头说的李晓杰现在已从死刑改为有期徒刑10年，他就是第一个上台检举揭发了参与北京一起重大的国宝失窃有关的3名罪犯和一起谋财害命案。党的政策使不少犯人获得了新生。当然，要从根本上解除犯人们的思想负担，树立对生活的信心，仅此一条措施还不够。我们农场从长远和现实出发，经上级批准，决定将农场逐渐建设成一个以淘金业为主的农工牧基地。5年内实现场址绿化和采金机械化，10年内或者更多些时间，将建成一个采金业、畜牧业、手工业全面发展的现代化农场。到2000年时，我们的犯人们大部分已不再是穿囚衣的犯人了，他们将重新回到生活与幸福的怀抱中，成为这儿的主人。你瞧，这就是我们农场的规划图……”王场长情不自禁地从床头跳下，在我面前展开一张足有两米长的蓝图。

呵，我看到了，那一排排整齐的楼房，宽阔的公路，绿色的园林，和那桅杆高升的采金船，马儿奔跑的牧场……

“你再看看这是犯人们的决心书……”王场长又抱来一大沓材料，我顺手拿起一份念了起来——

“……过去，生活曾经欺骗了我们，而我们又由于无知和在愚蠢、肮脏的灵魂支配下，残害了别人，连累了亲人，最后又毁灭了自己……当无情的列车将我们从繁华的大都市送到沙漠深处时，我们才慢慢地从多少年的昏庸中惊醒过来，除了痛恨自己外，依然是痛恨自己。死，对人来说只是一步路程，但活，却要那么遥远的路程。感谢党给了我们求生的机会。沙漠固然贫瘠和荒芜，但金子不就是从这里淘出来的吗？我们甘愿吃尽万般苦，接受这海一般的沙漠的淘滤，并将用自己的汗水洗刷腐朽的灵魂，在这里垦出绿洲，筑起高楼，建造家园。那时，再过20年，我们可以自豪地说，囚犯是过去的事，现在，我们是西部的主人……”

啊，说得多好呀！主人——这自豪的称呼，映出了犯人心头的崇高理想！是的，我相信，再过20年，那时，这里已不再或者死沉，或是叱喝的禁地，而是到处荡漾着欢乐和美好的新天地！

花沁芳菲

春来了。

花的世界开始了歌唱：绿色的柳花吹起了唢呐，粉红的桃花扬起了喇叭，出露的荷花则把琴弦轻轻地拉响……

幸福的人儿，在公园内看到了娇艳的花；辛勤的农民，在原野里看到了催耕的花；远道的游客，在山岗上看到了迎宾花……

她，也在观赏花，观赏着几十万年前，埋藏在土壤中的奇特的花，通过显微镜、玻璃片……

她是那样的专注，踮着一只脚，把左眼闭上，恨不得将整个身心融进那微观世界……

谁能说这里没有芬芳？谁说这里不是春色满园！她在这里融化了青春，她用心血和汗水，填补了我国北方地区许多年来无人问津的孢粉科研资料的空白，成为中国孢粉学会、中国古生物学会最年轻的女会员。

年仅 26 岁的某部女技术员刘晓平，当她被两鬓斑白的老专家领向中国科学院的会员登记处时，当昔日同窗的同学向她祝贺当选为“全国新长征突击手”时，她腼腆地直摆手：“比起那些开得万紫千红的花丛来，我算什么？简直抵不上一枝开在路旁的野花。真的，不够格，没有味……”

花该有多美，花真有多香，只有观赏它的人才最体味入微。

一

谁都有着“花开花落”的沧桑。刘晓平出生在一个干部家庭，童年时代的花开得比别人鲜艳，在那十年中也遭受了比一般人更大的摧残。老师说她天资聪明，勤奋好学，是上大学的料。可她念完初中就被送到远离父母的偏僻山区插队。那时她才 16 岁，竟要拖着大粪车，每天来回在颠簸坎坷的田埂上奔跑。她种过大田，烧过饭，还在铁路修建队、鸡蛋仓库、油化厂打过短工，她像一枝刚刚吐蕊的小花，受尽了风暴的肆虐。

然而，雨过天晴，冬去春来。刘晓平没有加入那成天高呼“耽误了青春”的讨伐队伍，却把达·芬奇的话紧紧贴在胸前：

“抓住时光，趁年轻少壮去探索知识吧，它将弥补由于年老而带来的亏损，智慧乃是老年的精神养料，趁年轻时应该努力，这样年老时就会不致空虚……”

“花，争艳在春天，我要把失去的‘昨天’一点一点地补回来！”

1975年，她考上了郑州地质学校。1977年夏，她被分配到军区给水工程团，时隔三个月，部队派刘晓平到中国科学院地理研究所学习孢粉分析。时间仅仅一年。

研究所的李文漪老师收下了这个徒弟，问道：“你学过考古专业吗？”

刘晓平摇摇头。

老师又问：“你搞过孢粉分析？”

刘晓平睁大眼睛说：“我连孢粉是啥样都没见过！”

刘文漪皱着眉头，直摇脑袋。她看了看自己的徒弟：红领章、红帽徽，一副可怜相……给点面子吧：“学孢粉分析，需要三年。”

“三年？不行不行！部队只给我这三分之一的时间！老师，请您把课程安排得紧一点儿。”

“这……”李老师苦苦一笑，说道，“尽力而为吧。”

紧张的学习开始了。对于从未接触过孢粉分析和实验室工作的刘晓平来说，简直像鸭子上了独木桥，她不知道该把自己放到哪儿去。一切都得从头学起，连实验室里的瓶子试管，也得一样样记在手心里对照着背。那孢粉的标本、名片，使人眼花缭乱。可李老师发现这个“女兵徒弟”奇迹般地适应了一切。她感到惊讶，便向一位和刘晓平同寝室的姑娘问底细。

姑娘小嘴儿一噘，对老师说道："谁知道您是怎么教的，连她说的梦话我都听不懂。"

悄悄从一旁走过来的刘晓平一听，差点儿笑出声来："什么梦话，那是我在背拉丁文呢！"

别人说她入了迷，可刘晓平自己心里清楚：不这样怎么能在一年内把三年的课程学完？怎么能完成部队交给的任务？为了掌握有关基础知识，她每周得蹬着自行车到北京大学旁听三个半天的植物学基础课。拉丁植物名太难记了，有400多种。那五颜六色的孢粉图更多，厚厚的两本，共762种。然而，刘晓平仅仅用了三个月时间，就把它们都背了下来。宿舍的那间小屋里，床头上、桌子上，凡是能放书的地方都摊满了书。星期天、节假日，她关在小屋里，背呀，抄呀……就连住在北京的哥哥打电话让她去吃饺子，她都不耐烦地说："我要看书呢！"搁下电话又回到了小房间。

夏日，北京城里热得难熬。环城河两岸挤满了游泳的人们。一天，刘晓平到街上买书回来，路过河边时，她多么想跳下去也来个优美的"蛙式"。她太爱游泳了，为此在中学时还挨过老师的罚站呢！可此刻，她摸了摸手提包里的资料，心头警告说，还有十份资料等着明天还人家呐，免了吧，等以后有时间再游个痛快。

在中国科学院学习的一年中，她除了学好老师教授的课程外，还主动"找米下锅"。地质所、植物所、地科院、北大等专业单位和有关院校及零零星星的旧书店，她几乎都跑遍了。她搜集、抄写、复印的资料和照片达1420多件，为了汲取知识，获得资料，她可谓不惜工本。一次，她在植物所好不容易买到一本《台湾花粉》的拷贝胶卷，可没有相纸洗印，看不成。有位老师知道后，对她说，相纸倒有，可有个条件，洗完得给他一套。刘晓平心想：

202 张底片，多印一套得花多少时间！可又一转念：这笔“交易”不做，资料就得落空呀！她一咬牙，同意了。星期六，刘晓平挟着胶卷、相纸，口袋里装了几个面包，便进了暗室，直到星期天的晚上才出来。同伴们见了她大吃一惊，问道：“你的脸色怎么那么吓人，是到阴间转了一圈吧？”

二

细雨洒若浣纱，轻烟飘入云霞。春的暖流轻吻着每一朵抽叶吐蕊的花草。阳光下，那一旦获得新生的鲜花，无不争抢着向自然界和人类炫耀各自美丽的色彩。而从中国科学院学习归来的刘晓平则深深懂得，人们喜爱鲜花，不仅是为了观赏它的色彩，而在于希望她能带给人类以芬芳的春天和丰收的金秋。

孢粉分析的技术学到了手，刘晓平回到部队，雄心勃勃。然而，新建立的化验室连间孢粉工作室都没有。刘晓平想：眼下最要紧的是解决设备问题。最忌讳出外溜达的她，竟然背起书包，当上了“临时采购员”。不过，她不像那些假公济私的人，到一个地方玩腻了再想扔几个“手榴弹”。她总是走得急急忙忙，回时归心如箭。一切都齐全了，现在唯一缺台显微镜。这种双筒生物显微镜是进口货，一般要订购一年后才能提货，这不等于白白失业三百六十多天吗？刘晓平急了，一口气跑了十几个地方，可依然两手空空。1979 年 1 月，她从一个同志那里听说中国科学器材公司可能有这种货。刘晓平扔下晚餐的半个馒头，背起挎包，连夜搭车抵达北京，一头闯进公司大门。开票的同志递过一份订货单，说道：“先填上，等候通知。”

“等候通知？那……那要等到什么时候？你……你们太不体谅下面的单位了……”刘晓平急得哭了。几个月的奔波，一肚子的委屈，眼泪再也忍不住了，让它流个痛快，把心头的委屈倒个精光。

那发货的同志傻了，不知怎的，竟然把刘晓平领到仓库，指着一只纸箱，说道："你，把它提走吧！"

"啊，是双管显微镜！"刘晓平眼睛顿时一亮，扑在纸箱上……

实验室，终于在她燕子衔泥般的辛勤劳动下拼凑成了。然而，人手还没配齐，前线施工部队已把成批的孢粉样品送来了，编写报告的同志像催命似的每天来要分析资料。按常规，孢粉分析，一年一般人只能搞八九十块样品。施工部队孢粉取样量特别大，一个月就需要处理四五十块。实验室只有两个人。刘晓平带着她的助手，为了完成这繁重的任务，除了在方法上取巧外，更多的是要在时间上争取。她们每天加班加点，把工作的弦绷得紧紧的：白天，在显微镜下化验分析；夜间，钻进暗室搞孢粉图片冲洗。一间暗室，一间实验室，在这总共不到 15 平方米的天地里，她们送走了一个又一个不眠之夜。花开花落，冬去春来。1979 ~ 1983 年，刘晓平和她的助手，共完成 853 个孢粉样品的鉴定，制作标本 3700 块，写了 20 余万字的分析报告和图表，相当于有些孢粉分析单位十年的工作量。

无怪乎一位老专家看了部队送去的一份报告后连声称赞："一个女孩子，能在短时间内完成那么多的工作量，取得这么好的成果，真是奇迹。难得！难得！"

三

"草树知春不久归，百般红紫斗芳菲。"

知春的花开得美，刘晓平则像万花丛中的牡丹，开得最美。她以顽强的锐气和毅力，探索着孢粉科研的奥秘，取得了一个又一个可喜的成果。出版社发表了她的论文，部队政委把二等功的勋章挂在她的胸前，上级党委树她为“优秀共青团员标兵”，并向部队指战员发出了学习刘晓平事迹的决定。报纸、电视上出现了她的名字和形象……馨香的花多醉人啊。刚迈入孢粉学科领域的刘晓平，被新的考验包围了。一封封倾注爱慕的情书，在姑娘的心里掀起了层层涟漪。是啊，一个二十五六岁的女孩子，怎么会不考虑自己的终身大事呢！俗话说，好花不常开，要获得最理想的选择只有趁自己最佳的年岁呀！刘晓平心潮起伏，难以平静。然而，她还是克制了自己：眼下刚刚跨入孢粉学科的大门，前头还有更多未知的领域要攻破。我不能分散精力。她左思右想，忽然想出一个“金蝉脱壳”计。一次出差回来，她放风说，在外地找了个对象。嗬，这一招还真使不少冒失鬼怔住了。可也有人猜疑，每天偷偷地观看有没有从外地寄给她的信。经过一星期的“火力侦察”，他们发现几乎每天都有从外地寄给刘晓平的信。从此，再也没有人敢向她提找对象的事了。过后，大伙才慢慢知道上了当。原来，这些信不是什么“情书”，而是刘晓平为了从别人手中学到更多的知识而同科研所、出版社的有关人员建立的通信联系。

功夫不负有心人。在短短的几年中，刘晓平的孢粉分析水平迅速提高。那《新生代孢粉组合及古地理问题的初探》《孢粉实验室的处理方法及几点新认识》《常见化石孢子花粉的科属检查表》《新生代孢粉组合及古地理特征，以及孢粉的飞扬作用对重建地质历史时期的古地理的影响》等一篇篇具有相当水平的科研论文，犹如一朵朵奇葩，以其独特的色彩和醉人的芬芳，开放在科学的春天里。

岁月沧桑，有冬暖夏凉。人生中，有甘甜苦涩。一年7月，正当刘晓平全力投身于一个孢粉新课题研究时，一天早晨起来，她在镜子里猛然发现自己的脸上长了一个个红疙瘩，手一抓，又痛又痒。这不祥之物，在她心头投下了阴影。一星期后，她的脸由开始的红肿到局部的变形。刘晓平对着镜子，抚摸着一副曾经使多少青春男子羡慕喜欢的而今粗糙畸形的脸蛋，她呆了，眼泪一下浸湿了衣襟……哪枝花儿不争春，谁家的姑娘不爱美。刘晓平害怕了，她害怕自己突然变成吓人的丑八怪，但她更害怕的是自己不能继续干心爱的事业，她内心祈祷着。然而生活又多么无情，经医院检查结果证明：化学药物过敏，必须立即住院。

经过一段时期的精心治疗，刘晓平的脸恢复了原形，她高兴得几乎跳起来，早点回到实验室，她多么渴望呀。可在她临出院时，铁面无私的主治医生却把一张上面写着“脱离化物工作环境，建议改行”的诊断书给了她。满怀希望和喜悦的刘晓平顿觉眼前一黑。改行？几年的心血不是付之东流吗？不能，绝对不能！可干下去若再度发炎，面容真的毁了，那该多可怕！

在野战医院的一条偏僻的小道上，刘晓平独自地徘徊着。一阵啸风吹过，挺立在路两旁的白桦树叶猝然纷纷脱落，随风而扬。刘晓平心头一阵哆嗦：前面的路只有两条：一条是改行，保持美丽的容貌；另一条是干下去，准备在个人问题上当“困难户”……啊，生活好残酷！此刻，她想到了爱情、家庭、未来，可她想得更多的是眼前。眼前，有一大批孢粉标本等着去分析。何况，还有今后几年的计划呢！不，不能细想了，人生本来除青春、爱情和家庭外，还有更丰富的内涵，那就是一个人的事业。是啊，雨果说得对：“欲想干番大业，总得有所牺牲。”刘晓平不再犹豫了，出院回部队第二天，就把医院的诊断书锁在抽屉里，又一头扎进了熟悉的实验室……

落花无意，流水有情。一个寒冬过去，刘晓平惊喜地发现，她那白嫩的脸蛋，没有一丝变化，反而比以前更红润光彩了。她欣喜若狂，推开窗口一看，啊，原来是又一个春天来了。好美哟，树林里，成群小鸟用它那圆润的、甜实的歌喉唱出了动人心弦的啼鸣；路边的丛草中，探出一枝枝不知名的野花，那花儿朝阳怒放，绚丽夺目。她兴奋地从实验室门口连蹦带跳地跑了出来，摘下一朵花儿，轻轻地贴在嘴唇边。她感到一股从未有过的心旷神怡，香沁芳菲……

注：孢子和花粉是植物繁殖器官的一个组成部分。当它们成熟之后，绝大多数落在土壤中，经过漫长的地质年代，形成了地质中的微体古植物化石。刘晓平搞孢粉分析，主要是采取化学手段把孢粉从岩土中分离出来，经过显微镜下鉴定，划分和对比地层时代，从而为找地下水提供地质结构研究的依据。

母亲颂

——记青年发明家刘忠笃的母亲

采访了她的事迹，我说：“我要呼吁千百万人为你建一座丰碑！”

她听后淡淡一笑，说：“我仅仅履行了一个母亲的责任。”

4月，对中国首都来说，正是美丽的春天。远在千里外的瑞士名城日内瓦，此时正在举行世界发明展览大会。我国作为联合国世界产权组织成员，首次被邀请参加了这个三年一度的盛会。

1985年五一节前夕，一份粉红色的加急电报，从日内瓦飞向北京，邮递员及时将电报送到宣武大街新华社的一个临时招待所里。

“大娘，大娘！你儿子从国外来电报啦！”年轻的女服务员像只欢快的百灵鸟，边喊边向地下室走去。

一间阴暗狭小的客房内，蹒跚地走出一位两鬓斑斑的老夫人。她就是曾经轰动全国的“科技流浪汉”、青年发明家刘忠笃的母亲。

“啊，小笃获国际发明大奖啦！”老母亲手捧电文，顿时泪流满面。人生七十二载，为母也有四十余载中，今天她第一次流那么多泪。那悲喜交加的泪啊……

一米五三的瘦小骨架承负着五口人的担子

山城。

20世纪50年代的第六个年头刚刚开春。孩子的父亲扔下她，独自到天国去了。

江边的一座荒山坡上，5岁的大儿子忠笃，拉着3岁的哑巴妹妹和刚学步的二弟，一头扑在父亲的新坟上，哭喊着：“爸爸，妈妈又给我们生了个弟弟，快、快回家看看吧！……”

撕人心肺的童嗓，哽咽着波涛呼啸的扬子江水。山城特有的走起来令人喘息的街道上，无数双沉重的脚步，随着洒地的泪珠，缓缓走向桂花园356号——那间低矮的小屋前。

“多可怜，扔下四个娃儿……”

“唉，没了男人往后这家咋过？”

“干脆，把娃儿送人得了。”

“也是……”

“不，不不！！”从阵痛中恢复过来的母亲，听着街前宅后的窃窃私语，拖起刚刚分娩的身子，从床头挣扎着爬了起来，走出家门，在大街上喊着：“娃儿，快回来！快……”

忠笃、忠英、忠宪，还有那“哇哇”哭叫的婴弟忠谕，像一群失散的小羊羔，躲进母亲的怀里。全家5口，畏缩在一间5平方米的破屋内，三天三夜没敢出门一步……

生活就从这里开始。那时，一米五三瘦小骨架的她，一肩背着四个娃儿。

她不得不辞去工作。要不然，5岁的大孩子会从两岁的老三嘴里抢吃一块白薯，而两岁的儿子则会抓起一把屎往嘴里塞。4岁的哑巴尿了炕不知道该怎么办，出生3个月的小儿子则无力蹬开压在头上的被子……

她得不到别人的抚慰和救济。川北大凉山那边的亲人早已杳无音讯。同在一条大街上的居委会也似乎忘了自己工作的某些条款，党的许多政策就是在一些人手里化为乌有。山城，人山人海，她却没有一个贴肉贴心的亲人，孤单，像飘零在江心的一叶破舟。

她讨厌别人的过分热忱，腻烦他们那些懦弱的同情目光、轻浮挑逗的眼神和啧啧不休的废话。“我改嫁，娃儿咋办？”她反问人家。“可你也该想想，一个堂客家，拖四个娃儿，吃喝拉撒，受得了吗？”她瞪起眼：“亏你也是个女人，哪有当娘的嫌自己的娃儿多！”有人还不厌其烦地唠叨：“可你也没长三头六臂，这么多娃儿能拖得大？”她火了：“只要我还有一口奶，就甭叫娃儿们饿肚子！”客人走了，主人扣上门，背着孩子，偷偷地痛哭了一场……

“饿、饿呀……”娃儿们整天围在身边哭喊着。母亲的心像针扎似的隐痛。她摸摸口袋，找不出半个子。小儿子需要奶水，可她摸摸自己那副瘪瘪的乳房，只好采取应急措施：熬一碗米汤，再放上酱油，一同饮下去……挤出的奶水是淡青的，但总算堵住了娃儿的嘴。快到腊月了，上学的两个儿子还赤着脚。无奈，她从箱子里取出全家唯有的一件新东西——当年结婚用过的一件马甲，送到信托商店，给女儿换回了一件小红花衣，为儿子各添了一双袜子。严霜来得真凶，第二天，山城笼罩了白蒙蒙的一层。母亲见放学回来的儿子还是光着脚丫，责问袜子哪儿去了！弟弟忠宪不吱声，哥哥胆怯地从口袋里掏出四个红薯。“妈妈别生气，我们把袜子换……换了红薯……”

“什么？”母亲抢起扫把。“脚丫都冻肿了，你们只知道吃、吃！……”

“妈，我……我们没吃，这是给您的。”忠笃手捧红薯，双膝跪在地下，边哭边诉说道：“妈，您每次吃饭总不跟我们一样，那烂菜叶苦酸苦酸的，你不要吃了，不要吃了，吃这红薯……”

‘母亲一听这话，慌忙蹲下身子，抱住忠笃、忠宪，泪水阻塞了喉咙：“我吃、吃……”

一个“吃”字，牵着母亲的心。看着孩子，个个面黄肌瘦，小儿子一岁半了，两脚还是站立不直，哑巴女儿已经躲在床上4天了……深夜，远处的江上响着一阵阵汽笛，寒风拍打着小屋顶。母亲一手搂着有病的女儿，一手喂着饿哭的老四，又在想着明天该怎样为孩子弄顿好吃的。明天是春节了，四周邻居，买鱼买肉，可她手头连一分钱都没有。唉，这日子哟！借钱？不，瞅咱家这光景，何年才能还得清！还是自己想想法子吧。对了，上个月存的50斤粮票，可换上两斤猪肉、三斤鸡蛋。但新春佳节也该让孩子尝尝鱼味才是。想到这里，母亲摇摇头，下床出了门……

第二天九时许，她回到了小屋，篮子里带回了鱼肉和鸡蛋，还有半筐菜叶。女儿和老三高兴地争着去洗鱼。大儿子忠笃见母亲那双裂了口的手，不忍心地问："妈，你又一夜没睡，去客栈洗衣拣菜了？"

母亲没有答话，把儿子拉到一边。说："小笃，妈今早碰上了一个好差使，前街李老师家要雇个保姆，我跟对方说定了，白天在她们家干活，晚上回来照料你们，一个月除伙食费还可以赚上十多元钱。这样，白天家里的事就靠你照看了。"

"嗳！"懂事的大儿子点点头。

那时，全家就靠着母亲当保姆的十多元收入维持着。生活，就在摇摇荡荡中向前推进着。

孩子大了要读书。母亲懂得儿女的心，虽然家境无法同别人相比，但绝不能让孩子幼小的心灵上受创伤。她跑断了双腿，磨平了鞋跟，四处奔波，八方求援。还是社会主义制度优越，孩子可以免费上学。母亲和娃儿们好不兴奋，连夜给两个儿子各做了一个书包。第二年，6岁的哑巴女儿也被母亲送到了聋哑学校。

娃儿上学，费用更大了，母亲不得不在低垂的双肩上加码。清早，到理发店打扫卫生、洗擦用具；白天，当保姆；夜晚，上江边的工地背两个钟头石子。每逢下雨下雪，就带回几件别人家的衣服补补。她从小跟着当中医的父亲学得一手好字，这看家本领也使上了。家门口，她搭了个小摊，凑饭前饭后时间，为街坊邻居，过路行人写帖、对联，代写书信……

一次，有个建筑工地需要人力搬运砖瓦，上工地的都是些肩宽臂粗的男人，唯独母亲特别显眼。

"哎哎，看，这女的真不简单。"

"听说是个寡妇，家里还有四个娃儿。"

"哎哟，脸蛋还挺标致呐！"

那些男人们时而窃窃私语，时而哈哈大笑。几个油里油气的汉子，凑过来嬉皮笑脸地问："嫂子，只要你肯帮我洗衣服，活吗——老子包了！""嘻嘻，要不把家里四个娃儿送了人，背着铺盖到我家来，你就啥子莫干，坐吃享福。"

母亲轻蔑一笑，说道："衣服可以洗，但得告诉你婆娘。至于让我弃儿离家，实在多谢诸位好意。听着，别以为女人都是棉团团！"

嘴硬?！哼，看你敬酒不吃吃罚酒！那帮肚里装满坏水的野小子，碰一鼻子灰后，便串通工地头头取消了母亲那份活，并且合伙在半路上将母亲打得鼻青脸肿。他们想叫母亲认输、屈从、倒下去，或者从她身上捞到点便宜。这些人想错了，她是个要强的女人，别人越难为她，而她越变得坚强。为了孩子，她的每一根纤细的筋骨，根根背负着千斤重担，在被人冷落和侮辱中挣扎着。

那一年夏天，她得了痢疾，一连几天吃不好睡不着，白天还得出门帮工。大儿子知道母亲病得不轻，死活拖着母亲恳求道："别再到矿场上背石头了！"母亲说："忠谕刚断奶，不买几包奶粉娃儿顶不住。我去去早点回来就是。"谁知，这一天孩子们等到傍晚九点还没见母亲的面。后来才听报信的一位叔叔说，母亲在下午背石了时，从小道石级上摔下来，胳膊给摔断了，正住在医院。第二天，大儿子忠笃带着弟弟和妹妹赶到医院，却不见母亲。孩子们急忙往回找。在经过一条通往矿场的山道时，他们突然站住了。原来妈妈在这儿——只见一条弯曲陡度的石级上，母亲左手扶着绑着纱布的右臂，肩背着盛满石子的竹筐，两腿颤颤抖抖地向这边走来……

孩子们见此情景，一齐奔了过去："妈妈，回家，快回家吧——！"

"娃儿，怎么啦？快起来——！"母亲见孩子一个个跪在地上，不肯起来，慌忙走过去。“回，妈回家……”

用卖冰凉水的钱，盖起“贝尔实验室”

有人说，当娘的用奶水把孩子喂大就算是尽职了。她说：“这只能够算得上半个母亲，让儿女们懂得生活，懂得做人，懂得立业，做一个有志于改造社会，为人类造福的人，才称得上好母亲。”

母亲虽然出身贫寒，也没有上几天学，但却通晓天文地理、中外历史。尤其是文学修养让人难以置信。她的狼毫大字，苍劲洒脱，刚柔相济，誉满山城；她的律诗词牌，曾在全国最有名气的文学刊物上发表过。倘若不是家庭和历史的缘故，也许母亲早已成为一位名扬四海的学者了。然而，生活迫使她去履行一个母亲的全部义务。

在儿女中，这些给大儿子忠笃留下的印象最深。他始终忘不了小时候母亲是怎样一步步地引导他走上科学发明道路的。小时候的忠笃，长了个总爱鼓捣的毛病，每天翻箱倒柜穷折腾。家中仅有的几件旧玩具、破煤炉，他都玩遍了。一天，忽然对母亲手上的那块小金表发生了兴趣：表上的针为什么会自己走动呢？唔，一定有东西在里面推着它们。是蚂蚁！他想起墙脚下蚂蚁搬骨头的情景。是的，你瞧，蚂蚁很小很小，钻进表内。听在里头还窸窣窸窣地响呐！可是……蚂蚁吃什么呢！从没见妈给它喂过食，得弄个明白，淘气鬼趁母亲代人写信时，故意捣蛋。成功了！在母亲不备时，小忠笃拿了表就跑。他从“百宝箱”内挑了几件“专用工具”——从废品堆里拣来的破锉刀、旧钉子，然后躲在离家远远的小山坡后面，将表放在一块石头上狠命地撬啊撬，嗽，开了！太阳光下，只见表内一个个金光闪闪的大小轮子，摇啊摆啊，简直像个童话世界。哎，怎么不见蚂蚁呀？小忠笃用小刀将一个齿轮一挑，糟糕，轮子不但不转了，反而噼里啪啦全掉了下来。这可怎么办？小忠笃知道闯了大祸，吓得赶忙把轮子、指针和表壳一起包在一张纸里，又小心地埋进了沙土之中。他不敢回家，坐在地上哭了起来。

傍晚，母亲急匆匆地找来问手表呢？儿子不敢撒谎，便扒开沙土。

“啊，我的金表！”母亲捧起一堆废件，哭了。这可是她结婚时的陪嫁，也是全家唯一的财产。几年来，家境再贫，她也舍不得把表卖掉，母亲好不心疼。

小忠笃乖乖地蹲下身子，露出小屁股——准备像以往一样接受最严厉的惩罚。可是许久也没有动静。他回头一看，只见母亲高举的木棍始终没有落下。

“起来，你这个败家子，”母亲乏力地放下木棍，说道，“好玩，也得干有出息的事。”

从那天开始，母亲每天吃过饭，让忠笃和弟弟围成一个圈，给他们讲故事。从四大发明到宇宙航天，从张衡到瓦特、爱迪生，母亲的故事像源源的流水、不竭的乳泉，洒进了儿子的心田。小忠笃从那次金表事件未被打起，胆子越来越大了，见什么拆什么。拆了又装，装了又拆。才6岁，就成了重庆桂花园一带小有名气的“玩具修理匠”了。邻居的孩子都成了他的小顾客。又有多少次他把人家的宝贝给捣鼓坏了，惹得主人怒气冲天地登门算账。为此，母亲不知多少次说情赔礼。

“孩子，做啥事都得有心计，”母亲没有责备儿子，把他叫到身边，“来，妈从少年报上剪了个小实验题，你哥俩做做。”

煤油灯下，小忠笃和弟弟伏在桌子上全神贯注地干了起来。“没有丝线呀！”母亲一听，便从头上拔下几缕头发。“这不可以代替呗！”

行。实验紧张地进行着，孩子们一次又一次地爬上母亲的腿，揪下一根根长长的头发……终于等到了一个下雨的夜晚。雷声将梦中的老大和老三惊醒了。哥俩爬下床，抢着看“晴雨仪”。嘿，银针正好指在“雨”字上！“妈，快起来看呀！”孩子们高兴地蹦了起来。

“好，妈煮两个鸡蛋祝贺你们！”母亲给了儿子两个响吻。

娃儿入迷了。一天，8 岁的老大见邻居有个大孩子在玩一台矿石收音机。小小木盒能听北京的声音。小忠笃觉得神了。吃饭睡觉都不肯走，硬是从人家的手中把收音机借了过来。回家后，稀里哗啦，又拆个精光。这下聪明的是他照葫芦画瓢，画了个“线路图”。有心计的娃儿，背起一个旧书包，每天清早守在垃圾箱旁，拼命地找啊找，嘻，漆包线、绕线圈都有了，手头就缺一个可变电容和耳机了！这可得十多块钱才能买得到呀，小忠笃盘算了几天，没别的法子。找母亲要？张不开口。他低着头，眼睛正好落在母亲生火的铜火钩上。“有了！”小忠笃激动得心都要蹦出胸口……几天后，收音机真的装了起来。“听，北京的声音！”全家人围在“小木盒”旁，乐得一夜没睡。母亲见邻居就夸耀：“咱小笃能装收音机啦，三个台的！”可她回到屋细细一想，娃儿哪来的钱买零件、耳机？再看看那缺了铜锁的箱子，没了铜拉手的抽屉，还有铜链、铜头钩不翼而飞……她全明白了。这娃儿把家折腾得已不像样了。能怪罪一个 8 岁的娃儿吗？不，不能。

母亲的一番苦心没有白费。大儿子 10 岁那年，获得了重庆市中学生无线电竞技比赛第一名。二儿子上头年学就跳了二级，并且在期终考试得了 5 个第一。

母亲发现孩子对无线电有着特殊的爱好，便把哥俩叫到身边，问道：“你们知道电话是谁发明的吗？”

“贝尔，美国的亚历山大·格雷厄姆·贝尔！”这是孩子最崇拜的科学家。

“可知道亚历山大是什么意思吗？”

孩子睁大了眼，摇摇头。

“亚历山大在希腊语中的含意是人类的慰藉。贝尔从小就立志成为一名造福于人类的科学家，他同助手马斯·华特森建立了一个实验室，发明了世界第一台电话机。”母亲满怀期待地问儿子，“贝尔同华特森还不是亲兄弟，却干出了震惊人类的发明创造，你们哥俩将来干些么子事来？”

大儿子忠笃抿抿嘴，憋了半天，说道：“妈，我要实验室。”

“实验室？”

“嗯。贝尔与华特森能发明好多好多的东西，就是因为他们有个闻名世界的实验室。我也想有一个……”儿子幻想着一个迷人的童话。母亲笑笑，又摇摇头。她瞅着儿子那副认真而又倔强的神态，不觉心头一热。

“好，妈妈给你们盖，也盖个‘贝尔实验室’，那是中国的，也是你们哥俩的！”

1960年，正是人们勒紧裤带，用糟糠填肚的困难时期，自然不用说对吃了上顿愁下顿的母亲一家，钱从哪儿来？大儿子出了个主意：“妈，咱们卖冰凉水吧，城里那么热，准能赚点钱。”

可得要白糖，单靠糖精凉水又卖不出去。母亲一时感到为难。但娃儿的主意倒不坏。一天，她从房东那里回家，走在炎热的石子马路上，见冷饮铺上有人将冰棍放在一杯凉水里，结果杯里的水洒了一地。

“有了！”母亲差点叫唤起来。“这不是阿基米德原理吗？她匆匆赶回家，对儿子说道：我们卖冰棍凉水吧！”

根据阿基米德原理，冰棍放入水中受到向上的浮力，浮力的大小等于冰棍排开水的重量。如果在放冰棍后倒入水，这部分糖水就可以节省，原来两杯凉水，现可卖三杯。穷则思变，做生意嘛，谁不是为赚钱，只要不缺德。瞧，经过母亲一番手艺，“刘氏冰棍凉水”生意兴隆，一个夏秋就赚了二百多块钱。

秋分一过，母亲备来一些毛毡、木料和旧瓦碎砖，请一位建筑师傅在小屋左侧与邻居交接的一块过道上，搭起一个两米大小的茅棚，当作“实验室”。孩子们像见了宝殿一般，簇拥着母亲题词。母亲欣然命笔，在茅棚正中的一块干净木板上，写下五个大字——“贝尔实验室”。

中国的贝尔实验室诞生了！谁能相信，就是这间破烂不堪的油毛毡茅棚里，成长了两位当今中外著名的青年发明家！

她站出来证明“磁悬列车”的发明者是中国人，因为那是她儿子

早在 1974 年，欧洲共同体收到一份德国科协组织提交的一份《关于磁悬列车和磁热飞行器发明报告》。报告声称，当今世界最先进的磁性飞行列车的发明，证明当今德国拥有与瓦特同等伟大的现代科学发明家。继而不久，日本的第一列磁性飞行列车也在《大日本进行曲》中徐徐启动了。随之，来自岛国的这位邻友，在自认为在科学上矮他们三倍的中国人面前，大吹特吹“飞行列车”的先进和超时代性。代表团到山城，自然更趾高气扬，扬言，“只要贵城公民愿推荐百名夜总会女侍，重庆城的交通，统统地由大日本帮助建设若干条磁性空中飞车。”

正当某些人盲目慑于东洋超级技术，在“大三洋”“小三洋”的靡靡之音中隆重款待异邦的宾客时，代表团横川先生接到一封署名“钟”的中国公民来信，信中说，贵国政府技术代表表示愿

为中国建设提供先进技术，解决重庆交通问题，这是山城公民求之不得的。但需要声明的是，有关磁悬列车一说，并非像先生们声称的那样，它既不是日本最先发明，也不是德国、法国，而是中国，中国早于别国整整10年。

各国代表团哗然，“不可能，不可能！中国的只会制作人拉车、自行车，磁性列车的不可能！”他们要找姓“钟”的公民“抗议”。

“不要找了，我就是。”母亲站了出来，面对一大群西装革履、颜面愠怒的外国代表团人员，平静地说道：“我们中国人讲究实事求是，请吧，参观一下中国的‘贝尔实验室’。”

“中国的‘贝尔实验室’？”外宾们疑惑地盯着这间坐落在山城偏郊，满屋灰蒙蒙、黑油油、上开“天窗”下积水的茅棚，连连摇头，“大大的玩笑，不可思议。”而真正不可思议的是主人从那积满灰尘的纸盒里拿出的一个“磁性飞车”模型。这个模型是有9块磁性极强的磁铁和4条有特殊形状组成的磁性轨道，外加一个装有两速喷气装置的用纸盒代替的“列车”。

“这，能走？”

“能！”母亲在喷气装置上点起一根火柴，只见“呼”地一股强大气流，喷射而出。小“列车”顿时像箭似的沿着轨道飞驰向前。

“啊，这就是磁性飞车？真不简单。”在场的中国陪同人员欢呼起来。

日方横川先生却把眼睛死死盯在模型的每一根材料上，不时辨认着，但又摇摇头，“太太，请问这些材料是贵公司的产品？”他抬起头，问母亲。

母亲一愣，但随即明白了，笑道：“那是小孩从垃圾箱里拣来的。”

“拣来的？！”横川先生不解地瞪圆了双眼，忽然眼珠落在飞车上。“请停一下！”横川一把将“车”拉起来，“1–9–6–1年。”横川读着这行阿拉伯字母，脸色顿时阴了下来。不错，1961年——比日本的“飞行列车”整整早了10年。可，这怎么可能呢？大日本东京都动力科学研究所拥有世界第一流的动力专家和第一流实验设备。而中国，在一间原始式的茅棚里竟比日本早10年发明了飞车。“嗨——大大的不可信！”横川直起脖子，问母亲：“太太，你的告诉我，是谁的发明飞车？”

“我儿子！确切地说，是我们全家，包括我也参与了！”母亲答道。

“儿子？你？统统的参与？！”横川觉得这位中国老太太在说新天方夜谭。

是的，一位拥有百万财富的外国学者，是无法真正理解中华民族具有的伟大之处，以及她的儿女们所具有的创造性和坚韧性。

……

“贝尔实验室”建成不久，全家又忙着筹备新的资金，买些实验必需品。单靠母亲十几元保姆费和打零工已远不够支付了。有时全家连锅都揭不开。老大愁着没钱，便同弟弟忠宪合计，每晚10点推一辆平板车，到十里外的土山拉一车黄泥，到煤球厂换一块钱。白天放学时，随身带一根绳子，见上坡下道的车辆，帮着拉一把换上5分钱。哥俩就这样一天天地拉呀拉……一天，忠笃拉着沉重的车轱辘，从山道拉过火车铁轨时，忽然想起：能不能利用磁铁同性相斥原理做个无轮飞车，让车子毫不费力地在坡坡陡陡的山城街上，自由自在地飞翔奔驰。他把想法告诉了母亲，母亲赞成说：“搞啊，咱山城就愁出门难！”实验开始了，忠笃兄弟俩到处寻拣磁铁废料，然后回家加工试验。实验“列车”需要一个两速喷气装置，这只有到电器公司才买得上，没钱了，孩子急得团团转。母亲知道后，托人到一家饭店找了个临时工——

每天利用晚饭一段时间帮助刷碗。整整一个冬天，攒了三十多元钱，给孩子买回了两个喷气器。经过无数次的实验和调试，无轮“飞车”终于飞了起来。孩子的实验模型被搬到学校和市文化宫表演，赢得一片赞誉。可惜，这一具有世界独创和富有先进水平以及实用价值的科学实验，当时仅仅被人们看作是“聪明的小玩意儿”供观赏而已。某些机构的科盲和反应的迟钝，导致几年后德国、法国、日本等国抢先在《世界发明》杂志上占据了这一席位。但最后这一点，母亲没有说。

“神话，像月宫里的神话！”横川和日方代表团成员晃着脑袋，他们始终不肯相信母亲的话。“中国真有贝尔式的大发明家？也许‘飞车’事件是偶尔的。”客人的话题已经不仅仅是“飞行列车”了，他们想弄清“飞行列车”的发明者能否真正是个“大大的了不起”。

陪同的中方人员急了，这出戏该怎样收场？日方的意图是非常明白的，他们不肯在中国人面前服输。“大娘，这事您看……这样吧，你就推说你的儿子都不在家。”母亲被人叫到一旁，有人悄悄暗示她。

“儿子不在家倒是真的，可这怎么成！咱们中国人并不比他们矮一截呀！”母亲不甘示弱地回答说，她怎么能忘记儿子给他讲过的一件事：

那是1981年12月20日这一天，已经成名的大儿子忠笃（本文后面还要叙述）从昆明来到北京。列车上，他发现自己对面的卧铺上睡着一个和自己年龄相仿的年轻人。他们互相礼貌地点点头，交换着诧异的目光。对方见忠笃打着补丁的衣服，顿时大为疑惑：在中国，坐软卧一般是有着严格的级别的，一个寒酸的年轻人凭什么睡进了软卧车厢？

两人攀谈起来，对方操着半生不熟的汉语时而冒出一两句英语，忠笃以为他是归国华侨或外籍华人。

“请问，您是……”

“我是日本一家技术公司的，”对方回答后反问，“您呢？”

忠笃说：“我是中国昆明一家工厂的。”

对方看见他那鼓胀的手提包，问他的职业。

“我搞技术，喜欢在电子方面搞一点小小革新和发明。”忠笃在讲电子的时候，用了一句英语，并把自己上衣胸前的“中国电子学会”的会徽给对方看。

对方先是一惊，然后露出轻蔑的一笑：“搞电子？”

这短短的问话和那一闪即逝的笑，深深地刺疼了忠笃的心。那是一种对落后者、低贱者的嘲弄，当然不能容忍。忠笃为了争这口气，两年中，连续攻下了七八个电子技术先进项目。再不能让外国人蔑视和耻笑了！母亲从容地拿出儿子在“贝尔实验室”中进行的发明登记簿，上面详细记载着刘氏兄弟俩的三十多项科研成果……

母亲一口气念了下来，以自豪的口气。

“可以观摩实物？”日方提出要求。

“可以。”母亲打开放在一个木箱里的其中几只纸盒。“超声波驱鼠器”“有源噪声控制器”“微型 NS 控制变频器”……这些都是比英美等西方国家早问世的重要发明。

横川等日本同行见了如此琳琅满目、独具一格的新“玩意”，脸上即刻堆满笑容，边说边打开了照相机的快门，准备拍照。

“对不起！”母亲“啪”的一下将木箱关住了，然后转身进了那间简陋的小屋。

宾客不禁有些难堪。可他们哪里知道这位中国老太太此时此刻的心情，她知道这些发明的价值，更珍惜这么多年来儿子为此付出的代价……

血红色的枫叶

岁月的时针，有节奏地永恒地向前走着。历史的风云则如天穹一弧，阴晴圆缺没个准。人，谁能不受这风云的洗礼！

她的大儿子刘忠笃，就像一首嘈嘈切切的庞杂协奏曲中一个怪异而奔突的音符，不规整地跳跃在人生乐谱上。高中毕业后，他不上大学。他发誓“不再让妈吃苦了”。家贫，使这位5门功课都在95分以上的高才生不得不放弃继续深造的机会。1965年，刘忠笃应云南建筑工程公司招工到距离昆明二百多公里的开远县建筑工地当电工。那是个山连山、水连水的偏僻地方。繁重的工作和闭塞的环境，并没有使他放弃发奋进取的雄心。在红旗如海、口号震天的疾风骤雨中，他躲在工棚仓库内偷偷自修了大学全部课程。并且为工程队完成了第一个实用性发明项目——建筑工程多用测试仪。这位多才多艺的年轻人，又伴着手风琴的优美旋律，飞出山沟，来到春城昆明一家橡胶厂。可是，文艺宣传队的同事们很快发现，手风琴并非是他真正的爱好，他的心在电子和机械上……

一个捉摸不透的人，一匹让人难以驾驭的马儿。身居千里外的老母亲不得不担忧起来。那是个什么年代，他竟如此发疯似的搞什么发明创造！当接到儿子从昆明发来“流水线”获得成功的喜讯时，饱经人间沧桑的母亲似乎预感到了什么。她看着街头高喊“打倒”的队伍挤满了大小马路，心头不由一沉，决定南下昆明，探个虚实。

“啊，妈妈来了！”儿子欣喜若狂，整整一个白天，拿出他几年来业余搞出的发明成果没完没了地唠叨起来。

“瞧你，只知道发明发明的，妈肚子打着鼓呢！”

“哟，您还没有吃饭呐！”忠笃拍了下脑袋，傻呵呵地笑了，“您歇着，我上街买点菜，今个娃儿慰劳妈！”说着出了门。

晚饭是丰盛的。儿子亲自为母亲做了6个菜。“来，为‘流水线’的成功，也为妈妈远道而来……”忠笃异常兴奋，频频举杯。

咚咚！“开门！开门……”小屋的房门突然被人踢破、冲开。恍惚的灯光下，只见四条大汉怒吼着闯了进来，蛮横地推倒饭桌，持枪将母亲和刘忠笃押在一边。

“你们是什么人？想干什么？”母亲脸色发白地责问道。

“什么人？瞧这个。”大汉指指手臂上的红袖套，“橡胶厂革命造反派！老东西，放明白点！”

一帮歹徒疯狂地翻箱倒柜，将成百册书籍扯碎后踩在地上，床单被撕成布条，儿子用心血购置来的电器工具、元件统统被扔进木箱，扛上汽车。接着，四个人过来扭着刘忠笃的胳膊，架出门口。

“你们要干什么？”母亲发疯似的叫喊着，“为什么带走我的儿子……”

“他是反革命嫌疑犯！开设地下工厂，盗窃国家财产！”歹徒们咆哮着。

反革命？特务？我的儿子？！母亲愣了，这怎么可能，儿子是什么人，难道当娘的还不清楚！母亲只觉眼前一片模糊，身子仿佛坠入深渊。……许久，她渐渐清醒过来，发觉自己抓住的不是儿子的胳膊，而是一张倒在地上的桌子。啊，这是个刚刚被歹徒蛮横砸毁的小屋。娃儿呢？没了。她想起几分钟前的事，不顾一切地从地上爬起来，冲出门外。她要把儿子找回来——

“小笃，小笃……”夜幕下，武斗的枪声，混着这颤颤发抖的叫喊声，久久回荡在大街小巷……

儿子被造反派关在了一个秘密的房间里。窗户用草垫和木板条死死钉着，黑沉沉得不透一点光亮。政治歹徒们使用法西斯的严刑，一会儿用木棍打儿子的腿脚，一会儿逼他单脚着地表演

“金鸡独立”。腻了，又让学狗叫……那个惨无人道的岁月啊！

儿子没有罪！母亲从橡胶厂的一些工人中了解到，造反派抓刘忠笃，是因为他平时得罪了大名鼎鼎的曹司令，那年忠笃一心搞可控硅充电机的研制，而曹司令却让他帮自己装“永动”摩托车。这分明是坑人，自然忠笃没有同意。过几天，曹司令的小舅子抱来一台坏了高频管的黑白电视机要忠笃修理，并让他从配电室弄个新管子给电视机换上。“公家的东西怎么随便拿？”忠笃不干。曹司令知道后咬牙切齿：“有几个敢跟老子对着干的？”几个月后，忠笃利用业余时间为工厂设计了一条时序自动控制的缝纫鞋帮流水线，生产周期从两个月缩短为四个小时，每年节约资金20万元。工厂轰动了，昆明轰动了，流水线吸引了省内外前来参观、取经的人们。北京电视台的记者也要下来拍片。曹司令一听，便把刘忠笃叫到办公室，脸上挤出一丝很不自然的笑容：“小刘呀，流水线成功了，不错。你说说是谁领导和支持的呀？”

“是党。”刘忠笃不假思索。

“说具体点嘛，是不是橡胶厂党组织呀？”

刘忠笃迟疑了一下，说：“是。”

“再细说些嘛，譬如是谁支持和领导的啦……”曹司令步步紧逼，因为对方没有说出他要听的话。

刘忠笃如梦初醒，明白了：这位当年骂“贪大求洋”，扬言要解散“流水线攻关小组”的造反派头目，此刻想得到“是您亲自支持的结果”这句话从而一举成为流水线的功臣。呸！办不到！忠笃咬紧嘴唇，一言不发。

曹司令终于现出本相。“哼，走着瞧吧！”

“文化大革命”使这位风云人物有了报复的机会。忠笃是他的“眼中钉”，自然轮到“最优先”的待遇。他们罗织了忠笃三条“罪状”：一是反革命特嫌。理由是他为什么有那么多本事，没上过大学，却什么都懂，不仅会无线电和机械修理，而且能吹拉弹唱，谱曲填词，甚至能替人看病。只有经过专业训练的特务才会有。造反派的逻辑是从某些反特电影中推理得到的。二是开设“地下工厂”（实际上是刘忠笃利用半间宿舍搞的一个实验室）。三是盗窃国家财产。一个二级工人家里却藏着各式各样的仪器、仪表，肯定是从工厂偷来的，造反派推测着。在那人妖颠倒、知识分子和科技人员被视为“臭老九”的年代，又有这么几条“根据”，曹司令自然胆大妄为了。

母亲带着满腔怒火，找上了门。责问曹司令：“我儿犯了什么错误你们要关他？不错，他是多才多艺，什么都爱鼓捣，可这怎么能同‘特嫌’联系起来呢？我儿子在宿舍是搞了个实验室，但他是为你们厂才每天熬夜苦干的，这怎么能说成是‘地下工厂’？你们说他盗窃国家财产，今天我把他几年来用自己的钱买仪器、买元件的发票带来了，要不信你们算算，总共1345元。”母亲“呼啦”一下把大把发票凭据摊在曹司令面前。

“这……”曹司令一时理屈词穷，装出一副笑脸，“嘿嘿，大娘你先别生气，我们会正确对待你儿子的！”

“正确对待？”母亲话中有话，冷冷地说，“听说你们这儿私设监狱，重庆那儿有这样的事，结果群众把那当头的龟儿子干掉了，你没听说？”

“啊，这，这倒新鲜。”曹司令没想到这位老太太使他不知所云。

七天以后，儿子从黑房里出来了，带着满身伤痕。然而，他却戴上了一顶难以翻身的“特嫌”帽子。当他筋疲力尽地回到那间洗劫一空的宿舍时，一连四天没有爬起来。

“娃儿，你要挺住啊。生活的路还长着呢！”母亲含着泪花，端上一碗熬好的药，然后从墙上取下手风琴。“来，给妈拉《伏尔加船夫曲》。”

……

哎哟嗬，哎哟嗬，

齐心合力把纤拉。

哎哟嗬，哎哟嗬，

拉上一把又一把，

穿过茂密的白桦林，

踏开世界的不平路。

……

哎嗒嗒，哎嗒嗒，

对着太阳唱起歌，

哎哟，使劲把纤拉，

拉完一把又一把……

“妈妈！”忠笃扑在母亲的怀里，泪流满面。“妈，您放心，我是吃您奶长大的！不会给您老丢脸的！”

母亲深情地点点头……

儿子送走了老母，从此放弃了吹拉弹唱，发疯似的投向了科技天地。发明需要器材，没收的东西没有还，他每天只好从自己嘴里“抠”，白水煮面加上点葱花和几粒盐就凑合一顿。他把三十多元的工资全花在买工具、元件上。

刘忠笃不愧是位永不停步的纤夫，在科学征程上一步一步地艰难前进着。1974 年～1976 年 9 月，他在时刻受人监督，常常被无理批斗的极端困境中，连续搞出了当时国际上尚未问世的超声波驱鼠器、有源噪声控制器和国内先进水平的静脉输液监督器等发明。

1976 年 10 月，伟大的历史性胜利，全家人欣喜若狂。母亲写信让正负工伤的大儿子回重庆休养。

今日之世界，是电子计算机世界。电开关，几乎是人们日常生活和一切工作中所不能离开的亲密伙伴。以手触为操作方式的同态电子开关，有着寿命长、速度速快、无触点、无抖动、灵敏可靠等优点，但目前世界上常见的触控开关都是双极触键型，而且在关闭时要耗电能，不能直接廉价地作为装置的电源开关。这种缺陷，就连日本等国最新生产的彩色电视机等产品，也依然存在。成熟了的刘氏兄弟，此刻正乘着祖国的大好春光，将目光投向了世界。忠笃力排众异，独具一格，在被押时就设计了一种结构简单，待机状态不耗电的超先进的全静态单极手触式可控硅开关元件，今天他把方案拿了出来。与正在钻研电子技术的弟弟忠宪不谋而合，两人一头钻进那间16年前母亲为他们盖的“贝尔实验室”，拿起仅有的十几件极为廉价粗糙和不规格的工具器材，开始了艰难的攻关战斗。

夏季的重庆，素有“火炉”之称。“贝尔实验室”里正进行着紧张的战斗，刘忠笃哥俩夜以继日，白昼无隙。67岁高龄的老母亲担任了“后勤部长”。弱不禁风的油毡茅棚，敌不住毒日暴晒，那熔化的沥青从棚顶滴下，正落在儿子的赤背上，烫起一片水泡。母亲心疼地跑到柏油马路上，刨回几勺化了的沥青，慢慢用锅熬熔后，一点一点地修复棚顶；暴雨袭来，棚内漏雨，母亲赶忙撑起小伞，一小时一小时地陪着；儿子需要休息好，母亲腾出唯一的大床，整夜整夜地坐在一旁摇着竹扇……一个月后，一种崭新的元件、世界技术先进国家尚未研制成功的元件——全静态单极手触式可控硅开关电子元件（本文开头所说的参加日内瓦国际发明展览大会，我国第一次获得国际发明大奖就是刘忠笃哥俩发明的这一元件），在中国的“贝尔实验室”诞生了！

当时，云南省科委鉴定道：“该项成果是成功的。经我委组织省、市有关厂、所、院校技术专家鉴定认为，作为触式开关应用的一个通用元件，国内尚无先例，国外也无同类记载，其设计方法和结构也属于独创，具有较广泛的应用效果和发展潜力。”

“应该有个商标。”小弟弟提议道。

是啊，起什么商标呢？儿子们请母亲起名，母亲沉思片刻，说道，就用枫叶吧！枫叶是红的，既可以代表秋日，又有政治含义——粉碎“四人帮”是十月，而我们的元件也正是中国在重新有了希望的第一个十月中诞生的，它凝结着我们全家人的心血！

“对，就用枫叶！”哥仨狂欢在母亲身边，立即动手制作。他们用一块有机玻璃，烙上颜色，然后雕成一个五角的枫叶。

啊，枫叶，火红火红的，它代表着刘氏一家五颗对祖国对科学事业的赤诚之心。

春日悲歌

在中国，有这样一个季节——科学的春天。1978 年 3 月，全国科学大会召开的喜讯，传到了山城重庆。

“妈，赶快打开收音机，你听！”当司机的小儿子叫着。收音机里正转播邓小平同志代表中共中央在大会上的讲话。那熟悉的乡音，像春风吹荡着这家为振兴中华而献身科学事业的普通公民的心田。母亲激动中略带不安地问忠宪和忠谕：“你哥不知是否到会了？”

“肯定去了。”儿子毫不怀疑。一个月前，忠笃从昆明来信说，云南省科委已让他立即申报成果给全国科学大会筹备小组，他也这样做了。还有什么值得怀疑的，哥哥的科研成果无论是数量还是水平，无论是眼前的实用经济价值，还是将来发展的前景，都是第一流的。

“喂，请开门。云南来信！”屋外有人叫。

“我哥来信了！”忠谕抢先把信抓到手。“弟弟，快给妈！”忠宪说。

母亲双手颤抖着撕开信皮，展开信纸。此刻，她渴望聆听到儿子的喜讯，聆听到坐在人民大会堂当代表的儿子的声音。儿子有出息了，当年的辛酸苦辣总算今天有了回报。灯光下，母亲那双布满皱纹的眼睛，闪着晶莹的老泪。

“苦命的娃儿——！”突然，母亲一声惨叫，瘫倒在地。

“妈，妈——怎么啦！”“怎么啦！”忠宪和忠谕被突如其来的事惊呆了，慌忙将母亲抬上床。用冷水毛巾捺耳、掐人中都无济于事。哥哥出什么事了？忠宪拿起信，也顿时傻了。哥哥的信这样写着——

敬爱的妈妈：

我又被“四人帮”的残余非法监禁，关在昆明市郊的一个叫黑龙潭的地方。他们还是算七四年的旧账，灭我口呀！

妈妈，如果我被关进监狱或有什么不幸，望弟弟务必上北京告状，为我申冤！

亲爱的妈妈，请您老人家相信，您的儿子没有做对不起您的事情……我们“贝尔实验室”的工作，忠宪兄弟一定要坚持到底。我相信真理之光终有一天会战胜邪恶。望您老人家保重身体。

儿忠笃

这是怎么回事？

原来，根据规定，参加全国科学大会，要逐级上报科技成果。刘忠笃写了一份材料说明：××元件是我在受“四人帮”及其爪牙的压制和残酷迫害下，在几年来完全业余自费的‘地下’科研中，克服重重困难研制成功的一种新型多用电子开关元件……”

“什么？他自大好功，不把一级厂党委放在眼里，矛头指向咱们！不行！”当年骄横一时的曹司令被捕了，而此时在台上的却依然是参与迫害刘忠笃的那帮曹司令的“小兄弟”。“不让与我们作对的人扬眉吐气！”他们以“研究”为名，无理阻挠和拖延上报材料。

省科委打电话明确指示橡胶厂“应立即将刘忠笃的科研成果材料上报”。

消息传开，橡胶厂头头们紧张起来，要么让他们的对手上北京当代表、张扬工厂的丑事，要么把对手禁锢起来。“哥们儿”选择了后一条路。

儿子的信，是让一个“囚友”秘密从监狱里带出来的。

几天后，母亲悲痛欲绝，强支病体，用颤抖的手，挥笔写诗一首：

失意音书传到家，浪迹十年天之涯。
杨柳千条扬愁絮，碧桃万朵断肠花。
儿负冤屈鸣天地，母怀忧伤怨月华。
浮云岂能常蔽日，鸿鹄哪堪作塞鸦。
丹心沥血明日月，碧海澄波见朱砂。

母亲拖着中风的半瘫身子，日夜呼喊着“小笃”。她的心飞向遥远的那块盖着乌云的地方……

儿子的问题是1974年的继续，但却比那时更复杂、残酷和折磨人。他被关在一个无人知晓的地方，看守、岗哨，戒备森严，连上厕所也得跟上两个盯梢的。全身只准穿一条裤衩——打手们怕“囚犯”逃跑而想出的“妙计”。轮番的审讯和皮鞭一起进攻，他们企图以此来消磨这位青年发明家的意志。一招失败了，他们又从对方的女友身上打主意。

他们找到了那位在 1974 年就同刘忠笃领了结婚证又没有来得及结婚而被强逼断绝关系的姑娘。

“小盛，你还不同那位反革命分子离婚？这可是一辈子的事呀！”专案组以“组织”名义找姑娘谈话。

小盛姑娘，当年被一帮暴徒从刚领结婚证的丈夫那里押回家，不通情理的母亲几乎打瞎了她的眼睛，一直到现在，她不明不白地被人视为“牛鬼蛇神家属”。如今，又有人逼她与丈夫离婚。开始，她不相信自己选择的人是“反革命”“特嫌”，她等他，可几年来传到耳里的却是永无止境的黑暗：他要不又被关了，要不又被抄家。不知真相的她在组织一次又一次的“帮助”“谈心”下，开始迷茫、退缩了，跟人来到事先安排好的法庭。

“刘忠笃，现在你的妻子向你提出离婚！”法官扔来一张“离婚证书”。

刘忠笃呆了。离婚？难道她来了？我的日夜思念的爱人——那个生性温存、长得漂亮、发誓与自己永生相爱、把俄罗斯民歌《三套车》唱得催人泪下的歌手？是她，低着头站在法庭的“控告席”上。啊，往日相爱、眷恋的情人！“为什么要离婚，在我最艰难的时刻，你说呀，说呀——”刘忠笃悲声竭力。

她没有回答，默默地走了，永远。

刘忠笃两眼发黑，踉踉跄跄地走在那似乎永无尽头的坎坷之途上。他一手拿着工厂“留厂察看两年”的处分决定，一手拿着法庭的“离婚证书”，脖颈上仿佛架着两把刀……工作的权利，生活的希望，做人的尊严，一切的一切全被剥夺了！

“啊，让脖子架着刀流血吧，流血吧——”他疯了，东倒西歪地撞进自己那个离别整整 7 个月的房间，顺手从桌上操起一把刀，对准了脖子……

“忠笃，你放下！放下！”

啊，谁在喊？是妈妈的声音！拥抱着死神的儿子突然睁开眼，他发现满头银丝的老母亲正站在他的面前。

“妈妈——”儿子失声恸哭，那悲切的声音像决堤的洪水，颤动着黑夜。

“娃儿，妈都知道了……”母亲揪着心，老泪纵横。“生活对你是不公平的，总有一天你的问题会重新做出结论。”她一手为儿子擦着泪，一手从衣兜里掏出几个信皮，对忠笃说：“你看，这是国家科委、中国电子学会给你的信，他们对你的发明成果评价很高，希望你能带着实物到北京去。”

忠笃一把抢过信，他边看边流泪：“妈，看来我还有希望？”

“有希望，妈一直认为你是大有希望的。记住，人生的价值在于创造，天底下为强者开路。你要经得起各种磨难。假如没有被人踢死，就得重新爬起来再走。要改变自己的命运就得有苍龙腾飞的本领。”

儿子点点头。片刻，又百思不解道：“粉碎‘四人帮’两年多了，为什么我们这里依然像‘文化大革命’那样行事？”

母亲指指天，说：“太阳那么大，地上还有被云遮住的地方！”

要回重庆了，临行时，母亲拿来笔，为儿了留下一副对联：

似水柔情何足恋

堂堂铁打是英雄

经过母亲一个多月的帮助和爱抚，儿子的愁眉渐渐展开了，那小屋的灯光又开始明亮起来了，透过星夜，射向天明……

巴山蜀水情

1979 年 3 月，党的十一届三中全会预示着中国将出现崭新时代，久已窒息的十亿人早期待着这真正光明的一天。

母亲也把儿子的出头之日寄托在今天。她从病榻上支撑起身子，给云南的大儿子写道：

忠笃：

我们该有希望了。十一届三中全会说得多好，党要拨乱反正，民族要振兴奋发。现在是你开始说话的时候了。去吧，拿出你搞发明的勇气……

儿子去了，照着母亲的指点，找到厂领导。

“你的问题是定过论的，拨乱反正轮不上你的边。”厂领导冷冷地扔过一句话，扬长而去。

“什么？”忠笃急了，追过去刚想责问，却又愣了：这不正是 1974 年整他的人吗？他到市委、省委，得到的是同样回答：“你的档案厚得吓人，问题不那么简单。”昆明不可能有出头之日，他想到了母亲……

“妈，我想到北京去上诉。”他回到了重庆。

母亲想了想：“也好，可你怎么解决路费呢？”她想儿子已被厂方停发了 6 个月工资，从云南回来是搭顺道车来的。

“不怕，我有这个……”儿子拎了拎那只装有十几项发明实物的旧皮包，苦笑道。

母亲从兜里掏出一张十块票子和一把零币，塞在远行的儿子衣袋里。“这点钱你带着，上北京别躺大街，那里外宾多。”

“不行，家里就这一点钱，你还要买药。”儿子只觉嗓门哽咽。

“拿着，妈过惯了苦日子，没事。”

首都春光明媚，热情洋溢。受压制和冷落的业余发明家以其独特的上告法——他找到四机部、国家科委、科学院、专利局、报社……打开那只从重庆提来的旧皮包，将一项项发明实物给专家、群众、党和国家的领导干部表演。人们被他的一件件新颖、奇特的科技发明吸引住了，到处是兴奋和热情的掌声、喝彩声，继而是沉默、怒吼：“不像话，业余搞发明有什么罪？”“云南应该给你平反！”“走，我帮你找人……”

终于，国务院一位负责同志批示，明确指出：对刘忠笃这样的同志，应该全力支持。

母亲接到从昆明发来的这一喜讯。

事隔不久，儿子却又充满失望地来信说：“‘反革命嫌疑’‘特务’的帽子摘掉了，但他们不肯公开彻底平反和退赔抄走的私人物品。我还是抬不起头，妈，我又病啦……”

“回来先住上几天，故乡的山水和‘贝尔实验室’思念你。”母亲提笔写道。

她知道儿子的病情。第一件事就去收拾“贝尔实验室”。小屋太旧了，崖壁下公路上汽车的引擎声震得顶棚唰唰落土。房管局来人通知说，这屋经不住一场大雨，把它拆了吧。

“不成！”母亲从未发过这么大的火。能叫她沉默吗？这“贝尔实验室”虽然破烂不堪，但它在母亲的心中如同一座丰碑，它记载着她对儿子成才的一片心血，也记载了儿子搞科学发明的历程。母亲的多少希望和爱，凝聚于这间小屋。当年，有人曾嘲笑和白眼“贝尔实验室”。甚至在二儿子忠宪找对象时也不例外。母亲记得清楚，那是前一年的事，年过三十的老三忠宪好不容易相上个亲，儿子高兴地领着姑娘来见母亲。哪知门未进，姑娘的父母却先到了一步，并毫无道理地指着这间破烂不堪的“贝尔实验室”谩骂起来 :“哼，瞧这个黑窝，真是柳条子串王八。妹子，跟我们回去！让他们筷子夹骨头——老小光溜溜！”说着，便把姑娘一把拖回了家。母亲为此气病了三天。忠宪跪在床头，发誓道 :“妈，我宁可像哥哥到处流浪，再也不找对象了！”“不，忠宪，你要找，一定要找个好对象。”母亲伸出颤抖的双手，抚摸着儿子的头说 :“让人家知道，我们‘贝尔实验室’不是黑窝，而是一座宫殿，一座为社会、为人类创造财富的宫殿！”她不允许有人随意轻蔑和冷眼她用心血铸成的产儿，她相信“贝尔实验室”的价值和对社会的贡献，总有一天人们要承认它。

清晨起来，老母亲拖着病体，从三十多米高的公路旁拣来一竹篮一竹篮碎砖，给小屋露洞的地方逐一细心地补上……一个多月后，“贝尔实验室”里里外外焕然一新，准备迎接远方归来的儿子。

母亲笑了 :儿子见了实验室仿佛病就好了一半。整整 40 天中，他忘记了怨恨，忘记了愁苦，忘记了疲劳和伤痛，一头扎进小屋，玩命地干，甚至两次昏倒在地。他是有才华的，仅仅得到一点点自由，就又研制成功了一种经有关专家鉴定测算，在全国推广每年可为国家节电 40 亿度，价值 8 亿多元的超国内水平的新型节电器。

这样一位成绩卓著的发明家却得不到一点公正的待遇，事情发生在三中全会后的今天，怎不叫人鸣不平！

忠笃带着重要发明回到昆明，厂方却按违反劳保条例规定，将其病假作“旷工”处理，路费不予报销，并扣发了 11 月份全部工资。忠笃弹尽粮绝，无立足之地。而在他的周围，又布满了监视的眼睛……昆明实在待不下去了，他开始了流浪。

……

小伙子你为什么忧愁？

为什么低着你的头？

是谁叫你这样伤心？

问他的是那乘车的人……

那忧伤的《三套车》小曲回荡在海边的沙滩上。岱山，这个被东海波涛簇拥的孤岛上，来了位满身补丁、持有四机部科技局介绍信的流浪汉。

他第一次见到大海。陌生的浪，陌生的天，陌生的山和水。他感到极度寂寞和孤独。他不服这儿的水土，那半生夹腥的黄鱼，使他整日恶心、呕吐、发高烧。不几天，胖墩墩的小伙子瘦得像梭鱼。

啊，人世，令人他烦恼的人世。他一次又一次踏着燃尽的晚霞，伫立在海边，恨不得一下坠入大海，从此远离人世的喧闹和不平。他慢慢迈开双腿，走向滔滔巨浪……突然，他打了个冷战，手触了兜里的一封信，一封母亲的信。

母亲的信与往常不同，写的是一首屠格涅夫的诗：

啊，这一瞬，如果情不自禁的哀愁，

使你的心胸疼痛、泪珠滚滚奔流……

想想吧，你面前又出现我的姿影，

我正在注视着你的眼睛。

是啊，从懂事那天起，儿子的眼里就没有离开过母亲的影子，那是矮小而又高大、瘦弱而又坚强的伟大的母亲。

“我的妈妈——”忠笃猛然伸开双臂，扑向大海……海水是苦涩的，生活有时就像海水。他看到母亲灼灼发热而略带责备的目光正凝视着自己。他感到悔恨万千，不该辜负母亲的一片苦心啊……终于，他回来了，在海滩上留下两行深深的脚印……

此时，在工厂、在云南、在同事和朋友中，关于发明家的一切音讯都断了，人们认为他早已不在人世。

他飘在远离家乡的地方以技术求生。母亲的眼睛和身影时刻伴随着他，那一封封谆谆教诲的充满慈爱的信，便是至高无上的圣典和巨大精神力量。在这艰难的日子里，儿子靠着它，飘零孤岛、徒步上海、奔走广州、抵宿襄樊……在一年零十个月的流浪中，完成了四项发明。

独辟蹊径的创造，难以置信的事实。母亲来信对他说："你没有上过大学，而不幸是一所最好的大学，像科学家大师们那样用自己的智慧和不屈不挠的精神，去赢得社会、赢得民心吧！"

这一天终于来了。1983 年 9 月 27 ~ 28 日，《人民日报》、《光明日报》、新华社都以头版头条和整版的篇幅，连续报道了这样一位业余发明家的不幸遭遇，和他那顽强的精神与惊人的发明。几乎与此同时，全国所有报刊电台都转载了这一消息。

一封封同情、关心、责问、不平和愤怒的信，飞向报社、涌进中南海……

十亿神州在注目。中央出面了，书记处、中组部开始直接关心和处理这一不该在今天发生的悲剧。"这样有贡献的同志应该彻底平反，给予工作条件。"一位领导同志批示道。

啊，久别的故乡，久别的母亲，你的儿子回来啦！山城的人们以最热烈的方式拥抱着一位衣衫褴褛、四处飘零的流浪者。业余发明家成了百万人心中的英雄，他们为他不平，为他骄傲！

忠笃出名了！"贝尔实验室"出名了！然而，在这出名的后面，人们更敬重那位玛丽亚式的母亲！

母子团聚，悲喜交加。银鬓满头的老母端详着消瘦的儿子，嘴唇抖了半天说不出一句话，唯有老泪横流。"忠笃，这是妈捡破烂赚来的钱，拿去买点肉，叫你弟弟和妹妹今天都回来，咱们好好吃顿团圆饭。”说着，拿出两张拾元钱。

“妈，我这儿有。”忠笃拉开皮包说：“这是我帮一个厂研制微型电子收音眼镜所得的1000元奖金。用这钱吧！”

母亲摆摆手：“这钱不应属咱们自己，你把它存在银行，以科研经费的名义……”

傍晚，小弟忠谕从工厂回来了，哑巴女儿带着丈夫回来了。33岁的老三忠宪带着诚挚相爱的大学生女友，也不好意思地簇拥在母亲身边，悄悄地说了句耳语：他们已经决定要结婚了。

母亲点点头，笑了。夹着辛酸的泪水。三十多年了，就像眼睛一眨。当年自己还风华正茂，如今已是七十古稀了。娃儿都大了，她把头转向坐在左右的大儿子忠笃和二儿子忠宪，哥俩一胖一瘦，胖的热情奔放，瘦的少语寡言。但两人在事业上配合默契，交相辉映，双双成了颇有成就的青年发明家。大儿子的成果可谓卓越惊世，二儿子造出我国第一台两米直径的电子钟……母亲第一次舒心地笑了，这笑饱含了几十载春秋的凄凄楚楚。

“妈，今天是团圆日，你给我们作首诗吧。”忠笃提议道。

母亲一笑：“妈给你们念一首辛弃疾的词。这曲《满江红》是他希望一位密友入川后不畏征途艰难，努力有所成就而作的。”

……女儿泪，君休滴。荆楚路，吾能说，要新诗准备，庐山山色。

……

渗着血和泪的证词

难道命运正如“庐山山色”这般变化莫测吗？云南昆明方面

的某些做法，无法平息公众的愤怒。

事情就发生在刘忠笃事件登报以后的几个月中。中央出面和省委第一书记明确下指示的事，理应迅速、果断、毫不含糊、毫无偏差地给予改正。然而，云南“刘忠笃问题调查组”却持与平反、伸张正义的方针对抗，竭力搜集发明家罪名的材料，千方百计寻找追查有关反映和支持刘忠笃情况的报道及个人，弄得那些有正义感和知真相的群众不敢出来说话。按中央指示回云南等待落实政策的刘忠笃本人，也被冷落在招待所“软禁”了起来，他的行动随时被人报告给有关人员，连亲戚、朋友和母亲的来信也常常遭到“失踪”和被启封的命运。而他同外界写信，就得用别人看不懂的“密电码”或以假名假地址才能寄出，否则别想出昆明。更令人费解的是“调查组”的材料不是就一桩桩错案加于澄清，相反，想方设法找“证人”来证实过去的材料是“正确”的。翻来覆去，发明家依然“问题严重”，而那些几次参与迫害发明家的人则被誉为“一贯表现好的同志”。对中央和省委总该有个交差吧！最后，那帮心中有鬼的人，找到刘忠笃谈起一笔“交易”：“只要你不坚持认为包括1978年关你和以后所发生的一些误会是迫害，那么，咱们什么问题都好办！怎么样？”

不是迫害是什么？长达7个月的坐牢，一年零十个月的流浪，头戴“反革命特嫌”“坏人”，没有自由，没有工资，没有饭吃的生活！刘忠笃不答应。

“好吧，咱们看谁的头是铁打的！”谈交易的人咬牙切齿。能不恨吗？假如承认迫害——粉碎“四人帮”、三中全会以后继续迫害知识分子、科技人员，该当何罪？！这些每天看文件、念法律的人们心里非常明白。更何况，他们中间有的正是当年参与整发明家的“干将”，或者是正在台上划圈的人。

刘忠笃被迫第二次流浪。这次的结局是母亲所没有料到的。

在中国，在今天，在一个执政党最高层多次指示和三家拥有绝对舆论权威的媒体的严厉抨击下，以及千千万万群众强烈呼声中，有人竟然肆意作梗，背道而驰。

云南方面“关于刘忠笃问题”的材料厚厚的一叠送到中组部。结论是，刘不是一个没问题的人，而是“有严重问题需要重新处理”。一、刘有意严重夸大自己的发明成果。二、报纸宣传有严重“失实”。三、刘有严重生活作风问题。四、刘有严重经济问题。

四个“严重”，像四座大山，横在一名科技人员的面前，那“落实政策、彻底平反”的呼声就像大风刮帽，无影无踪。现实，使发明家看不到出路，在一个星夜，他偷偷地打开窗户，离开了那座四处长着眼睛的省委招待所，踏上了开往北京的列车，同时给母亲发了一封信……

得知儿子第二次流浪的音讯，母亲忍无可忍了，儿子是吃她奶长大的，她了解。尽管儿子脾气急躁好得罪人，但绝不是那种好大喜功、欺骗舆论、腐化堕落、自私自利的庸俗之辈。沉默，不再是出路！母亲梳着银发，叹息不止；72 岁的人了，还能在世上几天！儿子还年轻，还有作为，他的发明成果还锁在皮包里，耽误一天就失去一分、十分，甚至全部的价值——在这信息发达的世界上。母亲打定主意，即使豁出一条老命，也要为儿子的出头之日铺一程路！

母亲拖着行动不便的双腿，遥遥千里，来到正流浪在北京的儿子身边。手头钱紧，娘俩租住在一个地下旅店。这儿没有通风窗口，上下爬梯串洞。儿子的脸上堆满了愁云。“妈，给您换个地方吧！”

母亲不在乎：“没事，妈啥子生活都能过。”

发明家的遭遇，再一次牵动着首都各界，从旅店到中南海，从烟摊到十一层楼的国家通讯社，群众、记者、机关干部、中央领导，络绎不绝而来。

儿子在赶时间研制一种新的电话通讯，接洽不暇。母亲成了代言人。

“……我儿子不是完人，从偷偷把我的金表摔碎到35岁后成为一名发明家的今天，我当妈的知道他身上有多少毛病，包括他不知道换脏衣服、睡觉前臭袜子放在枕头上的坏习惯。可我要凭良心说句公道话，小笃从小立志要成为贝尔、爱迪生式的科学家，为祖国、为社会做番事业的心，几十年来一直是那样赤诚、炽热，甚至到了如痴如疯的程度。那年为了研制一个元件，他的胃下垂疼得在地上直打滚，当妈的我看了实在揪心，劝他别搞了。他不听，说，这个元件搞出来可以打到国际市场，为国家赚好几亿美元。他接着干，最后倒下了，躺在我的怀里两天两夜才醒过来……”这是一个奇特的记者“招待会”。区区6平方米的地下客房里挤满了各家报社自动奔来的新闻记者。母亲细声细语，但却像一曲惊涛拍岸的急旋律，震撼着人们的心弦。记者们一边“沙沙”地记录着，一边直落眼泪……

“我家娃儿多，”母亲陷入深深的往事之中，“他爹死得早，四个娃儿全靠我当保姆、打杂活挣钱糊口。有一次我贫血累倒了，医生吩咐让吃点补品，可我们哪来钱！小笃瞒着我，带着弟弟到火车站帮带东西多的下车旅客提包拎东西挣几分钱，哥俩在寒风里守了半夜，挣了一块三毛钱。有个旅客还以为他们是小偷，狠狠打了小笃两个大巴掌。娃儿抹着嘴巴上的血，买回了一只鸡给我吃，却不让弟弟告诉我挨打换鸡的事。我儿子的心是实的，不会说假话，这20年中，他搞的发明和革新项目，在我眼皮底下完成的就不下30项，咱们‘贝尔实验室’有实物记载，这些还不包括他在流浪期间与有关厂方合作研制的项目。云南有人说他为什么不把发明项目全部公布于众，献给国家。这个我知道。娃儿开始也是这样想的，也这样做了，1977 年，他针对城市噪声污染问题，设计了一种控制噪声的科研项目，并且取得了成功。他曾到处呼吁寻求支持，并在报上发表文章论述这一科技程序，但许多单位听后说上几句好话，就再也没有具体行动了。这样一项涉及上千万元投资的项目，靠个人和我全家力量是无能为力的，事情就这样不了了之。事隔不久，《电子世界》杂志却报道了英国科技人员在噪声控制问题上‘初见成效’。西方情报机构摄取信息的力量是众所周知的。类似这种事不止一次，每当看到自己用巨大努力搞出的发明成果，被外国人轻而易举地夺去了‘专利’，儿子和我全家人的心就像搁在刀刃上……从此，他每搞成一个发明，就把它锁在随身带的旧皮包里。国外是有专利保险公司的，中国还没有。爱因斯坦说过，发明者的最大幸事是希望看到自己的产儿变成服务于人类的成品，我儿子那样做是不得已哟，他心里比谁都难受。”

母亲细声细语中带着悲愤。“体制不合理是可以改革完善的，但人为的不合理是无法让人屈从的。1978 年我儿子无故被关了 7 个月，现在云南说他们是为了侦破一个反革命匿名信案件才把小笃抓的，这听起来好像挺通情达理，平民百姓都知道这样做无可非议，可他们忽略了一个重要问题——时间！3 月 6 日我儿子被抓，3 月 18 日匿名信的案犯就破获了。可 19 日专案组还到我儿那里抄家，这又怎么理解呢？还有以后长达 7 个月的秘密监狱生活？一次又一次的流浪，受处分，母子不能正常通信，就眼前发生的这些事，我这个七十多岁的老太婆糊涂了。儿子受的待遇怎么同中央政策和报上宣传的差那么远！这是为什么？啊——？！”

母亲低下了头，忧伤地说：“像别人家的娃儿一样，我儿子也有过幸福的爱情，可他至今 38 岁还打着光棍。我不曾一次劝他成个家，他不肯，说怕连累人家，我心里明白，他是不情愿让心口上的创伤再流血。他有过两个对象。一个姓盛的姑娘，两人曾相爱多年，可 1974 年我儿被关，有人硬逼姑娘写‘揭发材料’与小笃断绝关系。他错认过一个心眼不好的妹子，那妹子瞒着他同另一个男人鬼混。被派出所抓了，可人家倒打一耙，反说我儿子坏话。今天有人把那个心眼不正的妹子做的丑事加在我儿子的头上，那是不公正的，老天有眼。”

母亲长叹一声，双眼噙着泪花，不无内疚。“我这个妈没当好，儿子快四十的人了，别说家眷，就是身上连件像样的棉袄、毛衣都没有。平常日子里，拿了工资就花在科研上。云南四次抄家抄去的两千多元发票、凭据，仅是他自己掏钱购买元器件的一部分。咱们的‘贝尔实验室’，还有帮别人搞的发明项目，到底花了多少钱，真个没数。咱们家有个传统，只要实验室需要，全家人就是饿着肚子冲盐水喝，也要想法为娃儿凑上一个子。娃儿搞的是业余自费科研，除了靠自己，谁为他筹措资金？失败了，再勒紧裤腰；成功了，国家受益，全家高兴。前年，广州一位同志见我儿子到处流浪，连饭都买不起，悄悄对我儿说，他有个叔叔在香港，愿意出年薪 5 万港币聘请小笃到该公司任技术总裁。另外，发明专利权依然归个人。我儿摇摇头，他回来对我说，受禄感到心亏，施舍使人担心。我夸他做得对，说做人就得如明镜，手脚干净……”

母亲对儿女的了解胜于雄辩，没有比这更有说服力的。中央有关部门的调查证实了这些，压在刘忠笃身上的“四个严重”被彻底推翻。

历史终究以正义为胜，光明就在前头。

在中央书记处、中组部和全国人民的关怀和爱护下，刘忠笃的问题几经周折，历经五年，终于得到了解决。发明家得到了应有的政治待遇。国家科委、专利局组织专家将他的发明项目逐一验收、评定并载入档案。中国科技大学、华厦公司、北京市科委纷纷邀请刘忠笃去当顾问、总工程师……发明家终于有了任意翱翔、驰骋的广阔天地。

儿子从日内瓦归来，被安排在北京市科委工作，并定居首都。他要做的第一件事，就是将住在地下室107天的老母亲接回新居。

“妈，您在我身边，跟着我，好好享几天福吧！”儿子几乎是在恳求。

“不。娃儿，妈老了，留在你身边是累赘，”母亲爱抚地为儿子擦着泪花，平静地说，“生活、工作、事业和未来，都是属于你们的。好好干，珍惜这来之不易的时光。”

她走了，迈着蹒跚颤抖的步履，回到了她那群峦叠嶂、灯火阑珊的故乡，倾听那高亢、奋争的川江号子，看护那间破落的“贝尔实验室”。

啊，母亲，带着您伟大的慈悲和无私的爱走了……

钟丽斌，一个伟大的女性。让人们记住您的名字吧！

洞天历险记

——一名洞穴探险家的自述

金字塔、吴哥窟、婆罗浮屠、罗马角斗场……中国除长城外，有谁能同这些号称“世界奇观”的名胜而相提并论呢？许多人举荐秦始皇的兵马俑，而世界洞穴学会名誉主席、英国斯维廷博士则认为“中国的溶洞才是真正的世界奇观”。这恐怕不是所有的人能接受的，但又有谁敢不屑一顾、妄加否定呢？尤其当他身临其境，步入洞天世界的时候。

> 1983 年，新华社报道了这样一则消息——某月某日电：人民解放军某部地质科学工作者在湘西山区发现 1930 多个特大天然洞穴，其可利用面积达 730.6 万平方米。洞穴生身奇特，洞景妙趣横生，堪称“人间天堂”。这一发现，为我国建设地下工厂、战备防空和旅游业，提供了广阔的前景……

消息通过电波，传遍海内外。国际自然开发中心曾组织了一个庞大的考察团，从车马如潮、大厦摩天的东方闹城，来到大山遮天、人烟稀少的湘西，攀壁蹚溪、登高越崖，顺着焦柳铁路（会同至石门段）由南向北。一路上，任情遨游了新城怀化城郊的“玉宫”、凤凰境内的“仙女池”、永顺灵溪河畔的“上王地下宫”，以及临近的“热洞”“凉洞”，到羊峰岭上的“观音岩”、腊耳山下的“嫦娥宫”，直至新近命名的“国家森林自然公园”的张家界和毗邻桑植袁家界……

“奇迹，哥伦布式的伟大发现！”电子计算机从古老的日内瓦城扬出一串令西方人垂涎的数字：

中国湘西的洞穴资源有 70% 可同世界著名的南斯拉夫喀斯特洞穴相媲美。如得到开发利用，整个湘西可建设成为世界第一流的“洞穴旅游中心”，预计每年收入 15 亿美元；

如将洞穴改建为地下工厂、核基地，可节约投资530亿元；

如将洞穴中每年储量为100亿立方米的地下水资源开发，可满足该区的工农林牧业及居民生活所需。

……

湘西，这一曾被称为长在东方巨人身上的一段“盲肠”，一时间成为引起世界瞩目的肥肉。据说，在不久前太平洋彼岸的麻芝加大街上，一群跨国公司的经理、总裁和大企业家，围着中国总理纷纷期待能够签订开发湘西的合同。

一年间，作为湘西溶洞的见证人和主要发现者的我，对于来自水电、地质矿产、国防科研机构、旅游开发公司等单位的询问应接不暇。那些一衣带水的东方邻国朋友，把我比作“洞天哥伦布”“第二个海尔达尔”，将我比作英雄。其实，我岂是什么英雄。回想起近十年间那一次次令人心惊胆战的险境时，我时常不寒而栗，每每退缩。可是，每当从死神中脱险一次，我又忍不住地去尝试第二次，因为那景色秀丽、别有洞天的地方实在叫我魂不守舍、一往情深……

初入“水晶宫”

1975年，胡茬儿未硬的我竟穿起了军装。那是周总理的主张——建立一支地质勘查普查部队，我随部队来到湘西，执行所担负的任务。

湘西，地处九州中南，北属云贵高原的东北缘，东与洞庭湖接壤，北与川东南、鄂西北毗邻，西与黔东北相连，南至于源麻盆地。自北西的晒坪一带及邓家山（海拔1931米）向南逐渐降低，以保靖——慈利大断裂带为界急剧下降，至境腹名川澧水、西水一带海拔仅在150米之下。而这边，从武陵山开始又突兀上升，七星山、吕洞山、梳子山海拔一下高至1592米，直到出现被誉为“中南天柱”的雪峰山苏宝顶（2130米）。纵观全区重峦叠嶂，群峰峥嵘，尚岭茫茫忽隐忽现，潺潺流水时出时没，顺舟时而盘旋峭壁深谷幽苍，时而豁然开朗村舍花香。令千载古人吟诗作赋和私人笃信绝唱的“世外桃源”就在境内东南边缘。然而，这块神秘的土地，自古在人们的心目中并非那么美妙。至今为止，许多人总把它与偏野、落后、群婚、巫神、刀耕火种、猎敌剐人肉等可怕的词联在一起。这并不能怪罪人们的偏见，它确实曾是这样一块土地，一块让人听后毛骨悚然的“遥远世界”。当然，它也曾为新中国的诞生立过功，闻名中外的贺龙“两把菜刀闹革命”，还有血染山岗的剿匪战斗就在这里。我的部队进驻的目的，则是力图将这块自然处女地的真相公之于众，以求得人们对它的青睐。

那是头年夏天，我带领勘察小组在大庸一带的深山普查。整整一个星期，我们踩着连绵三百里的武陵山脊，风餐露宿，观察地貌，采集标本。一日，天气突然暴热，胶鞋踏着滚烫的岩石，如同站在烙铁上，走一步，掀一块。大伙的嗓子眼火辣辣的。“找个地方歇歇吧！”同伴建议。光秃秃的嶙峋丛峦，方圆几十里不见人烟，上哪儿去？

“瞧，对面山腰有个山洞！”像《西游记》唐僧西天取经那样离奇。再定睛一瞧，一个似月饼般的山洞正落入我们的视野里。

经过一番攀登，我们来到洞口，本只想入内凉爽凉爽，没想到三人刚进洞穴，脚下一块石板“啪”的一声，直往下坠。我只感觉眼前一阵恍惚，整个身子连倒几回，随即又重新摔在一摊泥里，还好屁股着地，否则恐怕一命呜呼了。我打开手电，见两位伙计抱着胳膊在地上直呻吟。万幸，谁都没伤到筋骨。可是，我们的神经马上紧张起来：洞口离我们足有20米高，并且是个滑溜溜的垂直向上洞穴。“怎么办，没带绳子！”排长陈志忠提醒我，战士小张吓得在一旁直抽泣。我观察了一遍，返回洞口是不可能的事，除非插着翅膀，难道等死？不。我知道，在岩溶发育区，洞穴一般总有通道。果然在不远处，我们找到了一个通往深处的洞口。漆黑的通道仅有两尺高，我们把头先伸进去，然后将身子趴在岩壁上支起两只胳膊，卧伏着向前慢慢移动。这几十米长的“猫儿洞”把我们的的确良军装磨得七零八落，活像个“叫花子”。我们谁也顾不得衣破肉伤，全神贯注地寻找出路。在这里，畏惧和别的想法不可能挽救我们的命，摆在面前的就是一条路，从这里闯出去！

显然，我们至少进入距入口处已有一两百米深度了。此时，洞内的温度就像入冬的季节，哈一口能见白气，好在我们的注意力全倾注在攀越上。走过一段凹凸不平的坡壁，前面出现了一个长方形的通道，仔细观察，只见通道四壁岩石光滑，坚实牢固，洞穴倾斜向下，形成了一个狭窄的斜洞。我走在前面，把下半身伸进通道，脸朝着一个特定的方向，因为洞窄必须将双臂合拢举过头顶才行。重力使我徐徐下滑，我不得不用大腿和肩膀撑着道壁，以减慢速度。斜洞有 35 米高，整个过程，我的身子就像卡在槽里的木塞，毫无半点想改变一下身体位置的自由。在大腿两侧以及紧挨胸部、头部的全是狼牙虎刺般的大石头，稍不注意，就要划破皮肉。终于，最后到达了一个矮小的水平凹坎，我的伙伴学着我的样随之到达。

三人缩成一团，难以动弹，这种情景不禁使人感到阴森可怕，一筹莫展。而周围坚硬的岩壁却像锋利的刺刀对着你的鼻尖，仿佛在传地神阎王爷的命令：“别想跑了，把手举起来吧！现在判处你死刑！”不过，我们没接到判决书，相反，获得了“特赦”。刚钻出水平通道，忽觉眼前一道白光，耀眼眩目。再走近些，就是一片亮如白昼的世界。“啊，出洞了！”陈排长和小张高兴得跳了起来，可马上又惊奇道：“怎么，天上地下一样有光？现在是下午四点，太阳在哪？”是啊，太阳在哪：按时间应该在斜45度的西天，可是没有。西天只有一个“怪物”，一个巨大的怪物：粗粗的身子，头戴一只大如巨磐的帽子，通体透明。我们迎上前去一看，咳，原来是个罕见的石蘑菇，高达10米，伞形之顶遮地半径5米之宽，外围一圈近半个球面，其势宏伟壮观，实在令人称绝。这时我才猛然省悟，我们根本没出洞，而是到了一个地下钟乳天地。

书本上的知识告诉我，在岩溶发育地带，几十米，甚至几百米的地心深处常有一种溶解能力极强的酸性石灰岩地层在剧烈的地壳运动强烈挤压、撞击下，形成许许多多大小、长短不一的洞穴和断裂，这种洞穴和断裂在受含有二氧化碳的雨水长期冲滤、溶解后，不断扩大，变化形态，最后成了一个个千姿百态的巨大山洞。然而，此地此境，在我几十年的地质生涯中还是首次奇遇。令人震惊的是，在我周围的所有岩石既不像是酸性石灰岩，也不像坚硬的白云石，而是呈透明、半透明体的、在自然界堪称一大奥秘的蜷曲石。这是地质学上极为罕见的现象。整个洞穴浩光闪闪，明澈如镜。一块块大理石般垒成的巨幅岩壁，如同哪位名家高手的雕塑杰作，其图案有似仙女下凡，白云轻拂；有似石窦洁湫，玉兔跻台。那盛开万瓣的“菊花”、苞蕾鼓莹的“海棠”、含露欲滴的“银荷”……更是以假乱真，扰人眼目。顶部，一根根垂下的钟乳，细至引线之针，粗如合抱苍松，短的寸尺之间，长的顶天立地。我们在“石蘑菇”的后面，发现一根钟乳石高达39米，比号称“全国冠军”的北京上方山云水洞第二厅的通天柱还高出两米，其底部为三人合抱之宽，站在石柱跟前抬头高望，犹见玉帝大宅的云霭天墙。这里，顶上底下，东西左右，酷似一座容纳千家百派之精华的艺术宫殿，又如浓缩人间天地之万物奇宝的自然库，令我们几个流连忘返。我感到尤为奇怪的是此洞与早有盛名的桂林“七星岩”、桐庐“仙灵洞”等常见溶洞不同之处是洞内干涸无水。这也许是地面连年干旱和山势高峻的缘故，或许是这原生身在海平面的大山不知在哪个几万年前被地壳运动推到了千米之端而造成的，我这样想道。

蜷曲石岩溶洞的奇景异观使我们兴趣大增，惧怕和胆怯做了暂时的退让。陈排长、小张和我手拉着手，穿过丛林般的石柱，向纵深进发。前面，一道横径三十来米宽的岩壁，俨然像护卫宫殿的大门，将钟乳洞严实地围垒着。岩壁的右侧有个小“门户”，穿过“门户”，我们顿觉心腑舒坦，不像刚才那样感到窒息。

“啾啾，快过来看！”走在前头的小张惊喜地嚷着，“洞口！洞口！”

果真，只见一个椭圆形的洞口，如苍穹间的一轮明月，悬挂在高高的头顶之上。我们如同伫立在夏夜的湖堤上翘首星宇，又似坐在一口极深的井底观天，遂悠浩渺。我打着手电，带着伙伴寻找通往洞口的岩壁。向前，是一个枯竭的潭塘。再向前，是一段略微倾斜的大坡，我们走着不见尽头，便转向朝右寻找，没想到更无边际。这是怎么回事？我们提心吊胆地继续向前摸索着，因为电筒光射程仅三四米。原来我们置身在一个巨大的石厅之中，一个无人敢遐想的长 120 米、宽 75 米、有四层楼高的石洞天厅！神奇的是，在这么大的广厅里竟不见一根“柱子”，乖乖，小张说这里建个足球场绰绰有余。陈排长则说，我进过人民大会堂也不过如此。直觉也许有误，我们便打开罗盘、标尺，开始验证。不错，整个石厅共计面积 9300 多平方米，在这恢宏的石洞之中，置之万余人马何足难矣！我忽然想起李白《梦游天姥吟留别》诗中的话：“列缺霹雳，丘峦崩摧。洞天石扉，訇然中开……”难道诗仙曾到此一游！瞧这一笔，把石厅悬疑，释得如此清朗！可令我惊叹万分的是那上上下下，四周的石壁，竟全是色如玉脂的特类石灰岩，按理论石灰岩是比较容易风化而使岩石坍塌的，但眼前这无柱广厅却是如此坚固，不见一点险情。我沿着石壁细细观察，终于在斑驳陆离的岩石中发现了大量的石英脉。石英脉素有“钢筋混凝土”之称，其质地坚硬，抗震抗风能力强。它分别置立于斜面两旁，难怪石厅如此拱弧而千年不垂。这时，一束阳光正从“天窗”射进石厅，照在岩壁上，晶莹锃亮的石灰岩和银光闪闪的石英母，交相辉映，交织成一幅波光粼粼的奇景。啊，这不就是神话中的“水晶宫”吗！好像我童年的梦幻，这一切都在眼前，我似乎不敢相信。

“喂，这里有石梯！”陈排长在喊我。在沿石厅的左侧岩壁，他找到了攀向洞口的道路。

我认为就此该出洞了。可当攀到石厅的顶端，我们全都惊呆了——有道是山外有山楼外楼，难道这里也有“楼外楼”？这是不可能的事！但大自然是从不错乱的，错乱的是我。在这里，我们发现了巨厅之上的巨厅。这上厅的面积略小于下厅，两厅的容貌截然不同。如果说它俩是孪生姐妹，那么姐姐是位气宇轩昂、胸怀坦荡的气派女子，那妹妹则是位娇贵华丽、灵巧多情的俊秀小姐。说它娇贵灵巧，是因为它的整个体态就像一只靠人工精雕细琢的巨大蜂窝，大大小小的洞穴，不下百个，而每个洞穴又各具特色。这上下石厅宛如一座超级戏院，下厅是正堂，上厅就像一个个气派的包厢，大的容纳千余人，小的供皇帝陛下单人使用。这里的岩壁更让人赞叹不止，世界著名的哥特式、维多利亚式和拜占庭式的建筑，在此尽可找到自己的面目。

经过长达 18 小时的考察，第二天东方日出时，我们返回到了地面。据实地勘察结果表明，此洞的上下石厅加上蜷曲石洞，共计面积 52300 余平方米，且不说其景致如何奇妙，单算容人就可达 34000 之多，而作为地质资源的价值更不用说。这天傍晚，我们在公社招待所讲起了头天的奇遇。食堂老厨师吃惊不小，说：“小时候就听老人说，这一带大山是玉皇大帝的宠儿——‘金星天子’下凡取风纳凉的地方。每年夏夜，‘金星天子’总要下凡一趟，有时夜深了，就睡在山洞里。咋说咋神，可谁也没见过那山洞。你们可把它找到啦！”

“好吧，那就给它取名为‘天子风洞’吧！”我提起笔，在地图上标上了一个新地名。

“西眉峡”奇遇

湘西这块藏龙卧虎的祖国宝地，又是著名的喀斯特岩溶发育区。“滴水贵如油”的传闻在这里已没什么新鲜了。在此地，你会到处听到看到许许多多有关水的骇人传说，那都是些血与泪凝结成的产儿。

在紧靠湘川交界的八面山上，有位苗族巴溜（老大爷）叫田根，老田根所在村寨是个苗族老部落，年轻时他被推荐为寨主。老田根的村寨地处山巅之上。传说三百多年前，这里曾是个苗家大氏族，有千余人马，但因为缺水，众乡亲为求命抛儿卖女、背井离乡，解放时只剩下十几户人家。水，是苗家人的命根子，是老田根的心病，壮年时，他曾发誓要为寨上的乡亲们找出泉水，他把自己的家产全卖了，请人打井，结果没见水。老田根不死心，一连把三个闺女得来的彩礼又全部当了用来打井，然而还是失败了。老田根为此一病五年。四女儿大了，长得水脱俊秀，花一样娇艳。老田根疼爱不惜，视为“掌上明珠”，每日起早摸黑上山打柴卖钱送女儿上中学。“四人帮”垮台了，乡亲们得田得山，可背负草木枯萎、石头裂皮的秃山旱岭，只得拿着生产队证明去外乡要饭。“丢脸！”老田根难过极了，从床上爬起来，拦住乡亲，“去不得，去不得，如今啥子年代了！”“有么办法！水，这儿没有水呀！”乡亲们挥泪相告。老田根心如刀绞转头抄出一把铁锹，往地上一抡：“你们先别走！水，我就是拼了这条老命也得把它从地心里凿出来！”老田根立了军令状，乡亲们才算依了他。可钱，钱从哪儿来？就在这时，媒婆找上了门：“老哥，你碰上了好运，区供销社主任的大公子相中你四妹子了。”老田根一听，两眼直竖：“什么，让我家秀姑嫁一个34岁的癞痢头？”“咳，人家是吃国家粮的，就是没腿没胳膊也比咱山赤佬强，再说，人家愿出这个数。”媒婆谄媚地伸出两个指头，“两百？”“两千！”老田根眼皮一上一下地眨了半天眼，他想起了水，便心一横：“就这么着。”好糊涂的巴溜，他哪想到女儿的心思。秀姑听后喊天呼地，死去活来地哭了两天两夜，说啥也不干。第三天星夜，乘老爹熟睡之际偷偷逃出了家门……

这事发生在我们进寨的一个星期前。秀姑直到如今下落不明。有人说白薯地里见过她的鞋；有人说在山里见过她穿花格子的身影，可就是找不到人。积怨成疾的老田根再也无力筹人凿井了，出高价请来外乡的一名“水师”（苗家人称找水的神仙）。那“水师”到寨好菜好酒灌饱后，宰了一只紫红冠的大白公鸡，提着围案子溜达一圈，然后在晒谷场上把他头上的那顶油腻腻的帽子往天空一抛，便断定破帽子落地处有一股大“冒龙”（即水泉）。老田根等人信以为真，连续三天三夜掘了口二十多米的深井，却未见一滴水。乡亲们转头找“水师”算账，谁知那骗子早已逃之夭夭。钱女两空的老田根举起铁锹，悲痛欲绝，那半天落下的铁锹正铲在脚背，五颗血淋淋的趾头一截齐地掉在深井里……

我和小分队的同志们站在深井旁，倾听着老乡的诉说，心情沉重。水啊，你使多少苗家儿女背井离乡，你使多少七旬巴溜抱屈终身。我请示上级同意后，便带领小分队留在八面山，决定对这里进行一次水源勘察，以救百姓之难。

巍峨的八面山，方圆20平方公里，整个山形如同船状，拔地而起。奇特的地貌，使这一带井川枯干，滴水难存。广阔的地平面像只“大漏斗”。但我想，既然是“漏斗”，就得有个蓄水处。八面山上的水漏向何方去了？这奥秘折磨着我。我们首先对该地区进行了全面勘察，发现八面山是个典型的岩溶地貌。根据地质理论，向斜两翼岩层倾角有的较为平缓，有的近乎直立，有的一翼平缓另一翼直立呈不对称向斜。八面山四周绝壁陡崖，是个戴帽式的向斜构造。在这类地貌上，大气降水一般都通过岩溶洞穴及裂隙渗入地下，常常形成汹涌澎湃的地下河流。这一发现使我们很是振奋。于是，我对小分队的同志说：“注意力应放在找到溶洞，而地下河一般总隐伏在洞穴之中的。”

通过访问老住户、老农艺人，我们在大山的左侧130米渊崖高处找到了一个名叫“西眉峡”的山洞。小洞周围杂草丛生，荆棘蔓菁，据当地人讲，谁也没进去过。可我们走近山洞，发现有人的脚印。“莫不是山贼或特务？”小分队顿时警觉起来，有的把冲锋枪子弹上了膛。“不要慌，咱们进洞再说。”虽然嘴上这么说，但心里也着实有点发毛。此地濒临南海风湾，到大陆的特务时有发现，我们不得不提高警惕。

洞内，伸手不见五指，凉飕飕的气流不时迎面吹来，加上心里紧张，我感觉周身起了一层鸡皮疙瘩。“这样不行，一旦洞内有人，我们会吃亏的。”副队长周占山轻轻地对我说。是的，不打手电进不了洞，而亮光无疑将自己置于明处。若有不测，后果不堪设想。我想了想，便从一位战士手中拿来测标，然后把手电绑在标杆上，这样，人离杆子一定距离，可预防万一。我高举着测标在前头走，小分队的同志们小心翼翼地跟在后面。

这个山洞很奇特，里面分成好几个支洞，洞与洞之间相通。为了分散目标，我让同志们各取一洞前进，可没出四五十米，我们又聚在一条松软的回廊小径处，但奇怪的是地面上却不见乱石淤泥，明显像是有人在此活动过。我心头一惊，随口说了声“注意”。机警的小分队员“唰”地靠在岩壁两侧，等候动静。古洞深处，万籁俱寂，毫无任何异常。我贴地慢慢向前爬着，爬着，见小径拐弯了，我随即挪动身子。“哎哟！”就在此时，我猛然感觉有人抓住了我的后背，衣服“哗”的一下撕开了。与此同时，我听后面的周副队长大喝一声：“卧倒！”随即是死一般的寂静。真熊，就这样被人俘虏？说时迟那是快，我抽出一只胳膊，握紧拳头，使出全力，回身狠狠地砸去……天哪，什么武器那样尖硬，我只觉一阵钻心的疼痛，整个手臂顿时像散了架。我倒下了……

“老游，游工！你醒醒！”蒙眬中，我听有人在喊，睁眼一看，见是周副队长他们，一个战士为我在流血的伤口上包扎。“人，抓到了吧？”我忙问。

周副队长哈哈大笑，“哪是什么人。是石头！”

果真，令我一场虚惊的竟是一根非常尖利的石笋。“怪了，方才明明听到里头有动静。”我刚要出声，周副队长一把按住我的嘴，又给大家做了个手势。就在这时，只听洞内传来一阵窸窸窣窣的响声，那声音虽低微，但我们都听到了。“谁！”不知哪位大喝一声，顿时，十几根电柱一齐射向洞内，但什么都没有。我便独自警惕地走上前去。不出十米，见狭窄的洞穴中间有一个较宽敞的窟窿，窟窿中央有块石板，石板上放着一堆东西。走近一看，原来是十几个带泥的白薯！

“有人！”我的神经一下拉得紧紧的，又顺势一个骨碌返回了原地。显然这神窟的吉洞内藏着人，因为野兽是不可能那样有规则地从地里偷了白薯再堆放到洞内的。是什么人？多少个？小分队全体同志个个荷枪实弹，进入了紧急战斗状态。

“搜！”周副队长一声令下，战士们飞速冲出洞内占据有利地形，一瞬间，山洞控制在我们手中。

“有人快出来吧！”“你们被包围啦！——”战士们开始了攻势。这一喊不打紧，只见我们的头顶突然“噼里啪啦”地掉下无数大小石块，我将手电迅速向上一扫，发现有个黑影飞快地跳过一个石级，又跃上一个陡坡，欲往洞内奔逃。见此情景，我“腾”地一下也上了石级，爬到陡坡，就在离黑影咫尺之距时，只听一声撕心裂肺的惨叫，黑影突然从陡坡上消失了。我不顾一切飞身扑过去，发觉身子底下有个什么东西猛烈地抽动着。“是绳子！”我来不及多犹豫和思考，“啪”地一下抓住临将失手的绳头，死死不放。绳子依然在下滑，眼看我连人带绳滑至坡下的一个深渊边缘时，周副队长一把抓住了我的腿。好险哪！我脱险了。小分队的同志从那根沉甸甸的绳子上抓了个“俘虏”。原来，在我抓住的那根绳子尽头竟吊着一位姑娘。几名战士把姑娘扶到一块石板上，我们这才看清，这位失神落魂，三分像人七分像鬼的姑娘才二十来岁。她张着惊恐的两眼，双手抱住衣不蔽体的前胸，披头散发地畏缩在一边，任凭我们怎么查问就是不吭声。

女特务？不像。山贼，更荒唐。我见她身穿一件花格子的罩衣，猛然想起老田根丢失女儿的事，便上前试问：“妹子，你是不是后坪寨的秀姑，田根大伯的女儿？”

姑娘一阵惊恐，抬头眼瞪瞪地看着我，然后又将目光移到我的帽徽领章上。“解放军叔叔！”姑娘双腿跪在我面前，突然悲怆地大哭起来。

她真是失踪的秀姑。十天前，她从家里出走，怀着满腔悲愤逃进了这荒郊野外的山洞里。

“唉，你爸糊涂，可你为什么不上区政府里找人！”我说。

“找区上？”秀姑摇摇头，“开始我也这样做了，可谁知‘癞痢头’的叔叔、舅舅都在区里当干部，哪有我说话的地方！”

“区里不行，到县里、省里。”小分队的同志们愤愤不平。

“可我一个妹子家，哪去得了那么远的地方！再说，阿妈死得早，我也舍不得阿爸一人孤守着家。”秀姑垂下头，低声地抽泣着，“可我又不能回家……没法子，我想起了白毛女，就一个人上山洞来了。这都是为了水，索命的水啊！”姑娘声泪俱下，悲戚痛哭。

生活在海边、湖畔和随手能拧动自来水开关的人们，有谁相信在祖国今天的一块土地上，竟有人还在为水付出如此的代价。小分队的同志们都哭了。我脱下一件军装，轻轻地披在瑟瑟发抖的秀姑身上，说道：“妹子，我们今天就是帮助你们找水来的！”

“真的？”秀姑激动地站起来。

“嗯！”

“我跟你们一起去，这洞我熟。”她自告奋勇。我很高兴地接受了她的要求。

于是，做了短暂的休整后，我们又继续进洞。这时，时针已指向下午6点，它告诉我们在洞内已经战斗了7个小时。此刻，大伙带的干粮和罐头都已空了，但谁也没想“向后转”。秀姑的遭遇强烈地震撼着我们的心，大家似乎都忘记了疲劳和饥饿。不知怎的，我们此时的进洞速度加快了，不一会儿就抵达2300米的洞腹深处。穿过一个平台，便进入了一个满是污沼碎土的洞道。这时，路突然消失了，横在前面的是个上不见顶下不见底、中间仅有一米来宽的大裂缝。黑咕隆咚的洞内，冒出一股股冷气，令人望而生畏。扔进去的石块，一两分钟才隐约听到回声。我们遇到了一道名副其实的“鬼门关”。

怎么办？退，等于前功尽弃；进，好比拥抱死神。“对一个探险家来说，世上没有不能走的路。活着，是拣来的命；死了，是走完的路。”我不知怎的突然想起哥伦布的话，于是，决定来一次大胆的冒险。我站到了断裂缝中间。

“不行，这样太危险！”周副队长一把拦住我。

“不这样行吗？上不着边下不着地，唯一办法就是靠勇敢和毅力闯过去！”我不知从哪里蹿上一股火，竟激动起来：“这个山洞是很有希望的，假如我们放弃这样的机会，八面山也许永远不会有……”我见秀姑站在一旁，便把话闸关住了。

“你的手臂有伤，还是我上！”“我上！”……周副队长和小分队员争嚷着。

“叔叔，你救了我的命，让我替你去吧！”秀姑拉着我的胳膊，哭着恳求道。

“不行，秀姑。这里太危险，不是你们女孩子干的事。”我拍了拍她的肩膀，深情地说，“你阿爸还在等你回家呢！”然后我又对小分队的同志们摆摆手：“不用争了，我一个人先上。”说着，让一名战士帮我在腰间系上一根绳，然后将开着的电筒塞在嘴里照明。在裂缝中间，我伸开双臂，又叉开两腿，把身子悬吊在空间。然后靠四肢轮换着向前一点一点地挪动……这里，需要超乎寻常的胆量和力气，倘若四肢稍稍脱力，就会坠入万丈深渊，粉身碎骨。虽然当时我腰间系着带子，但那仅仅是起些安慰作用。再者，我的目的是要向前，因此，几乎每移动一步，就得出一身汗。加上两侧的岩石有时松动，有时溜滑……上帝，这简直在跟魔鬼打交道。我咬着牙，拼出全身力气，一分钟，两分钟，一米，两米地往前艰难地挪动着。我并不怕死，但这样的险境在我几十年的地质探险生涯中还是第一次。抱着受伤的胳膊，忍着十几小时的饥饿，我连自己都觉得奇怪，是哪来的力量！不得不承认，从秀姑和她阿爸的遭遇，使我感到了一名人民解放军老战士、地质科学工作者的责任。用自己的生命和鲜血去为别人的幸福美满开拓道路，这是每个探险家的神圣使命和光荣。我这样边想边向前行进着……五分钟、六分钟，十五米、二十米，终于，我的双脚踩上了对岸的岩石……

“成功啦！”从绳上滑过来的周副队长和秀姑他们，恨不得把我抛至空中。正当我们欢呼突破“鬼门关”的当儿，洞内一声炸雷般的轰鸣声震动耳鼓。我们不觉一惊，汗毛倒立。谁能预料在这离奇的无底洞里会有什么意想不到的事情！大家屏住呼吸，熄灭手电，紧紧地依偎在一起，机警地倾听着周围的动静……“轰隆隆——”又是一声震耳欲聋的巨响，我们不约而同地朝响声的方向看去，只见一束束闪光的花絮在黑暗中凌空飞起，霎时又撒出去，像天女散花，如流星划空。转眼，又见白色的闪光汇成一片，使整个洞庭亮如白昼！

“啊！水……地下河！”在一阵异乎可怕的寂静之后，突然爆发出雷鸣般的欢呼。小分队的同志们跳啊、唱啊，欣喜若狂，互相拥抱，握手祝贺……

我们的所有手电一起开亮，向着响声冲去。在亮光下，只见一条宽约十米的暗河，从三十多米高处直往下倾。飞瀑如同脱缰的野马，奔腾咆哮，浪柱撞击岩石，撼得古洞微微颤抖。溶流通过一级一级石梯，最后汇集成一股巨大的河流，顺着山洞缓缓流向深处。

多么壮观的场面，多么惊人的发现！大伙忘记了饥饿和倦意，一个个迅速打开地质包、取出仪器，铺开图线，开始测流向、量水速、描地貌……而秀姑则伸开双臂，情不自禁地扑向飞溅的浪花之中，任水冲浪击，“呜呜呜”地大哭起来。我们谁也没有去阻止她，怕那样会打扰了她对昔日凄惨身世的发泄。

经过连续 34 小时的艰苦勘察，我们不但在八面山上找到了水，而且查清了“西眉峡”地下河的来龙去脉。这条地下河全长

8.5公里，隐身于八面山腹之中，出四川境内与酉水河谷汇合，日流量达50000立方米，通过截堵水流，不仅可以解决八面山一带数万亩农田的灌溉，而且利用地下河的落差，可建立一座日发电10万千瓦的发电站。当天，我们把有关资料和设想交给了当地区政府。两年以后，开发“两眉峡”地下河的水利工程计划得到了实现。应该补上一句，我们在顺地下河流勘察过程中，还在这千米之下的暗流中发现了几十种稀有珍贵的灰螃蟹、红头虾和人面兽身的鲮鱼、透明通体的魟鱼、鲶鱼、玻璃鱼等具有很高经济价值和科学价值的水生动物。据说，若能捕到一条无眼鲅鱼，到伦敦可换上一台“威尼斯”牌电视机呢！

也许早有人通报喜讯，翌日下午5时许，当我们出洞返回后坪村寨时，镀着晚霞金光的村寨口，聚满了人群，花枝招展的苗家姑娘手捧香喷喷的山茶，翩翩起舞。一群墨鲁（老大娘）提着大篮小筐的鸡蛋、粽子，喜盈盈地直招呼我们。

我见手持拐杖的田根老巴溜站在人群前头，便拎着一只盛满水的壶上前招呼道：“大伯，您尝尝这水！”

“甜！甜！”老田根像孩子似的哈哈大笑。这时，我又转身指指前方，对他说：“大伯，您再看看谁来了！”

“秀姑？！”老田根一惊，随即丢下拐杖，“秀姑——”

“阿爸——”生死离别的父女俩抱头痛哭，那声音震撼着山谷，锤击着千百年来使人们无法耕耘谋生的水神鬼蜮，预兆着新生活的开始。

当晚，苗家主人举行了盛大的火把节和酒宴。宾主痛饮琼浆，载歌载舞……八面山从此结束了“滴水贵如油”的历史。

“黑龙”真相

你去过云南石林吧，“阿诗玛”巧夺天工的艺术定使你赞不绝口；你去过贵州黄果树？那神奇的飞瀑定使你一饱眼福。其实，湘西的石林飞瀑也比比皆是，只是因为它尚未被人发现而已，它与云贵的奇峰异洞是孪生姐妹。如果说，石林和飞瀑使云南贵州在昨天和今天的旅游业中名声大噪，那么不难料定，未来则属于湘西。

在中国，诸如早被人们所熟悉的北京上方山“云水洞”，江苏宜兴的“善卷洞”，江西彭泽的“龙宫洞”，以及世界著名的南斯拉夫波斯托依那洞、马来西亚的加里罗丹岛“圣洞”等洞天奇观，在湘西尽可找到它们的同胞兄弟。有人赞美它是“聚古今中外于一洞，汇天上人间于一堂。”我在探险中发现的那些人们已经见惯了的什么“仙女窑”“龙宫殿”之类的仙境，觉得它们在湘西洞穴中不足为奇。感兴趣的是人们前所未闻而连我自己也惊叹不止的奇观，以及那些充满神秘色彩的“新天方夜谭”。

就在离开八面山不久，我们来到桑植县境内工作。这里是贺龙同志的家乡。一天，我和三名技术员同志住在一家公社招待所。名曰“招待所”，实际上是间只有刚好安置我们一行的小屋。“老板”是公社一位三十来岁的兼职女秘书。小屋的蚊帐黑得发亮，床上的粗格床单沾了一层厚厚的灰尘。主人十分歉意道：“因为平时没人住，所以不常收拾，实在委屈你们啦！”她一边说一边用鸡毛掸子打着灰尘。临走时，忽然又想起什么事，转头招呼道：“你们可赶得不巧，今晚黑龙洞又得闹一夜。不过不打紧，你们把窗户关严实些就是。”

“干吗闹一夜，黑龙洞在哪？”我觉得奇怪。

“唉，咱们这儿地方小，怪事可不少。”女秘书干脆将跨出门槛的一只脚重新挪了进来，像说神话似的给我们讲起了当地的一大奇闻："出咱们公社门口不远，有座大山，山上有个洞。老人说，三千年前，洞庭湖的河神在这里为它的同胞兄弟——武陵'黑龙'修建了一座藏身栖室。因此，后人为这个山洞取名为'黑龙洞'。暴桀的'黑龙'时常作恶，并且主宰着方圆百里的农田命运。它行好时，地里苗壮株茂，包收包获；它甩手远去时，田里昆虫泛滥，颗粒无收。因此，乡亲们每年一开春就筹备许多牛羊猪肉，果食上品，高筑庙坛，点香磕头，祭祀'黑龙'施恩，来年救济百姓。按理说，这类疑神弄鬼的迷信咱们不能相信，可山洞里的'黑龙'确有其事。"女秘书见我们嬉笑，便一本正经地说道："你们不要笑，开始我也不相信，前年我从自治州师专毕业刚分配到这里，就听有人说'黑龙'的事，人家怎么说我都不信。一天清早，我跟公社书记下乡检查工作，半道上，见上早工的许多男女老少躲在一个土包后面，神情极为紧张地盯着半里远的'黑龙洞'。我问一位大爷这是干什么。那大爷惊恐地指指黑龙洞说，莫作声，有几个'黑龙'归山，大伙瞅呢！真稀奇。怀着好奇心，我留在人群中想看个究竟。这时，天才蒙蒙亮，只听有人惊叫一声'黑龙来啦'！我猛抬头朝前面的一座大山峰间望去，我的妈，只见一条有头有尾的长长黑影，在空中龙蛇飞舞，以卷风挟雷之势，绕过山峦，朝'黑龙洞'飞去，瞬间，便全部消失在洞中。"

"不会是看花了眼吧！"我的伙伴说。

"绝对不会！"女秘书肯定地说。"打那后，我有几次亲眼见过'黑龙'归山。"

"没见过它进洞？"我问。

"有。据老乡讲，除冬天外，春夏秋日里，'黑龙'经常进进出出。特别是夏天，几乎每天晚出早归，很有规律。"

“难道没有人去弄清真相？”

“有，但都失败了，”女秘书失望地长叹一声，“‘黑龙’进出洞时，就像狂风怒号，周围几百米内飞沙走石，掀树倒屋。再加山洞地势险要，别说有人敢进洞，就是在‘黑龙’归山起驾时，半里内不能有人歇脚，谁要是‘挡路’，‘黑龙’会把他卷入深渊，置于死地。人死了，还得整夜击锣鸣鼓，向‘黑龙’请罪，否则会招来更大灾难。”女秘书摇摇头，接着说：“这神不神，鬼不鬼的，也弄不清到底是怎么回事，说真有‘黑龙’吧，谁相信！说没有吧，今儿早晨又有一名小妹子在‘黑龙洞’不远的山上砍柴时丧了命。这不，今晚老乡又要熬一夜为‘黑龙’请罪赔礼，你们不信可以瞧瞧热闹。”

主人的话，无疑引起了我们一百分的好奇。吃过晚饭，我们就出了公社大院，赶到那个热闹非凡的祭场。我从没见过这样大的祭仪盛况。瞧，足足一里长的小道上，成百上千举着火把的男男女女、老老少少排着队，每人手持一束点燃的香，默默无语地踏着碎步，走向祭场中心。祭礼仪式极为严肃，一块很大的石板被当作祭坛，祭坛中央放着用白布盖住的殉者——不幸的姑娘才16岁。她的父母穿着一身素装，跪在地上，面对山那边遥遥相望的“黑龙洞”，在一位“道仙”的击鼓声中，虔诚地磕着头，神色坦然，毫无半点哀意，据说，这样能得到“黑龙爷”的宽恕，殉者方可瞑目归天。这仪式持续到午夜。整个山岗明光火照，烟雾漫漫。

这是我永生难忘的一个令人悲伤的夜晚。面对笼罩恐怖气氛的那个被火光映亮的‘黑龙洞’，我思绪万千，心头一次次地发着誓言：黑龙洞啊黑龙洞，纵然你真是伏龙藏虎，鬼蜮魍魉，我也定叫你暴露真相，为不幸的死者和可怜的老乡们铲除祸害，青天白日。

我决定进洞。这消息刚传出去，附近四乡百姓纷纷找上门来看热闹，说长道短的、规劝的，无所不有。几名虎势汹汹的小伙子要求跟我们一起进洞。考虑到“黑龙洞”神秘莫测，又有数起殉难先例，我没有同意。探险队成员全由部队同志担任。为了减少不必要的冒险，我们利用两天时间找当地群众详细了解了山洞和“黑龙”活动的一些情况，便选择了乘黑龙宿洞之际进洞。几名公社干部一听，说这样太危险了，我说：“不入虎穴，焉得虎子。”

下午两点整，伏“龙”战斗开始了。全副武装的探险队员在数百名群众和干部的送别下，向大山进发。其实，从我们的出发地到“黑龙洞”不到一公里，而我们整整绕了两个小时，一路上披荆斩棘，攀壁飞崖，到达“黑龙洞”已经四点。我回首见山那边看热闹的群众还聚在那儿没走。我向他们发了个“平安到达”的信号后，便开始正式进洞。

“黑龙洞”之神秘确与众不同。通常未经人工开发的岩洞大多是杂草丛生，岩石嶙峋，洞口与洞穴均处于堆积状态。而“黑龙洞”则不然，那大如钢炉的洞口，四周光滑如磨，隧道形的洞穴岩壁，也异常光滑，如同人工墙面。夜一般的黑洞，加上阴风嗖嗖，显得异常恐怖，这使我们不敢向前轻举妄动一步。我让伙伴蹲下身子，窥测动静，过去十分钟却不见一点异常，便小心翼翼地向洞穴深处行进。洞很宽，不用双手扶壁，洞顶足有两人高，走到直通通的约有三十来米长的坦道后，便出现一个矮洞。我正从背上卸下地质包，队员聂宗峰走到了我前头，其余两名队员也相继跟着。就在我正要迈步时，只听前头的聂宗峰尖叫一声：“鬼！”还没等我反应过来，只感觉脸上、身上被什么东西劈头盖脸地猛烈锤击着。顷刻间，耳畔如抽鞭似的呼啸，双脚一下失去了平衡……

许久，我迷迷糊糊地睁开眼，发现自己躺在一个软绵绵的草丛里。“怎么，出洞了？”我想支撑起来，却又倒下了，周身的筋骨好疼呀！

“老游，游工，你醒醒……”我听到有人在叫，便吃力地重新抬起眼皮，原来是我的队员。“黑龙”把我们卷出了山洞，他们告诉我。可怕，难道真有“黑龙”不成！“小聂、小聂在哪儿？”我见少了一个人，慌忙问道。

“他受伤了，腿不能动！”

我一听，便让他们扶起。这时，公社武装部长带了六七个人照着手电出现在我们跟前。

“你们怎么来了！”我奇怪地问。

武装部长按住我：“先别动。卫生员！过来给游工程师看看！”

“没事。”我摆摆手，尽量装出不在乎的样子。因为我见站着的人个个脸色铁青，被“黑龙”吓得神态失常。

“你们出发后……”武装部长说，“我们都没回家，一直在对面山坡上等候消息。大约刚过五点半，天还挺亮的，忽见这边洞口蹿出一条长长的黑影，像挥舞在空中的一根马鞭，直朝我们头顶抽来，不知谁说了声‘黑龙被解放军惹怒啦’！顿时，山坡上乱作一团，乡亲们纷纷逃避。我怕你们真出事，便带了卫生员和几位民兵赶来了！”

这时，天上繁星闪耀，银月浩洁。我抬头望了望那个相距几十米之上的“黑龙洞”，忽然想起洞内刚刚发生的那一幕，便走到被抬在担架上的小聂。我轻轻拉着他的手，问道：“你到底看到了什么？”

小聂恐惧犹存地轻声细喃着：“什么都没见。只是我在俯身钻入矮洞，双手扶住岩壁时，我手触到了一团软乎乎的，蠕动着的东西，我喊了一声，便什么都不知道了……”

公社武装部长和在场的探险队员、民兵，面面相觑。难道真的是“黑龙”？还是“天外来客——UFO？”

猜疑揭露不了真相，探险需要的是大胆勇敢。没受骨伤，我决定第二次进洞。探险队员除被担架抬走的聂宗峰外，武装部长给我配了两名民兵。等其余不参战的人员撤出后，我带着队员重新摸进了洞。这时，“黑龙”已出洞，就用不着那么害怕了。借此机会，我想把“黑龙”的栖身之地探个究竟。可是毫无收获，洞中除了发现许多虫粪似的东西外什么也没见，是一个普普通通的山洞。为了弄清真相，我们决定在洞内等待“黑龙”归山，在一百多米长的通道和矮洞中间正巧有个凹进的洞穴，我们便躲在里头，并把洞口用石块堵死，只剩下几个出气孔和两个观察眼，这是以防万一。

时针已指向清晨5点，洞外该是东方发白、晨光熹微的黎明了。就在这时，我们隐约听到远处有阵闷雷似的响声向洞口逼近，没出几分钟，声音越来越大，开始像电磁波声，后来就像飓风呼啸，如雷贯耳。“黑龙进洞了！”民兵同志扯扯我的衣袖。我从观察孔中向外望去，只见山洞内犹如一股巨大的黑流在涌动，其势相持了大约15分钟，随后，洞内即刻又恢复了宁静。

队员们荷枪实弹，轻手轻脚地从凹洞走出，百倍警惕地注视着周围的一切。我打开手电，朝洞内晃了晃，什么都没有！我心头想着，便毫不在意地把电筒照向两侧的岩壁。嗯，奇怪，岩壁怎么变样了？我揉揉眼，发现几小时前的石壁此时一下变成了五颜六色的浮雕，十分巨大……我心头咚咚直跳，将手电从左侧移到右侧，从右侧移到顶部，又从洞口一直照到几十米深的尽头。浮雕，还是浮雕！我紧张得几乎喘不过气来。难道妖魔在作怪？这不可能！我听伙伴也在惊讶地嚷着：“什么东西，多好看！”

我选择了一块比较平展的岩壁，打着手电仔细观察，并用手碰碰“浮雕”，怎么还蠕动的？我猛的抽回手，但又伸了过去。我用力抠下一块，要命，“浮雕”竟活了起来，还长着翅膀！我把手电凑近，这下才真正看清了，原来根本不是什么浮雕，而是一只大蝙蝠！我又抠下一块石壁，又是一只大蝙蝠……我突然省悟：“原来是个蝙蝠洞！”

“什么？蝙蝠洞！”队员们个个眼瞪目呆地瞅着我。

“嘘——”我赶忙做了个手势，“当心‘黑龙’再把你掀出去！”

蝙蝠洞的发现，使我无法抑制内心的激动，当天，我就给湖南省脊椎动物研究所发了电报。两天后，研究所的一名副所长和两名助理研究员专程赶来了。我把他们带进洞内。

“罕见！罕见！”两鬓斑白的副所长激动得连声惊叹。“像这样结群的哺乳动物实为罕见。起码，在我国南方还是首次发现。”老学者手舞足蹈，“你们看，按照每平方米 120 只计算，这洞里至少有 25 万只蝙蝠。谢谢，谢谢你们为我国哺乳动物研究做出了重大贡献！”他劲真大，把我的手握得直疼。

“老所长，您先别谢。我们还没抓到‘黑龙’呢”！我的一名队员耷拉着头说道。

“黑龙？哈哈……”老所长拍拍他的肩膀，大声笑道，“哪有什么黑龙！你看看，这蝙蝠现在紧贴在岩壁上就像雕塑一样，一到傍晚，它们就飞出洞口，由于它们成群结队，又靠自身发出的超声波辨别方向，因此飞行时就像一条黑龙似的游动，挟风携雷，壮观而可怕，在百米之内有杀伤力和危险。只要我们摸清蝙蝠群的活动规律，并采取相应措施，就用不着惧怕，更不要把它视为妖魔鬼神加以伤害。其实蝙蝠靠吃蚊子、飞蛾和田间害虫为生，对人类和自然生态平衡都是有功之臣。”

至此，“黑龙洞”真相大白。我们把这一消息公布于众，山里山外，人们高兴得奔走相告。夕阳西斜时，“黑龙洞”周围的大小山坡上，人山人海，不再信神疑妖的众乡亲兴致勃勃地等待观摩“黑龙”出洞的壮观，他们不再像以前那样惧怕了，个个带着轻松的笑脸。蓦地，在披着晚霞的巍峨山峦间，由万千只蝙蝠组成的“黑龙”如同挥动的黑绸巨锦又出现在我们的眼前。我看到，人们欢呼，跳跃，仿佛在迎接福神的到来……

秘宫宝窟

有这样一个地方，方圆20万余亩，四面环山，内滚溪水，长白古松、黄山之石、泉城趵突、藏原温塘，纳此一家；“锣鼓塔”“百丈峡”“迷魂廊”，天庭仙阁，古楼朝殿，融合一体。它就是新近被国务院批准的我国第一个国家森林公园的湖南大庸（张家界）自然风景区。

5年前，当我带着探险小组来到这里时，它还是个未被人开发的一块处女地。远眺，剑峰千仞，崔嵬崚嶒，浮云缥缈，飞虹织锦，好似一幅壁中画。近观，高峻奇峰拔地而起，幽泉溪流呜咽潺湲。柏松林，搭肩挽臂，喷绿吐翠；仙桥上，猴叫猿啼，莺歌燕舞。叫不上名的万千种花草，争奇斗艳，铺青叠翠，这里所有的一切，显得精工和谐，美不胜收。

我们来时刚过4月，南方的5月正值黄梅季节。为了考察白垩纪红层压扭性断裂地层的地质情况，我和小组两名同志在千壁山周围已经转了半个月。这天上午，一场霾雨淋得我们里外透湿。走一步，打三个喷嚏。下午两点左右，雨依然下个不停，有的伙伴已经患了感冒，我也全身哆嗦。这样，我们不得不下山另做打算。

山下有道，是条看样子极少开的拖拉机路。我们匆匆行走着，想找个避雨处。深山的偏野，让人忧心，走了三个多小时才望见路旁有个炊烟处。这是所典型的湘西山民农舍，四方形的木阁小楼，孤零零的几里内不见邻居。

怪事，我们明明见一男一女在屋前的场头劈柴收拾，但走到眼前门庭关得死死的。我们不停地敲门，却始终不见有人来开。

深山老林的，瞧我们这群“山外来客”，一个个泥猴似的，又挎着包，背着枪的……我自己也感到，大概把人吓住了。“走吧！”

细雨蒙蒙，路途茫茫。我们在泥泞中一步一拐地离开农舍，行进在一段两壁如削的崎岖曲径间。这时，天色已渐渐朦胧，我的助手不禁埋怨起来：“活见鬼，那家老乡真缺德，今晚这老山沟咱们可得……啊——嚏！”

“有了！”我猛然发现在不远处的一块刀削似的大岩壁底下长着一蓬特别乌密茂盛的草丛，颇能掩粗人之目，但它逃脱不了一个地质工作者的眼睛——那里有个山洞。“走，先到洞内避避雨。”我对嘴唇发青的助手说。

走近一看，我直怀疑这个特别隐蔽的山洞是否人工修饰伪装过。果然不出所料，我们跨过洞口的一块巨石，见几块很厚的木板横住了去路。那木板缝间已经长着几丛长长的青草，但板上还能辨认出一行用红漆写的“坚决拥护五·一六指示”的字迹，无疑是“文化大革命”初期的杰作了。如果估计不错，山洞已有十四五年没人待过。我端详着，越发感觉此洞有股神秘的色彩。助手说：“反正待在外头也是挨雨淋，进去看看再说。”

扒开一堆堵口的松土，走完一段百来米深的弯弯曲曲通道，我突然立住，大声呼叫起来：“这才叫人间天堂，你们说还有比此更逼真的吗！”我用双臂使劲地晃着助手的胳膊。是耳朵引起了我神经的极度兴奋。听，大弦、小弦，嘈嘈嘁嘁；银珠、玉盘，叮叮咚咚；抑扬顿挫的是琴声，铿锵有力的是鼓声，啭啼悦耳的是鸟声。欢的狂，悲的咽，缓的醉，急的畅。千种器乐，万般诗章……我平生酷爱音乐，喜爱中国鸟语生妙的竹笛和如泣如诉的金胡。我喜欢豪放悠扬的西方乐曲，贝多芬的第九交响曲、舒曼的d小调、莫扎特的小夜曲……然而，我觉得这些千古之绝唱，与我此地此时所闻的美妙旋律相比，显得何等逊色！我们进入了“波斯托依那”的地下音乐厅？这时，我的助手点起了两支火把，我这才看清，原来我们已置身在一个岩洞的巨腹之中。其洞岩溶发育程度可谓尽善尽美。这里，除了无数倒挂的钟乳、石笋外，令人叹为观止的是一块块巨大的卷帘岩石，有的如一门垂地天屏，有的似直流而下的飞瀑，有的则像汹涌起伏的波涛。在卷帘岩和钟乳之下的幽泽瑶池，静影沉碧，浮光跃金，大大小小，嵌肩挽臂。从洞顶渗滤出的汩汩泉流，滴入这些潭池之中，以致形成了我们闻所未闻的美妙旋律，这中间自然是千姿百态的演奏器乐——卷帘石和钟乳石的作用。由于卷帘石形态奇特，那一条条帘槽，就像一根根笙管。因而，每一块卷帘石就像一把巨大的簧笙，在泉流的“吹”动下，配以幽泽瑶池的和声，使整个岩洞变成了别开生面、无与伦比的“地下音乐厅”。我惊叹大自然巧夺天工的神力，庆幸自己能在地心深处享受天伦之乐。我想起英国一位著名诗人撰题《音乐》的诗，听他写得多好——

> 你是打开泪泉的银钥
> 灵魂在泪泉边痛饮，使头脑如醉如痴；
> 你是埋葬了千万种恐惧的，最温暖的墓穴，
> 恐惧之因——忧虑——像一个瞌睡的孩子，
> 在花丛里熟睡了。

此时此刻，我们真像在“花丛里熟睡”的孩子，被奇妙的音乐所环绕，一切恐惧、饥饿和疾病的愁忧似乎全化为乌有。这个“地下音乐厅”前后八十多米长，可容纳一千来人。我对洞内的四壁和空间、地面进行了一番考察，觉得是个完全可以开发利用的中国“波斯托依那”。

我们兴致勃勃，边欣赏边绕过大小潭池向洞内深入。整个“音乐厅”呈椭圆形，底部像个葫芦口。这里有条约四米宽的大断裂，使得“音乐厅”与洞里截然分界。再不用猜疑，此洞曾是人的活动场所，因为我们是从一块虽然长满青苔但还完整的木跳板上通过的。断裂这边的洞穴形似狭窄的地下墓窖，洞底平平的，道壁和顶部呈优美的拱形，酷似人工建造的。然而，史书一般的岩石告诉我，此洞原是一条地下河道，若干万年前，由于地心岩浆活动的作用，使这条曾隐伏在千米之下的暗流，突兀而起成了眼前这条干洞，这在地震频繁的白垩纪断裂带是常见的现象。我们闲庭信步般地一直往洞内走去，直到底部才发现了洞的另一端是条更宽的大断裂。我小心翼翼地走到断裂口，用火把朝脚下晃了晃，见一根石柱上拴着一条用藤皮织成的软梯，由于日久天长，软梯腐烂得不可收拾。我们望望令人生畏的大断裂和黑咕隆咚的洞穴对岸，只好悻悻折回。但我心头遗憾道：像“音乐厅”这样独特的洞穴，无论从旅游业还是地质科学工作角度看，都应该是个完整体，而我们到此为止掌握的只是一鳞半爪。我对助手说：“发现洞穴这只是走了一半路，问题是如何走上溶洞断裂的彼岸。”

助手说：“只要有绳子就能攀越，我们应该出洞找绳。”

我心头也这么想。可当回到干洞这头时，我大惊失色：“完了，跳板被谁抽走啦！”助手们见此情景，无不惊恐万状，慌忙张开嗓子大喊：“喂——谁把跳板抽走啦！让我们出洞——！”他们把嗓子快喊哑了，但根本无人答应。多么严峻的现实，我们被逼上了一条绝路——一个百米长、两头是无底深渊的干洞之内。是谁把木板抽走的？野兽动物？不太可能，刚才通过时我特意观察过跳板是放在人工凿的石槽里，如果不是有意的无论如何也不会移动。那么是人？我突然想起这湘西一些地区流传着早先这里有“吃人肉”的事件。据说当地有的村寨，除互相袭击对方抓取俘虏开斋外，还利用山区条件，在村头寨边，设置若干个“穴洞”。名曰“迷魂洞”，实际上是一种捕获那些人生地不熟的过路人的一种特殊设施。陌生人路过此地，主人总是表现出极不寻常的盛情，邀你入那景致非凡的洞穴仙池饮酒高歌。几壶烈酒下肚，等你昏昏欲睡时，周围突然蹿出几个彪形大汉将你囚禁。然后全寨人就在洞内架锅，剮肉开膛……难道我们误入了“迷魂洞”？想到此时，我不由全身倏然紧缩，还有比此更为可怕的吗！当残忍的斋场、仿佛沸腾的油锅和那狂欢的野蛮人就在你胸前晃动宰刀，我急忙对助手说：“赶快想法离开这儿！”

“可怎么出得去？”

“我刚才在干洞中间有个小叉洞，咱们设法从那里出去。”我说。

容不得半点犹豫，也许捉拿我们的人快要来啦！我们紧张得跑步来到小叉洞处。一名助手刚将左脚伸进去，又大叫一声连滚带逃地吓得退了回来。“怎么回事？”我探进身子朝里一看，我的妈，那洞内遍地是横七竖八的骷髅，且叉洞内根本没有开口，大概是仅仅作遇难者开膛剮肉后的“集中处”。前无出路，后无退路，等待我们的只有受剮开斋的死路一条。

“完了，一切都完了！”两名助手声音都变了。我抡起拳头，狠狠地砸在岩壁上。真不该粗心大意地带他们进洞，我心头后悔不已，阵阵作痛，可眼前又有什么办法呢？我从未这样揪心过。死，我不怕，探险本身就是在同死神交战，有赢也该有输的时候。可我不该连累战友，他们还年轻，一个刚结婚，一个才从大学毕业不久。我想安慰他们，却找不到一句话。抽烟吧，可“大前门”早成了“水前门”。我想起地质包里还有一盒带鱼罐头。“吃吧，天津货。”刚结婚的这位没有理我，只是一个劲地凝视着手中那张漂亮的姑娘照片。我心头一酸，赶忙把带鱼端到另一位手边。“我渴、渴……”年轻的助手呻吟着，我一摸他的额，顿时冷汗一身："坏了，在发烧！"我摇摇水壶，空的。我想起了银泉哗哗流的"音乐厅"，便提起水壶踉踉跄跄地朝那边奔去。到了，可我过不去——中间隔着一条万恶的断裂。"强盗！魔鬼！为什么害我们这些无辜的人！"我绝望地怒吼起来，神经不再属于我理智所支配了……

"游工！游工！"不知过了多久，我耳边听到有人在轻轻地呼唤我，便竭力想睁眼，可眼睛被什么东西严严实实地蒙住了，不露一丝光。嗯！双手也被绳子反捆住了，我感觉身子在不停颠簸，原来是在车上。"上哪儿，为什么绑架我们！"我不止怒吼起来。

"我们被人抓住了。"这是助手的声音。

"谁抓的？"我急切地问道，"怎么，还要出洞开斋我们？"

"不准说话！"我突然听到一个陌生的声音，在严厉呵斥。

"为什么不准说话！你是什么人？竟敢绑架我们解放军！"我不停地大声抗议道。但声音却像《东海小哨兵》里的几个冒牌"解放军"，大概我病得不轻。

"叭、叭叭——"原来，我们坐在一辆拖拉机上。野蛮人竟使用起文明工具！哼，反正就一条命！我已经满不在乎了，但感到担心的是我们几人携带的一支冲锋枪和两支手枪的命运。不知过了多长时间，好像到了一个集镇。这时，我们被人从车上推下来。然后又押到一间房子里。我听房间的隔壁有人说话了："部长，我抓到了三个形迹可疑的人，他们背着枪，并且逃进了山洞，我看很像特务……"什么，我们是特务？！我听到刚才一路呵斥我们的陌生人在说这话，不由火从心底起。"走，过去看看！"这是另一个陌生的人声音。

"把眼睛上的黑布解开，程队长！"有人动手解我头上的布结。

我终于见到了阳光，眼前感觉一阵眩花，但很快恢复了。我刚想抬头，却被人双臂抱住："哎哟，我的游工程师，是你啊！"

“老郭？郭部长！”我像是做了个噩梦，但站在我面前的正是半月之前接待我们小分队的公社武装部长老郭同志！

“误会，误会！”郭部长亲自松开我的双手，然后将一位农民打扮的三十来岁大汉一把拖到我的面前，对他说：“你这个民兵队长可给我出足了洋相，什么特务，他是工程部队的游德华工程师！瞧你干的好事！”

“这、这这……”大汉连连后退，不知所云。

等弄清怎么回事后，我和助手又恼又可笑，竟说不出一句话。原来，就在我们带着一副浑身雨淋、落荒而逃的狼狈样子下山寻路时，就有人怀疑我们是特务而盯上了。我终于明白了那小阁楼的老乡为什么让我们吃闭门羹，以及在干洞内发生的一幕。

郭部长为了给我们压惊，盛情款待了一番，随即又让大汉送我们上区医院疗养治病。那一周里，我看到了山民一颗朴实、厚道的心。民兵队长像赔罪似的每天从山里弄来许多珍品野味，又亲手精心制作。助手和我很快恢复了健康。这时，我已经从大汉嘴里知道了他的不少情况，他叫墨西，土家族人，爷爷当过红军赤卫队交通员，是个革命的后代。“那天你为什么那样狠心，想把我们逼上绝路？”我问他。

大汉搓着双手，似乎心头藏着一个秘密不愿在生人面前启口。他看了看我，终于倒了出来：“游工程师您有所不知。那天，你们进的那个洞是我家祖传的秘宫。洞内奇景异宝也许您有所估计。单说口头的那个‘滴水洞’（我称其音乐洞），就让人够迷魂的。其实，真正的宝贝还在洞底深处。当年‘胡子’（湘西人对贺龙同志的爱称）领导的红军最困难时期，我爷爷常常从洞里取出些宝贝，上城为红军筹款。为此，土匪王爷把我爷爷抓去关了3个月，用辣椒汤灌鼻子让他说出钱是哪来的，干什么用，我爷爷始终没说出秘宫和红军的事。这山洞生身怪，外头不易被人发现。里头的形状就像一个大葫芦，那干洞好比葫芦脖子。一旦秘宫被人发现或有人闯入里头，我们就马上搬掉干洞两边的跳板。这样，就是天大的本事也只好乖乖听候处决。那年剿匪战斗，我解放军的一个团部遭到土匪袭击，团长带领残部在我阿爸的掩护下，躲进了秘宫。谁知土匪很快追赶而来，并且窜进了山洞。当时情况十分危急，但我阿爸安然处之，等土匪一进干洞，阿爸就发出信号，于是干洞两头的跳板一齐抽掉。嗬，土匪就像一群掉在‘黑盒子’的狼崽子，有路出不去。我阿爸和团长则离开秘宫，翻山越岭找到了主力。半个月后，阿爸回来进秘宫一看，那一个排的土匪只剩两个家伙还有一口气，其余的全翻了眼。”

“差一点，我们三位也翻了眼。”我半开玩笑地说。

“嘿嘿……”墨西不好意思，“那天我真把你们当特务呢！咱们山沟自打剿匪起，就从没见过解放军来过。倒是见过一次戴红领章、红帽徽的特务活动。你们下山，路过我家，后来又进洞，我一直防范着。本想到山外集合民兵，可又怕你们溜了，我便悄悄等你们进干洞后就截断了后路。谁知你们不顶用，我从另一条秘密通道里包抄到干洞活捉你们时，见一个个都躺在地，原来全犯了病！”

“墨西，那秘宫除你外，还有谁知道洞内的宝贝？”我问。

“有几个，可他们都不在世了。以前，兵荒马乱，恶匪当道，我爷爷自然不会轻易告诉别人。后来，阿爸一直想告诉政府，谁知遇上了‘文革’。阿爸被打成土匪密探，含冤而死。这些年，我一直按照阿爸临终前的嘱咐，守护着这个秘宫，想等到好兆头再交给政府。”

我提出再进洞考察，问他如何。“你们，我当然信得过。”墨西慷慨答应。

第二天，我和助手坐着墨西开的拖拉机返回到了秘宫。墨西在“音乐厅”与干洞中间为我们架起了跳板。走到干洞中间地带，他停住脚，用手在一块做着记号的岩壁上轻轻按了一下，严密的石壁顿时徐徐露出一个口。“这是秘密洞口，直通我家，我就是从这里进来俘虏你们的。”墨西冲着我直乐。这真是个难得的克敌制胜的暗道机关。在干洞的里头，他又熟练地为我们架起一根绳梯，我们终于进入了真正的秘宫。果然名不虚传，秘宫如同一座巨大的宫殿，其面积相当于“音乐厅”的两倍。墨西俨然博物馆的讲解员，为我们介绍洞内一个又一个光怪陆离、晶莹美丽的“宝窟”。所谓的“宝窟”，实际是一个个支洞，秘宫确是个罕见的宝洞。这里有大面积色如玉腴的白云母，有厚达 20 米的煤层，也有被地质上称为一绝的墨晶岩壁。

“走，宝贝还在里头呐！”墨西拉着我，走到洞厅的一个底角，指着一堆东西：“你知道这儿有什么宝贝？”

我一看，原来在一条 3 米多的断裂凹下的底部那覆盖厚厚的一层砂砾石上，扔着两把锈蚀的铁锹和一个破陋的簸子。“怎么，这儿有金子？”我认出这两样工具的用处，不禁惊讶起来。

墨西神秘一笑，“你等着！”说着，弄神做鬼似的转过身，手掌圈成一个喇叭按在嘴上大声叫唤起来：“龙王爷——来水吧！来——水——吧！”顿时，山洞内响起阵阵回声，犹如轰雷震荡。就在这时，只见断裂的一头忽然涌出一股清澈的泉水，水柱由细到粗，最后大如缸口，形成一条哗哗作响、水花飞溅的小溪。只见墨西顺手拎起簸子，跳入水中，迅速用铁锹在旁边刨上一簸沙石，然后不停地在水中来回筛动，不多时，那簸子里剩下的砂越来越少，最后就剩拳头那么大的一团砂时，墨西从头顶的一块岩壁里取出一只小玻璃瓶倒出一滴水银，拌入砂里，又用双手反复搓了几下，转眼，一颗黄豆大的东西在他手里闪着灿灿光芒。“啊，金子！金子！”我们几位初长见识的不禁欢呼起来。

“别出声，水会吓跑的！”我们以为墨西开玩笑，低头一看，果然不见了那哗哗作响的水流。“等着！”墨西又高喊起“龙王爷”。约两分钟后，缸口般的泉流又从岩缝间突兀而出，如同一泓溪流，潺湲呜咽，颇为壮观，大约持续了一个小时，泉流渐渐变小，直至全部消失。这就是一些地方被人称为“神水”的间歇泉。间歇泉在火山活动区和断裂地带是一种常见的现象，其泉的活动规律一般是受地球自身运动和太阳引力影响，有的在清晨或日落时涌出地面，有的在隔几分钟出露一次，以此循环往复。而此时我们所见到的是一种比较奇特的间歇泉，它的活动受声音所产生的振荡作用而支配。由于它的存在，使“不识源头何处来”的秘宫，更增添了几分神秘感。

任何一个富有幻想和向往传奇的人，都应该进一进这个隐于大山腹中的秘宫，这里会使你相信古今中外的神话作者并不都是在胡扯瞎说。十年探险生涯，上千个洞穴世界，使我相信在人类口头和书本上流传的每一个离奇的神话，几乎在大自然的地洞天涯之中可以找到它们的影子。三四十年前，当我还是个四五岁的小孩时，我就从小人书上看过阿里巴巴的“金宝窟”。那时我就相信世上的“金宝窟”是有的，秘宫证实了我的判断力，事实上又远远超出了。

在一个不起眼的角落，我见一堆很厚的沉积黏土，这黏土很特殊，呈灰绿、灰黄、青灰和棕红色。地质工作者的特有敏感，驱使我迫不及待地蹲下身子，扒开黏土，就在这一瞬间，我几乎要晕倒，在这里，我终于找到了使地质学界争论不休的湘西山脉成因证据，当我捧起几块中生代白垩纪地层中发掘出的距今一百五十多万年的雅罗鱼、鲅鱼和小白螺化石时，我的助手竟高呼起来：“游工，你要一鸣惊人了！”是的，自古以来，洞庭湖西部的杂色黏土及砾石层一直被认为是第四系，而我们的重大发现，将从根本上推翻上述结论。湘西的杂色黏土及砾石层的成因时代应为第三系，而不是第四系。这就是说，在1200万年前，剑峰千仞，群山巍峨的湘西乃是一片茫茫大海，它与洞庭湖相接，构成了辽阔无比的九州中南湖滨三角洲。之后，由于地壳上升，滨湖不断向东、南退缩，以至直到今天湘西山区和洞庭湖区两个截然不同的水陆自然架为止。

"这又冒啥稀奇？"墨西见我和助手十分小心地将一块块鱼化石装入塑料袋，好奇地说着。"我小儿崽玩的比它好看多了，也是爷爷从这儿拣回去的。"

"真的？"

"谁跟你闹着玩！"

傍晚，我们从洞里满载而归，墨西盛情邀请我们到他家做客。主人端出一罐香喷喷的红米酒，我们频频举杯，庆贺胜利。酒桌上，我乘兴对墨西说："秘宫是个难得的宝洞，应该让它到地面上来放光彩。"听了我的话，墨西顿了顿，马上领会了，他把酒杯往桌上重重一放，说："那还用说，我不是那种自私鬼，这秘宫的宝藏是属于国家的。如今不是'四人帮'挡道了，你瞧，就昨天我还跟家里人唠叨着把洞交给政府的事呐！"

"谢谢，谢谢你为国家做了一件大好事，也谢谢你为我们的重大发现提供了条件。"我紧握着他的手，连声说道。

不久，我带着秘宫的发现成果，在南方十一省地质工作会议上向人们第一次宣布了湘西山脉的成因、岩溶分布情况以及发育规律。新华社运用著名地质学家的话说："长期争议的湘西成因问题的首次准确结论，这对研究我国西南古地理、古气候和开发利用包括洞庭湖在内的湘西北自然资源，做出了重要贡献！"

当我从洞天世界返回芸芸众生的人世间时，我惊诧地感觉，周围是那样的喧哗、拥挤、局限而又呆板，完全不像洞天那里宁静、宽敞、平坦、神奇和多彩。我折服那些富有远见的社会学家预言“人类的兴趣将渐至转向上天入地”的见解。登陆月球，遨游银河，凡人几乎都有此愿，但究竟有多少人能够如愿呢？也许在您的这一辈、下一辈或更远一辈都不可能。诅咒、愤怒都没有用，因为拖着沉重铁轮的物质文明远比装有翅膀的精神文明要缓慢得多。难道甘心于踏步、倒退、沉沦吗？不，人类的兴趣和爱好，朝离奇、多样化、快节奏的趋势发展，已是不可阻挡的潮流。在这伟大的潮流面前，我们的政治家为社会出现“信仰危机”而坐立不安；我们的经济学家为失业和“通货膨胀”逼得走投无路；我们的科学家每日开动24小时的思维机器也无法扭转自然生态的日益失调和石油大王的垂死挣扎；人口学家则站在人群中间，制定了“计划生育”“一对夫妇只准生一个”的政策……我丝毫无意责备政治学家、经济学家、科学家和人口学家，造成这一切不能怪罪于他们的无能，现实就是这样无情。作为一名研究洞穴科学的工作者，我只想从自我的角度，向他们提供一个至少能够使人类生计的紧张局面有所缓和的另一个世界，这个世界以其自身的奇妙而使人们获得思想、情趣、生活上的满足和填补空间的不足。

事实上，许多国家和地方已经这样做了。日本人为了减轻东京市区交通和市场的压力，开辟了规模宏大的地下城市，名曰“八重洲”。那里同地上一样，有铁道、公路、公园、饭店、酒吧间。欧洲人是最精明的，可如今许多人不愿再待在家门口的大歌剧院内，倒是愿意千里迢迢到南斯拉夫去参加一年一度的“波斯托依那”岩洞音乐会。其实，中国人也有自己的行动，据国家有关部门统计，仅1981～1983年，全国人防工程综合利用收入就达11.34亿元之多。当然，就开辟洞穴世界而言，这仅仅是刚刚起步。我国是世界岩洞发达国家之一，仅西南地区，我所在部队就发现2500多个。但目前真正开发利用的不到几百。已为人们熟悉的黄果树“水帘洞”、冷水江“波月洞”等大名鼎鼎的名胜，仅是世界洞穴的千分之几。然而，洞穴世界又何止仅是供人游览的场所，它是大自然赋予的一个综合宝窟。有人把它称为“养育万物的哺室，珍藏矿物的宝库”，这是一点不虚夸的。据动物学家调查，世界一千多种鸟兽类动物中，有一半是在洞穴内居住繁殖的。岩洞中的矿石资源是早被人所共知的，煤、石油、铜、铁、金、银、铀、锰、铅等有色金属和稀有金属的储量与地面勘探量不相上下。其中最丰富的要算水资源，它不仅仅水质清纯干净能供人畜饮用，而且还因山洞的落差大等自然因素，许多国家通过开山凿道，引出地下河水用来发电灌溉。美国新墨西哥州有座地下河引水发电站每年发的电可供一个百万人口的工业城市使用。在湘西，我们作过调查，全自治州现有1300多个中小型发电站，其中三分之二是利用洞穴水资源。此外，由于溶洞具有自然的首尾隐蔽、石壁坚固，气温恒定，通风透光等优点，许多精明的经济学家、军事家已开始在这里建筑大型地下工厂，战略防空，直至核试验以及囤放卫星。美国一位著名人士预言，未来的人类，一半将搬至天上，一半将步入地下……

啊，我为自己过了一段像鲁宾孙探险式的生涯而庆幸！也愿人类能更多更多地了解这“人间天堂”——洞天世界。

出版说明

何建明先生是中国文坛著名作家，长年坚守在报告文学一线。“非典”、汶川地震、天津大爆炸、利比亚撤侨等重大事件发生时，何建明先生都尽可能出现在第一时间、第一现场，将第一手材料及时地呈现给读者，将中国故事讲深、讲透、讲生动、讲精彩。他强烈的责任感和使命感让人感动，其直面真相、忠于现实的精神令人钦佩，是中国当代报告文学界极有影响力的领军人物。

有感于斯，我社特收录何建明先生近40年创作的报告文学作品，结集为《何建明文集》三十卷出版。这些作品是对时代、社会、自然和人文的记录、呈现与见证，是作者响应时代的召唤，置小我于大我之中，循着时代背景和社会需求而创作的，完整、真实地表现了社会各个层面人物的喜怒哀乐，代表了当代中国纪实文学、非虚构创作的高峰水平，大气磅礴、激情豪迈，极具胸怀和气量。其中多部作品获得鲁迅文学奖、国家图书奖、“五个一工程”奖、徐迟报告文学奖等。

每个时代都有自己的特征，每部作品都有自己的特点。为了全面展示何建明先生历时40年创作内容、使用语言和文学风格的变化，本文集对何先生已发表的所有作品原则上不做修饰和润色，除特殊情况外也不做大的删节和修改，以保证今天的结集出版，仍不失当年作品的激情和味道。